KB186396

윤리 문제의 이론과 사회 현실

김 태 길 지음

2006년도
대한민국학술원
기초학문육성
"우수학술도서"
선정

철학과현실사

머 리 말

　해방과 더불어 경성대학으로 편입했을 때, 법학을 버리고 윤리학으로 마음을 옮긴 것은 '대학교수'라는 직업을 희망했기 때문은 아니었다. 일제의 억압에서 벗어나게 되었을 때, 곧 희망의 나라가 눈앞에 전개될 것이라는 기대를 배반하고, 내가 체험한 38선 이남의 한반도는 폭력과 비리가 난무하는 무정부상태였다. 자유를 방종으로 착각한 사람들이 각자의 이익을 잡으려고 제멋대로 행동했던 것이다. 거기에 좌우 이데올로기의 싸움까지 가세하여 세상은 극도의 혼란으로 치닫는 듯하였다.

　가장 근본적인 것은 한국인의 도덕적 의식수준을 높이는 일이라고 생각하게 되었다. 심훈의 『상록수』 주인공이 했듯이, 청년들을 모아서 윤리운동을 하리라는 생각을 하게 되었고, 그렇게 하자면 우선 윤리학부터 공부해야 할 것 같았다. 윤리운동을 하고자 하는 사람은 먼저 삶에 대한 자신의 신념체계를 확고히 세울 필요가 있다고 본 것이다.

대학교수가 되기 위해서는 다년간 어려운 철학을 공부해야 하겠지만, 삶의 신념체계를 터득하기 위해서라면 한 3년만 공부해도 충분할 것 같은 안이한 생각으로 출발한 것이 큰 잘못이었다. 어린이의 병을 고치기 위해서도 의학의 어려운 기초 공부와 실습을 해야 하듯이, 삶의 문제를 해결하는 데 필요한 실천적 지혜를 충분히 얻기 위해서도 대학의 윤리학 교수에게 필요한 모든 이론적 연구가 필수적임을 곧 알게 되었다.

"선과 악을 판별하는 객관적 기준이 있는가?" "윤리학이 엄밀한 의미의 학(學)이 될 수 있는가?" 실천생활과는 직접 관계가 없을 것 같은 이러한 분석 윤리학의 문제들과의 정면 대결을 회피할 수 없다는 것을 깨닫게 되었을 때, 나는 분석 윤리학(meta-ethics)의 선진국 미국으로 유학할 것을 갈망하게 되었고, 그 기회를 얻은 것은 1957년이었다.

미국에서 귀국한 직후에는 주로 분석 윤리학에 관심을 기울였다. 그러나 나날이 다가오는 사회 현실의 문제들을 마냥 뒤로 미룰 수 없음을 곧 알게 되었고, 대학에서의 강의는 주로 기초적 이론 문제에 집중하되, 강단 밖에서는 틈틈이 사회 현실의 문제들과 씨름을 하기도 하였다. 그런 가운데 얻게 된 논문들도 자연히 두 부류로 나누어지는 결과가 되었다. 윤리의 순수 이론 문제를 다룬 논리적 탐구의 삶이 현장에서 부딪치는 경험적 현실에도 크게 의존하는 종합적 탐구로 나누어지는 결과를 얻게 된 것이다.

여기 한 권의 책으로 묶은 아홉 편의 논문 중 네 편은 순수 이론 문제를 다룬 논리적 탐구에 해당하고, 나머지 다섯 편은 경험

4

적 현실과 직결되는 종합적 탐구에 해당한다. 그러나 나는 이 책에서 그렇게 두 부류로 나누어서 논문을 배열하지 않고, 논문을 작성한 연대순으로 그것들을 배열하였다. 나의 학문적 성장의 기록으로서 이 책을 남기고 싶어서이다. 각 논문 후미에 그것을 발표한 연도와 그 매체를 기록해 두었다.

여러 가지 정황으로 보아서 손해를 보지 않을까 크게 염려되는 이 책의 제작을 철학과현실사의 전춘호 사장이 두말없이 수락하였다. 미안한 마음과 감사하는 마음이 교차한다.

2004년 9월 15일

김 태 길

차 례

도덕적 가치와 인간의 심성
— 스피노자와 흄의 견해를 중심으로 —

1. 서 론

　윤리학적 상대론(ethical relativism)은 물론 현대에 와서 비로소 나타난 사상은 아니다. 그러나 경험적 사실과의 배치(背馳)를 적극적으로 회피하고자 하는 다수의 현대 윤리학자들이, 나날이 진보하는 과학의 성과와 근래 영미의 철학자들에 의하여 크게 개척된 철학적 분석의 수법을 도입하여, 과거 어느 때보다도 공고한 경험적 근거와 치밀한 논리로써 도덕상대론(道德相對論)을 옹호하는 경향이 있음은 널리 알려진 사실이다. 그러므로 도덕상대론을 냉철한 견지에서 재검토함은 현대의 윤리학도가, 그 상대론에 대하여 기질적(氣質的)인 찬동(贊同)을 느끼는 사람의 경우에 있어서나 또는 즉각적인 반발을 느끼는 사람의 경우에 있어서나, 한

번은 거쳐야 할 과정이 아닌가 생각된다. 왜냐하면 윤리학설에 있어서 우리는 다른 어느 철학적 분야에서보다도 선입견 내지 주관의 영향을 받기 쉽기 때문이다.

현대의 도덕상대론에 대한 고찰을 하기에 앞서 고전적 윤리사상 위에 나타난 상대론을 다시 검토함은 결코 공연한 헛수고가 아닐 것이다. 어떤 철학적 사상을 고찰함에 있어서 그 근원으로부터 더듬어 내려오는 것은 초학자(初學者)의 경우에 대체로 무난한 출발이 되기 때문이다. 이 글은 윤리학적 상대론의 재검토라는 과제를 앞에 둔 초학자가 그 '무난한 출발'을 꾀하여 시험하는 예비적 소론(小論)이다.

프로타고라스(Protagoras)를 비롯하여 상당수의 상대론자들이 있었는데, 그 중에서 스피노자(Spinoza)와 흄(Hume)을 선택한 데는 약간의 독단도 있을지 모른다. 그러나 필자가 이 두 사람을 선택한 데는 전혀 이유가 없지도 않다. 필자는 첫째로 이 두 사람의 학설이 현대적인 사색과 비교적 가까운 거리에 있는 것으로 보았으며, 둘째로 이 두 사상가가 17, 18세기 유럽 철학에 있어서의 현저한 대립 즉 합리론과 경험론과의 대립의 다른 진영을 각각 대표하는 사람들임에도 불구하고, 윤리사상에 있어서는 상당한 유사성을 보이고 있다는 사실을 흥미있게 느낀 것이다.

흄이나 스피노자의 윤리설을 상대론의 고전적 대표라고 보는 견해에 대하여 의구심을 갖는 사람들도 있을지 모른다. 특히 스피노자의 경우에 그 의구심은 더욱 강조될 것이다. '윤리학적 상대론'이라는 말이 의미하는 바가 '도덕판단에 보편타낭성이 있을 수 없다는 견해'라고만 해석되어야 한다면, 스피노자나 흄의 윤리설을 함부로 '상대론'이라고 부르는 것은 그리 적당한 일이 아닐 것이다. 사실 스피노자는 만인이 지향하는 공동의 이상을 밝히고자 힘썼으며, 흄도 행위가 의거할 보편적인 원리가 있다고 믿었다. 그러므로 그들을 프로타고라스나 트라시마코스(Thrasymakhos)와 동류(同類)라는 뜻으로 '상대론자'라고 부르는 것은 적당하지 않다. 그러나 '상대론'(relativism)이란 본래 'relative' 또는 'relational' (relativ, relatif) 등의 외국어 형용사에 근원을 둔 말로서, 진위(眞僞) 또는 시비(是非)나 선악(善惡)의 구별이 어떤 주체의 지각(知覺), 의지, 감정 등의 심적(心的) 태도와의 관계에 의해서 결정된다는 견해를 널리 일컫는 것으로 안다. 스피노자와 흄은 다같이 선악의 가치가 모든 주관을 떠나서 그 자체 독립해서 존재한다는 실재론적 견지를 취하지 않고, 사물에 대하여 인간이 느끼는 모종의 욕구 내지 정서와의 관계를 통하여 선과 악의 구별이 생긴다고 믿는다. 이러한 점으로 볼 때 우리는 스피노자와 흄을 윤리학적 상대론자의 고전적 대표로 대접하여도 좋을 것 같다.

스피노자와 흄이 특히 우리의 주목을 끄는 것은, 그들이 위에 말한 바와 같은 뜻으로 상대론적 견지를 취함에도 불구하고, 행위가 의거할 보편타당한 원리가 있음을 믿었으며 그 원리의 확립을 꾀하여 성공했다고 스스로 믿었다는 바로 그 점이다. 오늘날 인간에 관한 과학의 여러 가지 성과를 솔직히 받아들이는 한편, 독단적 가정은 될 수 있는 한 이를 물리침으로써, 이른바 '과학적인 윤리학'을 세워보고자 애쓰는 학자들의 윤리학적 상대론에 대한 태도에는, 많은 경우 한편으로는 이것을 긍정하면서도 다른 한편으로는 이를 극복하고자 하는 이중의 성격이 있는 것같이 보인다. 다시 말하면, 과학적 사고의 틀을 윤리학에도 적용해야 한다고 믿는 다수의 학자들은 선악의 가치와 인간의 마음가짐(attitude) 사이에 뗄 수 없는 관계가 있다는 상대론의 견해에 물리치기 힘든 근거가 있음을 인정한다. 그러나 그들은 선악이 개인의 주관적 의견이나 감정에 의하여 결정되며, 이것을 구별할 하등의 객관적·보편적 기준이 있을 수 없다는 프로타고라스적 결론에 이르러서는 냉큼 받아들이기를 주저하는 것이다.

윤리학적 상대론이 프로타고라스의 방향을 끝까지 달릴 때, 윤리 내지 도덕 자체의 권위가 짙은 회의에 잠기고, '윤리학'이라는 이름의 학문이 부정되기 쉽다는 것은 이미 하나의 상식이다. (우리는 'emotivism'을, 극단까지 밀고 나간 현대의 윤리학적 상대론이 도달한 결론의 한 가지 형태라고 이해할 수 있을 것이다.) 윤리학적 회의론으로부터 헤엄쳐나오기를 원하는 마음에는 '윤리학'이라는 학문의 분야가 지속되기를 바라는 '학도'(學徒)로서의 관점 이상의 것이 있다. 거기에는 '인생'이 뜻있기를 바라는 인간으로서의 염원이 있으며, '보람 있는 삶'을 단념하지 못하는 사람다운 정열이 있다. 그러나 선악과 사람의 마음가짐 사이에 뗄 수 없는 관계가 있다고 인정한다면, 어떻게 객관적 타당성을 갖는 선악의 척도를 발견할 수 있을까?

심리학이 가르치는 바에 의하면, 사람의 마음가짐은 개인에 따라 다르고, 같은 사람일지라도 때에 따라 그것이 바뀐다. 그렇다면 변동하는 것과의 관계 아래서 결정된다는 선악의 가치도 따라서 변동할 것이 아닌가? 이러한 관점으로 볼 때 상대론적 견지를 한편으로 받아들이면서도, 또 한편으로는 윤리학적 무정부주의를 극복하고자 한 선철(先哲)들에게 깊은 관심이 끌리지 않을 수 없다. 바로 그러한 선철들의 전형(典型)으로서 우리는 스피노자와 흄을 선택한 것이다. 그들은 어떠한 입론(立論)으로써 행위의 보편적 규범을 발견하고 또 이를 옹호하는 것일까? 그들의 입론은 어느 정도의 성공과 어떠한 약점을 감추고 있는 것일까? 우리는 우선 그들의 입론의 근간을 살피고, 나아가서 비판적인 고찰의 시도를 덧붙일 것이다. 먼저 스피노자부터 시작하기로 하자

2. 스피노자: 욕구의 대상으로서의 선(善)

1) 가치의 주관성

스피노자에 의하면, 이 우주에 있는 것은 오직 하나의 광막한 대자연의 체계뿐이다. 이 대자연이 유일한 실체(實體)요 동시에 신(神)이다. 그리고 그밖에는 아무것도 없다. 이 자연의 체계는 처음도 없고 끝도 없이 무한하다. 그리고 그것은 막대한 생산력을 숨긴 생성(生成)의 원천이기도 하다. 이 원천으로부터 "무한한 사상(事象)이 무한한 방식으로 생겨난다."[1] 그리고 이 무수한 사상들은 불변하는 인과의 법칙과 기존하는 사상들의 구조 및 상호관계의 제약을 받고 불가피하게 생긴다. 거기에는 '우연'이라는 것이 끼일 틈이 없이 앞의 것을 따라 뒤의 것이 필연적으로 일어난다. "자연 안에는 우연이라는 것이 없다 오직 모든 것이 숭엄한 자연의 필연성을 따라 일정한 양식으로 존재하고 또 변화하게 마련이다."[2]

---

1) Spinoza, *Ethica*, Pt. I, Prop. 16. (*Ethica*의 인용은 W. H. White의 번역본을 토대로 번역한 것이다.)
2) *Ethica*, Pt. I, Prop. 29.

위에서 그 일부를 기술한 스피노자의 세계에 있어서, 바로 어느 곳에 또는 무엇을 기점으로 삼고 '가치'의 지평이 열리는 것일까? 아리스토텔레스(Aristoteles)가 믿은 바와 같이 세계 전체가 하나의 목적론적 체계라면 실재의 나라는 그것이 곧 가치의 나라이기도 하겠다. 아리스토텔레스의 목적론적 체계에 있어서는, 모든 '있는 것'이 '있어야 할 것'을 위한 과정적 존재이며 더 높은 단계를 목적으로 삼는 자료(資料)인 까닭에, 실재의 세계는 이미 그 자체 안에 가치의 원리를 품었다. 그리고 그의 세계는 객관적이요 보편적인 평가의 기준을 가졌다. 아리스토텔레스에 있어서 세계의 목적은 세계 밖에 있는 어떤 초월자가 정한 것이 아니며, 그 안에 사는 어떤 유정적(有情的) 존재가 정하는 것도 아닌 까닭에, 즉 세계 그 자체가 본래부터 가지고 있는 것인 까닭에, 그 목적은 그 세계 안에서 생기는 모든 사상(事象)의 가치를 평가하는 완전히 객관적인 표준이 된다. 그리고 그의 세계에는 오직 하나의 공통된 목적만이 있는 까닭에, 그 평가의 표준은 보편적인 타당성을 아울러 가졌다.

그러나 스피노자에게 있어서 유일한 세계인 '자연'에는 아리스토텔레스의 경우에 있어서와 같은 목적이 있을 수 없다. '목적'이란 본래 노력의 대상이다. (때로는 그 노력이 무의식적일 경우는 있을지라도.) 그리고 '노력'은 보통 의지의 개입을 예상한다. 그러나 스피노자의 '자연' 즉 '신'에게는 의지라는 것이 인정되지 않았으며, 보통 우리가 말하는 '지성'도 인정되지 않았다.[3] 그리고 '목적의 왕국'에서는 미래가 현재를 제약하는 이를테면 인과의 시간

---

3) *Ethica*, Pt. I, Prop. 17, Note 참조.

적 역행이 있다. 그런데 스피노자의 '자연'에 있어서는 인과는 오직 과거로부터 미래에로의 방향으로만 작용한다. 다음에 무엇이 올까는 이미 결정되어 있다. 이와 같이 스피노자의 세계는 오로지 냉정한 자연이요, 그 안에 일어나는 모든 사상은 필연적이요 불가피한 인과의 법칙을 따라 일방적으로 결정되는 까닭에, 그 세계 전체가 노력의 대상으로 삼을 어떤 목적을 생각할 수 없다. 따라서 스피노자의 경우는 아리스토텔레스의 경우와 같이 목적론의 관념을 통하여 가치의 지평을 설명할 수가 없다.

유태교나 기독교에서 믿는 바와 같은 인격신(人格神)을 우주와 인생의 근본원리로 삼는 세계관에 있어서도, 가치의 나라는 객관적이요 보편적인 근거 위에 전개된다. 인간을 포함한 우주의 창조자 신(神)이 지혜와 의지와 감정을 가진 존재로서 그 지(知)와 의(意)와 정(情)을 기울여 우주의 구조와 양상을 계획하고 마련한 것이라면, 그리고 그 창조의 신이 피창조자 인간에게 행위의 규범을 하사했다면, 가치의 지평은 이미 천지의 개벽과 더불어 열렸다고 볼 수 있을 것이다. 행위의 규범 즉 '율법'(律法)이라는 개념은 벌써 '해야 할 것'과 '해서는 안 될 것'과의 구별을 가리키는 것이니, 가치의 참됨을 전제로 하는 것이기 때문이다. 여기서 물론 피창조자가 창조자에게 복종할 의무의 근거를 반문할 수는 있을 것이다. 도덕성의 근본을 자율에서 구해야 한다는 신념에 토대를 둔 이 반문을 어떤 윤리적인 이유로써 떠받칠 수도 있을지 모른다. 그러나 이 반문은 '가치'라는 것 자체의 진실성을 부인하는 뜻을 내포하지는 않는다.

그러나 스피노자의 신은, 널리 알려진 대로, 인격신이 아니다. 그것은 유태교적·기독교적 전통을 멀리 벗어났다. 그리고 의지도 감정도 없는 스피노자적 '신'의 개념이 가치의 지평을 여는 원리가 될 수 없음은 명백하다. 뜻도 정도 없는 까닭에, 스피노자의 신에게는 나은 것과 못한 것의 구별이 없고, 옳은 것과 그른 것의 차등이 없다. 스피노자는 '신'(Deus)이라는 말을 즐겨 쓰기는 했으나, 그는 이 말에 특수한 뜻을 넣어준 까닭에, 그의 '신'은 도덕적 가치의 기준을 위한 원리를 제공하지는 않는다.

묶어서 말하건대, 스피노자의 형이상학에 의하면, 이 세계에는 온갖 것이 그것을 실현하기 위하여 애써야 할 선천적 목적도 주어지지 않았으며, 또 어떤 초월자가 행위의 규범을 내려 우리에게 신성한 의무를 부과한 일도 없다. 만약, 스피노자의 형이상학이 암시하듯이, 도덕적 가치의 기준이 될 만한 목적론적 원리도 법칙론적 원리도 주어진 바 없다면, 우리는 무엇에서 시비(是非)와 선악(善惡)을 가리는 근거를 구할 것인가? 도대체 그것을 가릴 근거가 있기나 한 것일까?

'완전', '불완전' 또는 '좋다', '나쁘다' 하는 구별이 어떤 객관적인 근거라도 가진 것처럼 생각하는 것은 한갓 착각에 지나지 않는다고 스피노자는 단언한다. 그와 같은 구별은 사실인즉 우리들의 주관적 태도의 투사(projection)에 불과하다는 것이다. '완전'이니 '불완전'이니 하는 말을 정당하게 사용할 수 있는 유일한 경우는, 일정한 의도를 따라서 만들어진 사물에 관해서 뿐이다. 입안자 또는 설계자의 의도가 남김없이 실현됐을 때, 우리는 본래의 의미에 있어서의 '완전하다'는 말을 쓸 수 있으며, 그렇지 못할 경우에 '불완전하다'는 말을 제대로 쓸 수 있다고 스피노자는 주장한다. 그러므로 집, 자동차, 피아노 등과 같이 사람들이 일정한 목표를 따라 만든 사물에 관해서는, 우리가 그 목표를 잘 알고 있는 한, '완전하다' 또는 '불완전하다'는 말을 올바로 쓸 수 있음이 분명하다. 그런데 사람들은 인간의 의도와 관계없이 생겨난 자연물에 대해서도 '완전' 또는 '불완전'이라는 평가어를 사용한다. 만약 신 또는 조물주가 일정한 목적과 계획 아래 이 우주를 창조한 것이라면 그렇게 사용함이 마땅할 것이다. 그러나 이 우주는 아무런 목적을 가짐이 없이 그저 있는 것이며, 자연계에 일어나는 모든 현상에도 이렇다 할 목적이 없다는 것이 스피노자의 신념이다. 그러므로 자연의 일부분인 인간을 가지고 '완전한 인격'이니 '불완전한 인격'이니 하는 언사를 쓰는 것은 스피노자가 보기에는 일종의 망발이다. 즉 그것은 사람들의 주관적인 욕망 내지 포부를 반영하는 말버릇에 지나지 않으며, '완전한 사람'과 '불완전한 사람'을 가릴 객관적인 표준은 없다는 것이다. 이 점은 스피노자의 견해를 밝히는 데 중요한 대목이라고 생각되므로 그의 말을 옮겨보기로 한다.

　　어떤 사람이 일정한 일을 할 계획을 세우고 그것을 완수했을 때, 그는 그것을 완전하다고 부를 것이다. 그 사람뿐 아니라, 그의 의도를 정말 안 사람 또는 안다고 믿는 사람들도 누구나 그것을 완전하다고 부를 것이다. 예컨대 어떤 이가 집을 지으려는 생각으로 일을 시작했으나 아직 그것을 완성하지 못했음을 보았을 때, 우리는 그 집을 불완전하다 말할 것이요, 그것이 완성되면 이젠 완전하다고 말할 것이다. 이것이 이 말들 본래의 뜻이라고 생각된다. … 그러나 사람들은 차츰 일반적 관념을 형성하기 시작한다. 즉 집, 건물, 성(城) 등에 관해서 전형(典型)을 생각해 내게 되고, 어떤 유형을 다른 유형보다 낫다고 생각하게 된다. 이리하여 그들은 자기네가 형성한 일반적 관념(즉 일반적 표준)과 일치하는 사물은 완전하다 부르고 그렇지 못한 것은 불완전하다고 부르게 된다. … 이것이 아마 사람이 만들지 않은 자연물에까지 '완전'이니 '불완전'이니 하는 말을 일반적으로 적용하게 된 이유의 전부인 것 같다. 왜냐하면 사람들은, 자연도 반드시 어떤 목적을 가지고만 행동을 일으킨다는 일반적인 의견을 따라서, 인조물에 관해서뿐 아니라 자연물에 관해서도 일반적 관념을 형성하는 버릇이 있기 때문이다. … 이리하여 우리는 '완전하다'와 '불완전하다'라는 말을 자연적 사상(事象)에 적용함이 그 사상에 대한 참된 이해에서 온 것이 아니라 사람들의 편견에 기인한 것임을 알 수 있다. 왜냐하면, 이 *Ethica* 제 1 부의 부록에서 밝힌 바와 같이, 자연은 결코 어떤 목적을 위하여 움직이는 일이 없으며, 우리가 '자연' 또는 '신'이라고 부르는 저 영원하고 무한한 존재는 그의 있음을 결정한 바로 그 필연성을 따라서 움직이기 때문이다.[4]

'좋음'과 '나쁨'에 관해서도 스피노자는 그것이 어떤 이의 욕망과의 관련에서 생긴 주관적 산물이라는 견해를 고집한다. '좋다', '나쁘다'라는 말은 '사물 그 자체의 객관적인 성질'을 나타내는 것이 아니라, 사고의 양식 또는 우리가 사물을 비교함으로써 지어내는 관념에 지나지 않는다.[5] 그러므로 동일한 사물도 그것을 대하는 사람의 주관에 따라서, 좋은 것이 될 수도 있고 또 나쁜 것이 될 수도 있다는 것이다

그러나 좋은 것과 나쁜 것 또는 선과 악을 구별할 **객관적인** 근거가 없다는 스피노자의 견해는 그 구별이 전혀 무의미하다는 주장은 아니다. 만약 우리가 모든 욕구와 의지 그리고 감정을 초월한 자의 관점에서 사물을 고찰할 수 있었다면, 우리에게 있어서

---

4) *Ethica*, Pt. IV, 머리말 중에서.

5) *Ibid.*

좋은 것과 나쁜 것과의 구별은 해소되었을 것이다. 그러나 욕구와 감정의 수유는 선과 아이 구별을 가능하게 할 뿐만 아니라 그것을 **불가피**하게 한다는 것이 스피노자의 생각인 것 같다. 스피노자 자신도 욕구와 감정을 가진 인간인 까닭에 그 역시 가치의 세계 밖으로 탈출할 도리가 없다. 그에게도 좋은 것과 나쁜 것, 또는 선과 악의 구별은 엄연한 사실이다. 다만 그 사실이 모든 주체의 심적 태도를 떠나서 독자적으로 존재하는 것이 아니라, 반드시 인간적 욕구의 관여를 기다려서 비로소 성립한다고 보는 점에 스피노자의 특색이 있다.

2) 자아 보존의 원리와 이상적 인간상

스피노자는 가치의 근원을 인간성 안에서 발견하였다. '좋음'(善)이란 '인간이 스스로의 목표로 내세운 이상적 인간형으로 조금씩이라도 다가감에 도움이 되는 모든 것'을 의미하며, '나쁨'(惡)이란 그와 반대되는 모든 것을 가리킨다.6) 이와 같은 기본 견지에 뒤따르는 문제는 그 인간의 이상이 어떠한 설계도로 묘사되는 목표이냐는 그것이다. 스피노자에 있어서는 이 이상도(理想圖)가 행위의 시비를 자질하는 도덕적 원리의 구실을 할 수밖에 없다. 만약 인간의 이상(理想)이라는 것이 각자의 개성을 따라 결정되는

---

6) *Ethica*, Pt. IV, 머리말. 4부의 정의(定義) 1에는 "좋음이란 우리에게 틀림없이 유용한 것이다"라고 되어 있다. 이 본질이 같은 두 가지의 정의에 있어서 스피노자는 이른바 'instrumental good'을 심중에 두었고, 윤리학에서 일반적으로 더욱 중요시되는 'intrinsic good'에 대해서는 언급하지 않았다. 그러나 스피노자가 인간이 궁극적으로 소망하는 것을 'intrinsic good'으로 보고 있음은 전체의 문맥으로 보아 분명하다.

것이며 백인백태(百人百態)의 도면을 가졌다면, 선악 시비를 가리는 척도는 각 개인에 따라 달라야 할 것이니, 결국 옛 소피스트들의 상대론으로 되돌아갈 수밖에 없다. 그러나 이미 언급한 바와 같이 소피스트의 학설은 일종의 상대론이기는 하나, 인류에게 공통된 하나의 목표가 있음을 주장함으로써 행위를 위한 보편적인 원리를 세우고자 한다. 개인 각자가 의식하는 이상이 천차만별이라는 것은 아마 스피노자도 부인하지 않을 것이다. 그럼에도 불구하고 그는, 인간의 참된 이상은 근본에 가서 일치한다고 믿은 모양이다. 그리고 스피노자의 이와 같은 신념은 그의 인성론(人性論)에 근원을 두었다. 이에 우리는 스피노자의 심리학에 대해 언급하지 않을 수 없다.

"모든 개체는 … 각각 자기의 존재를 지속하고자 힘쓴다"라는 *Ethica* 제3부 명제 6은 욕구 및 정서에 관한 스피노자 심리학의 기본이요, 동시에 그의 윤리학의 관건이기도 하다는 것이 일반적인 해석이다. 그리고 이러한 해석 그 자체에 대하여 이견이 있을 리도 없다. 다만 주의를 요하는 것은 이 명제 6의 뜻을 분석함에 있어서 현대 생물학적 사고의 틀을 그대로 적용해서는 안 되리라는 점이다. 스피노자가 만물이 자기 보존의 욕구(conatus)를 가졌다고 말했을 때, 그가 '생존경쟁'(struggle for existence)을 생물 진화의 원리라고 본 다윈(Darwin)을 위하여 선구(先驅)의 구실을 한 것 같지는 않다. 그는 다만 "밖으로부터의 원인이 작용하지 않는 한 개물(個物)은 파멸될 수 없다"는 명제 4와 "서로 부정하는 두 개의 개물은 본질이 다른 두 가지 사물이며, 따라서 동일한 주체 내에서 공존할 수 없다"는 명제 5로부터의 윤리적인 귀결을 명시했을 뿐이다. 그리고 물리학에서 말하는 '관성'(慣性)의 법칙에도 가까운 이 자기 보존의 원리를 물질현상에 뿐만 아니라 정신현상에까지 적용한 것은 스피노자로서는 당연한 일이다. "마음도 역시 … 영원한 자기 보존을 힘쓰며 또 그 노력을 의식한다." (명제 9) 마음이 그 자기 보존의 노력을 의식하는 까닭에 마음에는 '의지'라는 것이 따르고, 몸과 마음의 결합으로서의 인간에게는 '욕망'이라는 것이 있다.

'의지'니 '욕구'니 하는 것은 '자아 보존'의 기본 경향이 자의식(自意識)을 동반한 것임에 지나지 않는다. 그러므로 모든 의지와 욕구는 결국 자기 자신의 보존을 궁극의 목표로 삼는다. 이와 같은 스피노자의 심리학적 이기설(利己說)은 곧장 윤리학적 이기주의로 그를 이끌어갔다. 인간은 누구나 자아를 위하여 살게 마련이며, 따라서 자아의 본질을 유감없이 지켜감이 가장 보람 있는 삶이라고 스피노자는 믿었던 것이다.

그러면 어떻게 하는 것이 자아의 본질을 유감없이 지키는 것이며, 또 그렇게 하기 위한 가장 효과적인 방법은 무엇일까? 스피노자는 '자아 보존'을 생물학적으로만 해석하지 않았다. 물론 그도 인간이 대체로 장수(長壽)를 바라고 종족 유지를 원한다는 일상적인 사실을 몰랐을 리 없으며, 그의 심리설이 이와 같은 일상적 관찰의 영향을 받은 바 전혀 없으리라고 보기도 힘들다. 그러나 스피노자가 인간의 이상(理想)을 발견하는 이론적 근거로서 '자아 보존'이라는 것을 내세웠을 때, 그는 생물학적이기보다는 형이상학적 의미로 이 개념을 사용하였다. 그가 말하는 자아 보존이란 '자신의 본질을 수호(守護)한다'는 뜻에 가까울 듯하다. 그리고 '자신의 본질을 수호한다' 함은 나의 행동이 나 밖의 것에 의하여 좌우되지 않고 나 스스로의 내적 원인에 의해서 결정되도록 한다는 뜻이니, 스피노자적인 '자유'의 실현을 의미하는 것이다. 무릇 인간은 외적 환경의 영향을 받아 피동적으로 움직일 수도 있고, 자기 스스로의 내적인 원인을 따라 능동적으로 움직일 수도 있다. 그리고 피동적인 행동은 그 개인의 '힘'의 위축을 의미하고, 능동적인 행동은 그 팽창을 의미한다고 스피노자는 믿는다. 바로 이 **능동적 행위** 또는 **힘의 팽창**을 스피노자는 그가 말하는 '자아 보존'과 연결시키고, 한걸음 더 나아가서는 이들을 동일시한다. 이리하여 그는 항상 팽창하는 힘으로써 능동적으로 행위하는 인생을 가장 값진 인생이라고 단정하는 것이다. 주위 사정의 변동에 따라 좌우로 흔들리는 꼭두각시가 될 것이 아니라, 자신의 일은 스스로 결정짓는 자유인이 되어야 한다는 것이다.

그러면 능동의 주체, 즉 자유인이 되는 방도는 무엇인가? 스피노자에 의하면, 우리가 타당한 관념(adequate ideas)을 가지면 가질수록 우리의 행동은 능동적이고, 부당한 관념을 가지면 가질수록 수동적이다.7) 다시 말하면 우리의 생각이 진리에 접근하면 할수록 우리는 자유의 이상에 가까워진다. 따라서 참된 자유인이라는 인간적인 이상을 실현하는 길은 바로 참된 인식을 지향하는 철학자의 길과 일치한다. 스피노자에 있어서 자유인은 곧 지자(知者)요, 지자는 곧 자유인이다.

그러나 진리의 인식이 어째서 곧장 자유의 보장이 될 수 있는 것일까? 이 점의 해명을 직접적 목표로 삼는 스피노자의 논술을 우리는 *Ethica* 제 3 부 명제 1의 뒤를 따르는 '증명'에서 발견하나, 그 구절만으로는 석연치 않은 구석이 있다. 그러나 그의 철학 전

---

7) cf. *Ethica*, Pt. III, Prop. 1.

체의 문맥으로 볼 때, 우리는 스피노자의 논리를 다음과 같이 이해할 수 있을 것 같다.

'과학적 단계'에 있어서 스피노자가 말하는 '타당한 관념'이란, 유한한 개별자의 특수한 양상 또는 실체의 부분적 상호관계를 반영하는 것이 아니라, 내 몸 및 다른 모든 물체들이 공유하는 속성 즉 '연장'(延長)의 보편적인 성질들을 반영하는 관념을 가리킨다. 그러므로 '타당한 관념'으로 엮어진 사유의 과정과 표리의 관계를 가진 연장의 측면은 신 또는 자연 전체의 본질인 동시에 나 자신의 본질이기도 하다. 바꾸어 말하면, 과학적 단계에 있어서의 타당한 관념이란 스피노자의 이른바 '공통 관념'(notiones communes, common nations)을 가리키는 것으로서, 그 관념과 표리일치하는 물질적 근거를 내 자신의 본질 속에서 충분히 발견할 수가 있다. 따라서 만약 내 마음이 타당한 관념들의 계기(繼起)만으로 충만될 수 있다면, 그 순간의 내 마음을 결정한 것은 오로지 내 자신의 본질뿐이요, 나 밖으로부터의 간섭에 의하여 내 마음이 좌우된 바가 전혀 없다. 그리고 '내 본질에 의한 내 마음의 결정' — 이것은 스피노자가 다름 아닌 '자유'로써 의미한 것이었다.

'타당한 관념' 즉 진리의 인식과 자유와의 불가분의 관계는, 스피노자가 지식의 최고단계로 숭상하는 '직관지'(直觀知)의 개념을 음미할 때 더욱 명백해진다. '직관지'(scientia intuitiva)란 자연 전체를 하나의 통일된 체계로서 파악하는 종합적인 지식이다. 그것은 곧 신에 대한 직관적인 파악이며 최대의 포괄성을 가진 지식으로서, 절대로 타당하고 절대로 참되다. 그런데 스피노자에 의하면 모든 관념은 그것과 표리일체를 이루는 물체의 심적 측면인 까닭에 자연 전체의 통일적 파악으로서의 직관지는 우주 전체를 상응(相應)하는 물체(ideatum)로 삼는 관념이다. 따라서 엄밀하게는 전체로서의 자연, 즉 신만이 직관지를 가질 수 있다. 인간의처지에서 볼 때는 직관지란 오직 접근을 위한 목표에 불과하다.그리고 인간이 어느 정도까지 이 목표에 접근할 수 있는가는, 그가 어느 정도까지 자기와 신을 동일시할 수 있는가, 즉 그가 자아의 외연(外延)을 어디까지 확대시킬 수 있는가에 달려 있다. 이점은 관념과 물체를 동일한 실체의 (또는 실체의 부분의) 표면과이면이라고 보는 스피노자의 형이상학적 견지에서는 자명한 일이다. 한편 우리가 자아의 외연을 확대시켜 감에 따라 우리의 '자유'도 증대되고, '나'와 신을 완전히 동일시할 수 있을 때 우리의 자유도 완전한 것이 될 것이다. 왜냐하면 스피노자에 있어서 '자유'란 행동의 원인이 나 자신 안에 있음을 의미하며, 신과 '나'가 동일한 외연을 가질 경우에 이 세상에 나 밖에는 아무것도 없으니나 밖에서 나의 행동을 제약할 아무런 힘의 존재도 생각할 수 없다. 자연 전체를 **하나의** 주체로 볼 때, 이 세상에 일어나는 모든일은 필연인 동시에 자유다. 모든 사상(事象)은 불가피한 결과이나, 그 원인은 모두 신 즉 나 안에 있기 때문이다.

그러나 어떻게 나와 신을 동일시할 수 있을까? 스피노자도 그것이 하나의 이상에 지나지 않음을 인정하고 현실적으로 어느 개인이 그 경지에 도달하기는 지극히 어렵다고 주장한다. 여기서'동일시'라 함은 단순히 머리 속에서 그렇게 **생각함을** 뜻하는 것이 아니라, 나와 남과의 구별을 초극하는 인격적인 해탈을 의미하기 때문이다. 그러나 그것이 하나의 떳떳한 이상이 될 수 있으려면, 거기에는 적어도 이론적인 가능성만은 보장되어 있어야 할 것이다. 과연 스피노자의 철학에는 그 가능성의 문이 열려 있는 것으로 보인다.

스피노자에게는 **오직 하나의** 실체만이 있다. 존재하는 모든 개체들은 자연이요 신(神)인 이 오직 하나의 실체를 구성하는 여러 부분들이다. 이 점은 사람들에 있어서도 마찬가지니, 어느 개인도 엄밀하게는 독립한 존재가 아니라, 더 큰 전체의 한 부분을 이룰 뿐이다. 스피노자의 관점에서 볼 때, 한 사람을 하나의 독립된 단위로 볼 수 있는 근거는 나뭇잎 하나를 독립된 단위로 볼 수 있는 그것 이상의 것이 아니다. 나뭇잎의 '나'가 급기야 나무의 줄기와 뿌리에까지 확대될 이유가 있다면, 사람의 '나'도 우주의 끝까지 뻗어갈 이유를 가졌다. 다섯 자 정도의 육체 속에 갇힌 것을 ― 그리고 그것만을 ― '나'의 전부라고 보는 것은 도리어 사리의 극치(極致)를 모르는 천박한 관념의 소치라 하겠다.

'나'의 경계선을 여섯 자 미만의 공간 안에 긋고 이 경계선 안에 국한된 부분을 마치 하나의 독립된 실체처럼 생각하는 그릇된 관념은 인생이 경험하는 모든 불행의 원천이다. 왜냐하면 불행이란 결국 슬픔, 두려움, 노여움, 걱정 따위의 괴로운 정서들의 함수이며, 괴로운 정서를 빚어내는 첫째 인자(因子)는 전체의 진상을 모르고 부분을 전체로 인식하여 부분의 보존에만 여념이 없는 어리석은 애착(愛着) ― 이를테면 **무식한 이기심**이기 때문이다. 자리다툼, 세력다툼, 재산싸움 그리고 시기와 질투 ― 이 모든 불화와 고통의 원인을 스피노자의 견지에서 이해한다면, 그것은 마치 같은 나무의 여러 잎들이 서로 좋은 자리를 다투는 격이며, 왼손과 오른손이 서로 더 많이 가지려고 싸우는 격에 지나지 않을 것이다.

불행의 원천인 괴로운 정서를 빚어내는 또 하나의 인자는, 우주와 인생 안에 일어나는 모든 사실이 필연이요 불가피하다는 사리를 깨닫지 못하는 무지에 있다. 우리는 지난 일을 후회한다 — 마치 그렇게 안 할 수도 있었던 것처럼. 그러나 우리는 그때 결국 그렇게밖에 할 수 없었던 것이다 — 인간의 행위를 포함한 모든 사건이 필연적 인과의 지배 하에 있는 까닭에. 우리는 운명을 저주하고 팔자를 한탄한다 — 마치 그 운명과 팔자에 대한 책임을 질 존재라도 있는 것처럼. 그러나 그밖의 다른 운명, 다른 팔자가 나에게 배당될 도리는 없었으며, 따라서 이에 대하여 책임을 질 존재도 없다. 우리는 앞날을 근심하고 미래를 걱정하기에 바빠 현재를 헛되이 하기가 일쑤다. 마치 근심과 걱정이 불상사를 예방할 수 있기라도 한 것처럼. 그러나 근심해도 올 것은 기어이 오고, 걱정하지 않아도 오지 않을 것은 결코 오지 않는다. 우리가 만약 모든 일이 필연의 법칙 하에 있음을 투철히 깨닫는다면, 지난 일을 후회하거나 앞날을 근심할 까닭이 없을 것이다. 오직 냉철한 지성으로 과거를 거울삼아 미래를 계획할 뿐이다.

이상에 논술한 바를 종합하건대, 인생이 경험하는 모든 불행은 무지(無知)에 — 부분을 독립된 실체로 오인하는 무지와, 만사의 필연성을 간과하는 무지에 — 그 근원을 두었다. 만약 우리가 자연을 통일된 전체로서 직시하고 만상 필연(萬象必然)의 원칙을 터득한다면, 우리는 모든 정념(情念)과 번뇌의 사슬을 벗어나 자유로울 것이며, 따라서 고요한 지복(至福)을 누리게 될 것이다. 이 최고의 지혜는 곧 대상을 '영원의 광명을 통하여' 직시함이요, 신을 '지적 사랑'으로써 사모함이다. 스피노자에 있어서 신에 대한 이해는 곧장 신에 대한 사랑으로 연결되며, 이 이해, 이 사랑이 곧 인생 최고의 선이요 최고의 축복이다. "최고의 선은 신에 관한 지식이요, 최고의 덕은 신을 인식함이다."[8]

3) 비판적 고찰

스피노자를 다루게 된 우리들 본래의 관심은, 그가 가치관에 있어서 상대론의 진영(陣營)을 택했음에도 불구하고 행위를 위한 보편적 원리를 세우고자 했으며, 또 그 의도에 있어서 스스로 성공했다고 믿었다는 사실에 의해서 자극됐던 것이다. 그리고 앞절에서 우리는 스피노자가 그의 형이상학을 기초로 삼고 인간의 최고선을 이끌어내는 연역적 과정의 줄거리를 더듬어 보았다. 만인에게 타당성을 가졌다고 믿은 이 최고선의 발견에 있어서의 성공여부가 소피스트적 결론을 극복하려 한 스피노자의 의도의 성패(成敗)를 결정할 것이다. 이제 우리는 최고선을 연역한 스피노자의 논리를 비판적으로 음미할 시점에 이른 것 같다.

'최고선'에까지 이른 스피노자의 추리(推理)는 요약하면 다음과 같은 것이었다. ① 가치의 근원은 욕구에 있다. 인간의 선은 인간이 욕구하는 것이다. ② 모든 개체는 자기 보존을 희구(希求)하게 마련이며, 인간도 각각 자기의 보존을 위하여 애쓴다. ③ 자기 보존이란 자신의 본질을 수호한다는 뜻이며, '자신의 본질을 수호한다' 함은 나의 행동이 나 밖의 것에 의하여 좌우됨이 없이 내 스스로의 내적 원인에 의해서 결정되도록 함이다. ④ 나 밖의 것에 의하여 좌우됨이 없는 행동에 두 가지 경우가 있다. 첫째는 순전히 '과학적'인 인식작용이요, 둘째는 자연 전체 즉 신의 행동이다. 전자 즉 과학적 인식 또는 '타당한 관념'이 능동적이요 자유로운 행위인 이유는, 그것이 유한한 개별자의 특수한 양상, 또는 실체

---

8) *Ethica*, Pt. IV, Prop. 28.

의 부분적 상호관계를 반영하는 것이 아니라, 내 몸 및 다른 모든 물체들이 공유하는 속성 즉 연장의 보편적 성질들을 반영하는 관념이기 때문이요, 후자 즉 신의 행동이 자유인 이유는, 신이 유일한 존재인 까닭에 신 밖에서 신에게 간섭할 외세(外勢)를 생각할 수 없기 때문이다. ⑤ 그러므로 우리가 자아를 보존하는 길 즉 자유롭게 사는 길은, 첫째로 과학적 진리 파악에 힘을 기울이는 일이요, 둘째로 옹색한 소아(小我)의 망집(妄執)을 벗어나, 대자연과 혼연일체가 됨으로써 나와 남의 구별을 초월하는 지경에 도달하는 일이다.

이상과 같이 전개된 스피노자의 학설에 대한 우리의 비판은 두가지 단계로 나누어질 것이다. 첫째로 만약 스피노자의 가정과 추리가 흠잡을 곳 없이 완전하다면, 그는 만인이 추구할 보편적인 목표를 발견한 셈이 되고, 따라서 행위의 선악을 판별할 부동하는 기준을 세우려는 목표에 완전히 도달한 것인가를 살펴야 할 것이며, 둘째로는 스피노자의 가정과 추리 그 자체가 흠잡을 곳 없이 만족스러운가 아닌가를 음미해야 할 것이다. 첫째 문제부터 시작하기로 하자.

설령 스피노자의 주장 가운데서 이상에 소개한 바가 모두 옳다하더라도, 행위의 선악을 판별할 기준이 완전히 세워졌다고는 생각되지 않는다. 스피노자는 모든 사람이 '과학적' 진리를 명상하고, 나아가서는 신을 영원의 광명을 통하여 통찰하는 직관지(直觀知)의 극치를 다함으로써 인생의 최고선으로 삼았다. 이 이상(理想)은 어느 특정한 개인만의 것이 아니라 만인에게 타당한 것으로 보는 점에 있어서, 그것은 보편성을 가진 이상이며, 따라서 인류의 공동목표를 제시하고자 하는 윤리학의 목표가 **추상적으로는**

달성됐다고 볼 수 있다. 그러나 우리의 지성이 의식주의 물질생활을 요구하는 육체와 결합되어 있는 한, 모든 사람이 진리의 심오에 도달한다는 것은, 브로드(C. D. Broad)가 지적했듯이,[9] 한갓 '잠꼬대'에 불과하다. 왜냐하면 심오한 진리에 도달한다는 것은 단순한 결의나 소망으로 이루어지는 것이 아니라, 오랜 훈련과 연구의 과정을 기다려서 비로소 접근할 수 있는 목표이며, 현실에 있어서 오랜 훈련과 연구의 기회를 가질 수 있는 것은 오직 국한된 범위의 사람들뿐이기 때문이다. 스피노자가 말하듯이 인간은 본래 이기적인 것이라면, 각자는 서로 자기가 진리를 터득하고자 다툴 것이다. 이와 같은 경쟁에 있어서 욕구의 대립을 지양할 어떤 원리가 제시되지 않는 한, 스피노자의 가르침은 결과에 있어서 프로타고라스적 성격을 벗어나지 못한다. 왜냐하면 갑(甲)의 진리 인식과 을(乙)의 진리 인식은 비록 그것들이 같은 대상에 관한 같은 정도의 것일지라도 결코 동일한 사건이 아니므로, 갑에게는 갑의 진리 인식이 선(善)이고 을에게는 을의 진리 인식이 선이라는 결론이 되며, 선악의 척도가 개인에게로 옮겨지기 때문이다.

이 문제에 관하여 스피노자의 견해는 두 가지의 해명을 준비하고 있다. 그 첫째는 재산이나 지위와 같은 물질적 이익은 한 사람이 이를 차지하면 다른 사람은 그것을 얻을 수 없는 바 '경쟁적 선(善)'이나, 지식은 만인이 공유할 수 있는 '비경쟁적 선'이라는 주장이다. 물론 정신적 가치가 여럿이 분유(分有)할 수 있는 특색을 가졌으며, 물질적 가치와는 근본이 다르다는 스피노자의 구별에는 일리가 있다. 예컨대, 플라톤(Platon)에 관한 지식을 한국 학

---

9) C. D. Broad, *Five Types of Ethical Theory*, London, 1956, p.44.

생들이 배운다고 해도 그것이 그리스 학생들의 플라톤 연구를 가로막지는 않을 것이다. 그러나 이 비경쟁성이 무제한하게 강조되어서는 안 된다. 모든 한국인이 플라톤 연구의 대가가 된다는 것은 논리상 불가능한 일은 아니지만 실제로는 거의 불가능하다. 우선 플라톤을 제대로 연구할 수 있는 기관에 자리를 얻는 일부터가 경쟁을 내포하며, 나라의 온 인구가 그리스의 고전을 읽어낸다는 것도 생각하기 힘든 일이다. 진리에 도달한다는 일은 분명히 경쟁적이며, 이 경쟁을 원만히 해결할 어떤 원리가 제시되지 않는 한 스피노자의 윤리설은 완벽할 수 없다.

스피노자의 둘째 해명은, 인간이 각각 자기의 이상을 실현함에 있어서 서로 협조하는 것보다 더 효과적인 방법이 없다는 주장이다. "세상에는 개인이 그 자유를 실현함에 도움이 되는 여러 가지 사물이 있다. 그러나 그 어느 것도 상호협조처럼 효과적일 수는 없다"고 스피노자는 말한다.[10] 대단히 많은 경우에 있어서 스피노자의 이 말은 타당할 것이다. 그러나 비록 갑의 지적 성장이 을의 지적 성장을 초래한다 하더라도 그것으로 갑의 선이 곧 을의 선이라는 결론이 되는 것은 아니다. 이기주의의 입지에서 보는 한 을에게는 을 자신의 지적 성장만이 참된 선이 될 수 있다. 따라서 스피노자의 제2의 해명이 그 자체로서는 참이라 하더라도, 그의 이기설이 **하나의** 통일된 선악의 척도를 세우지 못했다는 비판을 완전히 막아주지는 않는다. 뿐만 아니라 상호협조가 나의 지적 성장을 위하여 **가장** 효과적이라는 주장은 반드시 언제나 타당하지는 않을 것이다. 때로는 남의 지적 성장을 도우려는 행위가 나의

---

10) cf. *Ethica*, Pt. IV, Prop. 18, Note.

지적 성장을 지연시킬 수도 있을 것이다. 동생의 학비를 조달하기 위하여 자신은 상급학교 진학을 단념하는 사람의 경우와 같이. 그리고 상대편은 협조적이 아니며 자기의 이익만을 추구할 때에 이쪽에서는 어떠한 태도를 가질 것인가 하는 현실적인 문제도 남아 있다.

스피노자의 가정과 추리 그 자체에도 약간의 의심스러운 점이 없지 않다. 첫째로 스피노자는 인간의 선(善)은 인간이 욕구하는 것이라고 주장하는데, 이 주장이 선악에 관한 심리학적 사실판단인지 또는 윤리학적 가치판단인지 분명치 않다. 대부분의 고전적 윤리학자의 경우에 있어서와 같이 스피노자의 경우에도 윤리학에 있어서의 분석적인 측면과 규범적인 측면과의 혼동이 있다. 둘째로 모든 개체가 자기 보존을 위하여 애쓴다는 스피노자의 주장은 그리 자명한 원리가 못된다. '자기 보존'을 스피노자는 생물학적 개념으로 쓴 것이 아니라, '만물의 자기동일성을 유지하려는 형이상학적 내지 물리학적 경향'의 뜻으로 쓴 것이었다. 따라서 그것은 엄밀히 자기동일성을 유지하려는 경향이요, 자기를 **확대**하고자 하는 투쟁의 원리가 될 수는 없다. 그렇다면 개체의 멸망 또는 새로운 개체의 출현이라는 현상이 어째서 생기는 것일까? 온갖 개체가 모두 자기의 동일성을 유지하려는 경향이 있다면, 타자(他者)에 대한 간섭이라는 것이 있을 수 없으며 모든 개체는 특히 노력할 필요 없이 그 현상(現狀)을 유지하게 될 것이다. 따라서 자기 보존을 조장하는 것이 선이요, 방해하는 것이 악이라는 구별이 나올 근거가 없다. 스피노자에 있어서 '개체'의 단위는 그리 분명치 못하지만, 개체의 범위를 어떻게 생각하든지 간에 위에 말한 바는 타당성을 유지할 것이다. 이러한 점으로 볼 때, 스피노자의

'자기 보존'에는 역시 생물학적 사고가 알지 못하는 사이에 침입한 것이 아닌가 하는 의심이 든다. 그리고 스피노자가 때때로 '능동'(能動)이라는 말을 '힘'이라는 말로 바꾸어 놓고, 선이란 곧 '힘의 증대(增大)'라고 언명(言明)한 사실은 이러한 의심을 더욱 뒷받침한다.

인간이 욕구하는 바가 인간의 선이라고 단정한 스피노자는 인간의 여러 가지 욕구가 결국은 '자기 보존'이라는 기본 욕구의 다양한 표현이라고 보았다. 그러나 인간에게는 '자기 보존의 욕구' 안에 포섭시킬 수 없는 욕구가 있을 뿐 아니라, 심지어는 자기 보존에 역행하는 욕구도 간혹 있는 것이 아닐까? 어떤 이는 그것이 자기의 건강에 불리함을 알면서도 예술이나 학문을 위하여 정진한다. 등산가나 탐험가의 경우에 흔히 볼 수 있듯이, 어떤 이들은 모험을 위하여 모험하며, 또 어떤 이들은 의식적으로 죽음의 길을 택하기도 한다. 이와 같은 특수한 행위들도 어떤 의미로는 자기를 보존하기 위한 것이라고 말할 수도 있을지 모른다. 그러나 스피노자가 말하는 '자기 보존'이란 결코 그러한 뜻이 아닌 듯하다. 스피노자의 '자기 보존'에는 항상 육체적인 것의 보존이 포함되어 있다고 보아야 할 것인데, 위에서 예를 든 특수한 경우에 있어서 보존되는 것은 언제나 오로지 정신적인 것이기 때문이다. 무릇 욕구란 유기체 내에 있어서 생물학적·심리학적 균형이 상실됐을 때 그 일그러진 균형을 바로잡으려는 자연적인 운동이 어떤 의식(意識)과 결합된 것이라고 생각된다. 따라서 만약 생물학적·심리학적 균형이 잘 잡힌 상태를 '자기'의 본래적 모습이라고 본다면, 모든 욕구는 '자기의 보존'을 목표로 삼는다는 입론(立論)도 가능하게 될 것이다. 그러나 스피노자가 말하는 자기 보존이란 자기동일성의 유지를 의미하는 것으로서 단순한 균형의 유지 이상의 것을 의미한다. 물론 이 균형의 유지는 자기동일성의 유지를 위한 필요 조건이기는 하겠지만.

'자기 보존'을 욕구의 전체라고 본 까닭에 스피노자는 진리의 인식이 행복을 위하여 필요하고도 충분한 조건이라는 결론에 도달하였다. 그러나 자기 보존의 욕구 이외에도 사람에게는 여러 가지 욕구가 있다. 따라서 이 여러 가지 욕구를 조화 있게 충족시킬 경우에만 사람들은 완전히 행복할 수 있는 것이며, 오직 사물의 이치를 터득하는 것만으로 참된 행복을 누릴 수는 없다. 설령 스피노자의 이상인 '자유인'의 경지에 도달했다 하더라도 우리의 행복은 아주 완전할 것같이 생각되지 않는다. 그것은 주어진 것을 오직 '체념'의 이름으로 받아들이는 너무나 가냘픈 행복— 이를테면 소극적 행복이 아닐까? 현대인의 가치감은 오로지 체념하고 관조(觀照)하는 소극적 태도보다도, 운명에 도전하는 적극적 노력의 태도를 요구하는 것이 아닐까? 여하튼 스피노자의 윤리학으로 현대의 역사적·사회적 여러 문제를 타개하기는 매우 어려울 것 같다. 스피노자는 문제의 참된 해결보다도 문제로부터의 회피를 우리에게 시사하는 것같이 보인다. 한마디로 요약컨대 스피노자의 윤리설은 그 기본 가정과 추리에 있어서 약간의 이론적 약점을 숨기고 있는 동시에, 그 규범적인 결론에도 현실이 봉착하는 다난(多難)한 문제들을 해결하는 실천적 역량에 있어서 부족한 바 없지 않다.

3. 흄: 행위와 정서반응의 관계로서의 선악

1) 도덕감(道德感)

흄의 윤리설은 스피노자의 그것보다도 한결음 더 현대의 윤리학적 상대론에 접근하고 있는 것으로 보인다. 왜냐하면 스피노자의 윤리설은 근본에 있어서 아직도 합리론적 방법을 통하여 세워진 것이었으나, 흄의 그것은 뚜렷이 경험론적 방법으로 일관되고 있기 때문이다. 이론철학의 분야에 있어서는 흄보다 앞서서 경험론을 지키고 발전시켰던 로크(Locke)와 버클리(Berkeley)도 실천철학의 분야에 있어서만은 중세기적 전통을 벗어나지 못하고 있었던 상황에서, 흄은 스스로 경험론적 방법을 윤리학에까지 응용해야 한다고 믿었으며, 또 그렇게 실천한 점에 있어서, 현대 윤리학의 선구자로서의 그의 위치가 뚜렷하다.

흄이 자신의 윤리사상을 체계적으로 표명한 초기의 저술 *A Treatise of Human Nature*의 제3권은, 이성(理性)이 단독으로 선악을 판별할 수 있는 선천적이요 보편적인 기능이라는 합리론적 원리에 대한 공격으로 시작된다. 그러나 흄이 선악의 구별은 이성에 유래하는 것이 아니라 도덕감(moral sense)에 유래한다고 단언했을 때,11) 그는 '도덕적 가치의 보편적 척도·확립'이라는 윤리학 본래의 과제를 매우 난감하게 만들었다. 왜냐하면 'reason'에 대립시켜 'moral sense' 즉 도덕감을 선악의 근원으로서 내세웠을 때, 흄은 그 도덕감을 어떤 선천적 기능으로 본 것이 아니라 일반

---

11) cf. D. Hume, *A Treatise of Human Nature*, Oxford University Press, 1955, Bk. III, Pt. I, Sect. 1-2.

적인 쾌·불쾌의 감정을 기초로 삼고 경험적으로 형성되는 일종의 종합감정이라고 보았기 때문이다. 쾌·불쾌를 위시한 여러 감정들은 대체로 주관적이요 개인의 이해와 깊은 관련을 가진 까닭에, 그러한 감정(feeling) 또는 정서(sentiment)를 바탕으로 삼고 보편타당한 도덕적 가치의 척도를 확립한다는 것은 매우 어려운 일일 것이다.

흄 자신이 보편타당한 도덕원리의 가능성을 애당초에 부인하고 나온 것이라면 문제는 도리어 간단했을 것이다. 그러나 흄의 견해를 전체적으로 바라볼 때, 그가 정말 윤리학적 문제들에 대하여 철저한 회의론자였던 것처럼 생각되지는 않는다. 출발에 있어서 회의적인 요소를 다분히 짊어지고 나선 것은 사실이나, 흄은 역시 도덕에 보편적 원리가 가능함을 믿었으며 또 그것이 가능함을 그의 이른바 '실험적 방법'으로써 밝히고자 했던 것이다. 이제 '도덕 감'이라는 경험적 원리를 발판으로 삼고 보편타당한 윤리학의 체계를 세우고자 한 그 의도를 어느 정도까지 그가 성공적으로 밀고 나갔는가 대충 살펴보기로 하자.12)

만약 흄이 말하는 도덕감이 정말 보편적인 도덕의 원리가 될 수 있으려면, 동일한 대상에 의해서 유발되는 도덕감이 사람에 따라 또는 때에 따라 달라서는 안 될 것이다. 다시 말하면, 도덕감

---

12) 흄의 윤리설을 Naturalism의 18세기적 모델로 보아야 옳은지, Emotivism 의 선구로 보아야 옳은지에 대해서는 이론(異論)의 여지가 있다. 아마 흄에게는 cognitivist의 일면과 non-cognitivist의 일면이 논리의 모순을 무릅쓰고 혼재했다고 보아야 옳을 것이다. 하여튼 흄이 윤리학을 일종의 경험학으로 수립하려고 한 것은 사실이며, 이 글에서 우리의 관심은 흄이 윤리학을 하나의 science로서 확립하고자 한 그의 적극적인 의도를 어느 정도까지 성취했는가에 그 초점을 두었다.

에는 다른 감정 일반의 경우와 같은 개인차가 없다는 의미로, 그
것은 보편적인 성질의 것이라야 한다. 그리고 사실에 있어서 흄은
도덕감이 그와 같은 보편성을 지닌 특수한 감정임을 믿는다. 또
도덕감이 그러한 보편성을 갖게 된 심리학적 근거는 모든 인간이
공통으로 가지고 있는 '동정'(同情) 또는 '자선심'(humanity)에 있
다고 그는 생각하였다. 그뿐 아니라 흄은 도덕판단의 특유한 권위
성, 즉 우리가 도덕률을 지켜야 할 이유도 도덕감 및 동정심의 개
념을 중심으로 설명될 수 있다고 믿는다. 그러므로 흄의 윤리설의
장점과 단점을 파악하고자 하는 우리의 시도는, '도덕감' 및 '동정'
내지 '자선심'에 관한 그의 심리설을 음미함으로써 적당한 기초를
얻을 수 있을 것이다.

흄에 의하면 선악의 구별은 어떤 감정에 기원(起源)을 두었다.
"선악이란 그러므로 판단된다기보다 느껴진다고 말하는 것이 더
욱 정확할 것이다."13) 그러면 선악의 구별을 일으킨다는 그 감정
내지 정서는 어떠한 성질의 것이며 또 그것은 어디로부터 유래하
는 것일까? 그것은 '도덕적 시인(是認)'(moral approval) 및 '도덕
적 비난(非難)'(moral disapproval)이라고 부를 수 있는 특수한 인
상(impressions) 또는 감정으로서, 전자는 일종의 쾌감이요 후자는
일종의 불쾌감이다. 덕으로부터 오는 인상은 즐거움을 주고 부덕
(不德)이 일으키는 인상은 기분에 거슬린다고 흄은 말한다. "선과
악을 헤아리게 하는 인상은 일정한 쾌와 불쾌의 감정 이외의 아
무것도 아니다."14) 도덕적 시인(是認)의 감정이란 우리가 우리 자

---

13) D. Hume, *A Treatise of Human Nature*, Bk. III, Pt. I, Sect. 2, p.470.
14) *Ibid.*, p.471.

신의 이해관계를 떠나서 어떤 인격을 음미했을 때 느끼는 특수한 쾌감이다. 그러면 일정한 인격의 특질이 우리에게 쾌 또는 불쾌의 느낌을 일으키는 이유는 무엇일까? 여기서 만약 일정한 인격 특질(人格特質)을 대했을 때 도덕적 시인의 쾌감을 느끼는 것은 인성의 선천적인 법칙이라고 흄이 대답했다면, 우리는 그를 특히 경험론적 윤리설의 주목할 만한 선구자로서 이 자리에 끌어내지는 않았을 것이다. 그러나 흄은, 일정한 인격 특질이 도덕적 시인의 느낌을 일으키는 것은 그러한 인격 특질에서 흘러나오는 행동들이 대체로 **유용하기**(useful) 때문이라고 대답한다.15) 이로써 흄이 말하는 도덕감이 선천적이요 원초적인 것이 아니라, 경험적이요 파생적인 기능임이 분명하다.

무엇이든 **나에게** 유용한 것이 나로 하여금 쾌감을 느끼게 함은 만인이 아는 일상적 사실이다. 나의 자연스러운 욕구가 충족됐을 때 우리는 언제나 기쁨을 느낀다. 그리고 유용하다 함은 곧 '욕구를 충족시킬 수 있다'는 뜻이다. 이상은 설명을 요하지 않는 단순하고 원초적인 사실이다. 그러나 도덕감에 관한 심리는 두 가지 점에 있어서, 이 단순하고 원초적인 사실과 — 나 자신의 욕구를 채워주는 것에 대하여 쾌감을 느낀다는 원초적인 사실과 — 다르다. 즉, ① 도덕감이란 본래 어떤 유용한 인격 내지 행위에 관한 **관념** 또는 **생각**에 의하여서 유발되는 느낌이요, 예컨대 굶주림 같은 어떤 기본욕구에 **현실적인** 충족 없이도 일어날 수 있다. ② 그것의 관념이 나의 도덕감을 일으키는 그 유용성이 반드시 **나에 대한** 유용성이 아니다. 인류 전체를 위해서 유용한 인격은, 비록

---

15) *Ibid.*, Bk. III, Pt. II, Passim.

그것이 나의 개인적 이익에는 배치될 경우에는 나의 시인을 유발한다.

나 한 사람의 견지에서 볼 때는 해로우나 인류 전체를 위해서는 유익한 성격이나 행위에 관한 관념이 나에게 도덕적 시인의 감정을 일으킨다는 사실은, 그것이 나의 신체구조 안에 생리학적 내지 해부학적 근거를 갖고 있지 않다는 뜻으로, 단순하고 기본적인 심리현상이 아니다. 그러므로 우리가 만약 흄을 따라서 도덕현상의 기원에 관한 과학적 설명을 꾀한다면, 우리는 이제 말한 사실에 대한 심리학적 설명을 제공해야 할 것이다. 이에 우리들의 문제는 다음과 같이 두 가지로 나누어 생각할 수 있다. ① 어떻게 유용한 성격 또는 유용한 행위의 **관념만으로** 도덕적 시인의 감정을 일으킬 수 있는가? ② **나에게 유용한 것이 아니라** 오직 다른 사람들에게만 유용한 성격이나 행위가 어떻게 **나의** 도덕적 시인을 일으킬 수 있는 것일까?

우리의 첫째 물음에 대해서 흄은 그의 인상(impressions)에 관한 이론으로써 대답할 수 있을 것이다. 그는 '인상'을 '감각'과 '반영'(反映)의 두 가지 종류로 나누고 이어 다음과 같이 말한다.

첫째 종류의 인상은 알 수 없는 원인에 의하여 본래 우리 마음속에 일어난다. 둘째 종류의 것은 주로 우리의 관념으로부터 생기되, 그 생기는 과정은 다음과 같다. 어떤 인상이 우선 우리의 감관(感官)에 부딪치고 이것이 우리로 하여금 뜨거움 또는 차가움, 목마름 또는 배고픔, 어떤 종류의 즐거움 또는 괴로움 등을 느끼게 한다. 우리의 마음은 이렇게 일어난 인상의 모사(模寫)를 하나 만들며, 이 모사는 저 원래의 인상이 사라진 뒤에까지도 남으니, 이것이 이른바 관념(idea)이다. 즐거움 또는 괴로움의 감각의 모사로서의 이러한 관념은, 그것이 우리 마음에 되돌아와 부딪칠 때, 욕구와 혐오, 희망과 공포 등의 새로운 인상을 생산한다. 그리고 이 새로이 생산된 인상은 그것이 파생적인 것인 까닭에 반영 인상(impression of reflection)이라고 불러 마땅할 것이다.16)

도덕감이란 바로 이 관념에서 파생된 이차적 인상 즉 반영 인상 또는 반영의 일종이다. 관념이 생생하면 생생할수록 그로부터 파생되는 '반영'도 강하다.

위에 소개한 흄의 심리설이 타당함은 그후 파블로프(Pavlov)의 조건 반사 내지 조건 반응에 관한 연구에 의해서 실험적으로 밝혀진 것으로 안다. 개한테 물린 어린이는 개의 그림만 보아도 놀라며 심지어 울기까지 하는 수가 있다. 그 어린이에게 고통의 인상을 처음 일으킨 자연적 자극은 개에게 물렸다는 사건이다. 그런데 이제는 개의 모양만 보아도, 또는 개의 그림만 보아도, 어린이는 놀라고 운다. 이것은 물론 개의 모양 또는 그 그림이 그 고통 반응을 일으키는 조건 자극(conditioning stimulus)의 역할을 했기 때문이다. 만약 개의 그림이 주는 인상이 조건 자극의 역할을 할 수 있다면, 개에게 물렸던 무서운 경험의 기억 표상(記憶表象) 또는 상상 표상(想像表象)이 같은 구실을 못하리라고 믿어야 할 이유가 없다. 이 기억 또는 상상에서 오는 자극이 저 한갓 그림이 주는 자극보다 약하리라고는 생각되지 않기 때문이다.

현재 우리가 고찰하고 있는 첫째 물음에 대한 해답으로는, '관념이란 인상의 모사(模寫)'라고 말한 흄의 정의만으로도 넉넉했을 것을, 여기에 조건 반응의 심리설까지 끌어들인 이유는, 도덕감의

---

16) *Ibid.*, Bk. I, Pt. I, Sect. 2, pp.7-8.

성질 및 도덕의 기원에 관한 여러 가지 문제들이 '조건 반응'의 관념을 통해 볼 때 한결 명백해지리라는 예견이 있었기 때문이다.

주린 배를 채움, 체온의 조절, 피곤할 때의 휴식 등 생리적 욕구의 직접적 충족이 우리에게 쾌감의 인상을 일으킴은 단순하고 원초적인 현상이다. 그리고 생리적 욕구를 충족시킬 수 있는 사물 — 예컨대 먹을 것, 입을 것, 집 등 — 을 얻었을 때에 쾌감을 경험하는 것은 앞의 것과 같은 의미로 단순하고 원초적인 현상은 아니다. 전자의 경우에는 그러한 느낌을 일으킬 생리적 내지 해부학적 근거가 우리 신체구조 안에 선천적으로 주어져 있으나, 후자의 경우에는 그와 같은 근거가 선천적으로 주어져 있지 않다는 점에서 이 두 가지 현상은 분명히 구별된다. 또 우리의 재산이나 생명을 보호하고 육성해 주는 경향을 가진 인격 내지 행위에 대해서 도덕적 시인이라는 기쁨의 정감을 느끼는 것은 위에 말한 두 가지 현상과 구별되는 삼차적인 현상이며, 우리는 이 삼차적 현상을 (즉 '유용한' 인격과 행위에 대해서 찬양의 기쁨을 느끼는 도덕 현상을) 앞서 말한 이차적 현상 또는 원초적 현상으로부터 조건형성(conditioning)을 통하여 파생된 것으로 이해할 수 있을 것이다. 그러므로 이상을 종합하여 우리는, 모든 종류의 '유용한' 인격과 행위를 의식할 때 사람들이 경험하는 기쁨의 감정은 그들이 기본적인 생리의 욕구가 충족됐을 때 느끼는 저 원초적 쾌감에 기원을 둔 것이라고 결론내릴 수 있음직하다.

여기서 아직도 해명을 요구하는 문제 하나가 남았다. 그것은 "어떤 인격이나 행동은 전혀 유용성이 없음에도 불구하고 '덕'이라는 이름 아래 찬양되는데, 이 사실을 어떻게 설명할 것인가?" 하는 물음이다. 흄은 모든 '인위적 덕'(artificial virtues)과 대부분의 '자연적 덕'(natural virtues)이[17] 사회복지를 조장하는 경향이 있음을 믿었다. 그러나 그는 일부의 자연적 덕은 그러한 경향을 갖지 않았음을 인정한다. "자연적 덕의 대부분이 사회복지를 조장하는 경향이 있음은 아무도 의심하지 않는다. … 그러나 그밖에도 공중(公衆)의 이해(利害)와는 별로 관계가 없는 덕과 악덕이 존재한다"고 흄은 말하고 있다.[18] 그러나 현재에 있어서는 사회복지를 조장하는 효과를 갖지 않는 자연적 덕일지라도 그 시초에 있어서는, 비록 사회 전체에 유익하지는 못했을지언정, **예외 없이 누군가의 이익을 조장**한 까닭에 찬양을 받게 됐으리라는 것은 결코 엉뚱한 추측은 아닐 것 같다.

위에 말한 추측이 엄밀히 증명되기는 어려울 것이다. 그러나 실리와는 아무런 관계도 없다고 일반이 생각하는 여러 가지 인격과 행동들이 사실인즉 그 옛날에 있어서 어떤 사람들에게 — 특히 권위와 세도를 잡은 사람들에게 — 무슨 이익을 주는 경향이 있었던 까닭에, '유덕하다', '갸륵하다' 따위의 영광스러운 평가를 받게 되었으리라는 것을 납득이 가도록 설명하는 것은 반드시 불가능하지 않을 성싶다. 한두 가지 예를 들어 생각해 보기로 하자.

얼마 전까지만 하더라도 우리나라 노인들 가운데는, 청춘 과부가 재혼을 하지 않는 것은 '갸륵한 일'이라고 칭찬하는 사람들이 있었다. 수십 년 전만 하더라도 양가(良家)의 부녀(婦女)가 재혼을 한다는 것은 극히 수치스러운 일이라고 상을 찌푸렸다. 이 '수절'(守節)의 덕은 아마 '현실적 이익을 초월한 덕' 가운데 하나라

---

17) 흄의 'natural virtues'와 'artificial virtues'의 구별에 대해서는 *A Treatise of Human Nature*, p.475, 477, 574 참조.

18) *Ibid.*, Bk. III, Pt. III, Sect. 1, pp.578-579.

고 보아도 좋을 것이다. 이해를 따지기로 말하면 수절에 따르는 폐단이 도리어 클지도 모른다. 그러나 여성의 재혼에 대한 비난이 본래는 그 비난하는 사람들의 이욕(利欲)과 밀접한 연결성을 가졌으리라는 것은 ① 봉건시대 이 나라의 남편들은 가정에 있어 절대자였으며, 영혼의 불멸을 믿은 그들은 자기네가 죽은 뒤일지라도 살아남은 아내가 후살이 가기를 원치 않았다는 사실 및 ② 옛날에 며느리란 시어머니를 위한 노동력을 의미했으며 자식이 세상을 떠난 뒤에도 시어머니는 여전히 그 노동력에 애착(愛着)할 이유가 있었다는 사실을 상기할 때, 쉽사리 짐작이 갈 것이다. 한마디로 말해서 여자의 재혼은 그 남편의 견지에서 보나 시어머니의 관점에서 보나 손실을 의미했던 것이다. 그리고 남편과 시어머니는 모두 가정 내의 지배층에 속했던 까닭에, 그들의 욕구와 의견은, 가정을 사회의 가장 중요한 기본단위라고 믿었던 나라에 있어서, 도덕관념에 결정적인 영향을 미쳤던 것으로 보인다. 과부가 된 며느리의 처지로 보더라도 재혼을 보류할 충분한 이유가 있었다. 첫째로 그도 영혼의 불멸을 믿었으며, 둘째로 봉건사회에 있어서는 결국 윗사람에게 순종하는 것이 더 큰 불행을 막는 길이었다 — '신세 생각해서 후살이 간다'는 속담도 있거니와.

애당초에 있어서는 그것이 **손실**을 의미했던 까닭에 재혼은 비난을 받았다. 그러나 나중에는 그것이 '재혼'인 까닭에 비난을 받게 되었다 — 이것은 문화 발전에 있어서의 일반적 순서이며, 또 조건 반응이 사회 현상에 나타난 하나의 예라고 볼 수 있는 것이 아닐까?

또 하나의 알기 쉬운 예로는, 무가시대(武家時代) 일본에서 성행했고 제 2 차 세계대전 때까지만 해도 훌륭하다고 칭찬을 받았던 일본 무사의 할복 자결이 있다. 할복 자결은 본인의 생명을 빼앗아갈 뿐 아니라 가족과 친지 일반까지도 슬프게 하니 징닝 유익한 행위라고 보기 힘들다. 그러나 이 유해무익한 행위가 찬양을 받게 된 원래의 사유는 역시 그것이 어떤 이의 이욕(利慾)을 만족시켰기 때문이 아닐까?

할복으로써 사죄하는 행위는 봉건시대에 있어서 절대적 충성의 상징이었다. 그리고 상징(symbol)이 이것을 대하는 이에게 일으키는 반응은 그것이 상징하는 사물 그 자체가 일으키는 반응과 유사하다는 것은 평범한 심리학적 상식이다. 그런데 군주의 견지에서 볼 때 신하의 충성보다 더 중요한 이익은 없다. 따라서 군주는 충성을 극구 찬양할 이기적인 이유를 가졌으며, 충성의 상징인 할복도 이를 시인할 심리적인 이유를 가졌었다. 오늘날 우리의 상식으로 볼 때 이해심(利害心)과 관계없이 찬양된 듯한 할복의 행위도 그 유래를 더듬으면 역시 원초적인 이해심과 관련된 것이었으리라고 짐작이 된다.

위에 예로 든 두 가지 '덕행'들 및 그와 비슷한 '덕행'들이 오늘날 점차 아무에게도 이익이 되지 않음이 밝혀짐에 따라, 그것들을 숭상하는 도덕사상까지 차차 쇠퇴해 간다는 사실도, 그것들이 일찍이 누구에겐가 이익을 베푼 까닭에 '덕'으로서 인정을 받아왔다고 생각할 유력한 근거라 하겠다. 만약 여기서 필자가 예로 든 행위는 **참된** 덕행이 못 된다고 지적하며 필자의 논의는 원시적 관습과 진정한 도덕과의 혼동을 기초로 삼았다고 공격하는 이가 있다면, 그는 흄이 그 출발점에서 배척한 합리론의 견지로 되돌아가는 것이다. 관습과 도덕을 발전 단계의 차이라는 관점에서 이해하는 것은 윤리학적 경험론의 일반적 견해이다.

사실 어떤 덕은 "그 자체가 목적이요 그 자체가 바람직한 까닭에, 아무런 대가나 보수가 아니라도"19) 우리가 그것을 찬양하는 경우가 있다. 그러나 아주 처음부터 그것이 그렇게 완전히 이해와 무관했는지는 자못 의심스러운 바가 있다.

2) 동정(同情)

우리들의 둘째 문제, 즉 '어떻게 타인 또는 사회의 이익이 나에게 도덕적 시인이라는 쾌감을 일으킬 수 있는가'라는 물음에 대한 흄의 대답은 '동정' 또는 '자선심'의 개념을 중심으로 전개된다. "우리가 우정을 느끼지 않는 타인의 기쁨이 우리를 즐겁게 하는 것은 오로지 동정 때문이다"20)라고 그는 말하고 있으며, 또 다른 곳에서는 "동정은 인간성에 있어서 매우 강력한 원리이다. 그것은 미(美)에 대한 우리의 판단을 크게 좌우하며, 모든 종류의 인위적 덕에 있어서 우리들에게 도덕적 시인(是認)의 감정을 일으킨다"21)고 주장한다.

Treatise 안에서 흄은 동정이라는 이 '강력한 원리'를 연상 심리학(聯想心理學)의 견지에서 설명하려고 하였다. 흄에 의하면 모든 사람들의 마음은 그 느낌과 작용에 있어서 본질적으로 같다. 그래서 마치 합주할 때 여러 현악기들이 서로 장단을 맞추듯이, 한 사람에게 일어난 감정은 곧 다른 사람들에게로 전파되어 모든 사람

19) D. Hume, *An Inquiry Concerning Principles of Morals*, The Liberal Arts Press, 1957, p.111.

20) D. Hume, *A Treatise of Human Nature*, Bk. III, Pt. III, Sect. 1, p.576.

21) *Ibid.*, pp.577-578.

들이 같은 느낌에 잠기게 된다. 좀더 구체적으로 말하자면, "어떤 사람이 경험하는 겨정이 결과로서 생기는 무노리나 몸짓을 시사했을 때, 우리는 금세 이 결과로부터 그 원인으로 이행하여 그가 경험하는 격정에 관한 매우 생생한 관념을 얻게 되며, 이 생생한 관념은 바로 그 격정 자체로 변한다. 우리가 어떤 정서의 원인을 간취(看取)했을 경우에도 그와 마찬가지로 우리의 마음은 그 결과로 이행하여 그와 동류의 정서를 맛보게 된다."22)

그러나 그의 후일의 저작 *An Inquiry Concerning Principles of Morals* 안에서는, 흄은 위에 언급한 연상 심리학적 설명이 신통치 못하다고 느꼈는지, 그 견지를 포기하고, 다만 우리는 천성에 있어서 자선심 또는 동정심을 갖도록 마련됐으며 이 자선심이 인간성의 근본원리라는 것은 의심의 여지가 없는 사실로서 경험된다고 주장한다. 그리고 그는 이 자선심의 원리로써 도덕의 기원을 대강 설명할 수 있다고 다짐하면서, 우리가 타인에 대하여 자선심 내지 동정심을 갖게 된 그 유래는 물을 필요도 없다고 잘라 말한다.23) 그러나 필자는 도리어 흄의 초기의 견지, 즉 동정심을 선천적 원리로서 가정하지 않고 이에 대한 경험론적 설명을 꾀하던 *Treatise*의 견지에 더욱 흥미가 끌린다. 그리고 오늘날 발달된 심리학적 개념을 적용하면 흄의 초기의 신념이 좀더 성공적으로 설명될 수 있지 않을까 생각하는 것이다.

러셀(Russell)도 지적한 바 있듯이,24) 연상 심리학과 조건 반응

---

22) *Ibid.*, p.576.

23) D. Hume, *An Inquiry Concerning Principles of Morals*, Sect. V, Pt. II, p.47 및 각주 참조.

24) B. Russell, *A History of Western Philosophy*, New York, 1954, p.774.

설은 같은 견지에 발을 디디고 섰다. 흄의 소박한 연상 심리학 대신 '조건 반응의 확대'(irradiation of conditioned response)라는 개념을 적용할 때, '동정'이라는 심리현상에 대한 보다 더 투명한 이해에 도달할 수 있음직하다.

조건 반응에 대한 파블로프의 기본원리는 다음과 같이 설명할 수 있다. S_1이라는 자극이 필연적으로 R이라는 반응을 일으킬 때, 만약 어떤 동물이 S_1과 함께 S_2라는 또 하나의 자극을 아울러 경험하기를 여러 번 거듭한다면, 나중에는 그 동물은 S_1 없이 S_2만에 대하여도 본래의 반응 R을 일으킨다. 그런데 나중의 실험에 의하면, S_2와 비슷한 제 3의 자극 S_3만으로도 그 동물은 역시 R의 반응을 일으킬 수가 있다. 예컨대 A라는 음색의 종소리에 대해서 침을 흘리도록 길든 개는 B라는 음색의 종소리에 대하여도 역시 침을 흘린다. 다른 예로서는 개에 놀란 어린이가 고양이만 보아도 놀라는 경우가 있다는 사실을 들 수 있다. 이와 같이 조건 반응에 있어서 그 반응을 일으킬 수 있는 자극의 범위가 넓어져 가는 원리에 비추어 동정의 심리도 어느 정도 설명될 것 같다. 즉 나의 상처와 남의 상처 사이에는 비슷한 점이 많다. 나의 성공과 친구의 성공 사이에도 비슷한 점이 있다. 이 유사성으로 말미암아 남의 상처, 남의 성공을 목격했을 때, 마치 내가 상처를 입은 듯한 고통을 느끼고 또는 내가 성공한 듯한 기쁨을 느낀다는 것은 ─ 비록 그 느낌이 정도에 있어서 매우 낮을지는 모르나 ─ 아주 불가능한 일이 아니다. 그렇게 느끼는 경향이 있다는 것이 바로 '조건 반응의 확대'에 관한 실험적 연구가 밝힌 사실이다.[25]

---

25) '조건 반응의 확대'(irradiation of conditioned response)에 관한 기초적 설명의 한 가지 예로 L. F. Shaffer, *The Psychology of Adjustment*, Boston,

물론 '조건 반응의 확대'의 이론만으로 동정의 심리를 충분히 설명하지는 못할 것이다. '동정'에 관해서 고려해야 할 디오 중요한 점은 아마 '자아' 또는 '나'라는 것이 신축성 있는 외연(外延)을 가진 개념이라는 사실일 것이다. '자아'란 결코 고정된 외연을 가진 개념이 아니다. 우리가 '나'라고 생각하는 것의 범위는 항상 늘었다 줄었다 한다. 내 친구가 기쁜 까닭에 나도 기쁠 때, 내 동생이 슬픈 까닭에 나도 슬플 때, 또는 인류의 평화와 자유를 염원하는 참된 정열에 불탈 때, 그때 그 친구, 동생 그리고 인류는, 적어도 그 순간에 있어서, 결코 **순전한 남**이 아니다. 그들은 '나' 안에 동화되었고 더 큰 '나'의 한 부분을 형성한다. 이른바 이기주의자란 그가 평소에 '나'라고 의식하는 것의 범위가 매우 좁은 사람이요, 참된 애타주의자란 반대로 평소에 넓은 범위의 '나'를 가진 사람이라고 볼 수도 있음직하다. 이에 "인간은 본래 타인에 대하여 동정(또는 자애심)을 느낀다"는 흄의 명제를 우리는 인간에게 타인의 존재를 넓은 의미의 '자아'의 일부로서 흡수할 수 있는 능력이 주어졌다는 사실을 지적한 것이라고도 이해할 수 있을 것이다. 여하튼 '나'라는 개념이 고정불변한 어떤 실체를 가리키는 것이 아니라 유동하는 존재 내지 의식을 지칭하는 것이며, 우리가 보통 '남'이라고 생각하는 존재도 그것이 우리의 사랑의 대상이 될 경우에는 벌써 순전한 남이 아니라 **나의 남**이라는 사실은, 우리가 '동정'의 본질을 이해함에 있어서 고려해야 할 중요한 점이라고 생각된다.26)

1936, p.70 이하 참조.

26) '남'이 넓은 '나'의 일부가 될 수 있다는 주장에 반대하는 의견이 있을지 모른다 — 내가 남을 사랑한다 할 때 벌써 그 '남'은 사랑의 대사로서 사랑

우리는 이상에서 도덕의 기원에 관한 흄의 견해를 요약하는 동시에, 흄의 심리학적 설명이, 그가 아직 심리학이 경험과학으로서 발전하기 이전의 시대인이었던 관계로, 너무 엉성하다고 생각된 점은 현대심리학의 도움으로 이를 옹호함으로써 그의 기본명제들만은 떠받들기를 꾀해 왔다. 그리고 그의 기본명제들이란 다음과 같은 것이었다. ① 선악의 구별은 이성에 유래하는 것이 아니라 도덕감(moral sense or moral sentiment)이라는 일종의 감정에 유래한다. ② 도덕감이란 선천적으로 주어진 원리가 아니라, 자기에게 유리한 사물에 대하여는 기쁨을 느끼고 불리한 사물에 대하여는 괴로움을 느끼는 원초적 감정을 토대로 삼고 후천적으로 발달한 원리다. ③ 인간이 자기에게 유리한 것에 뿐만 아니라 타인에게 유리한 것에까지도 기쁨을 느끼는 것은 인간에게 동정심 내지 자선심이 있기 때문이다. (이 동정심 내지 자선심도 '연상 작용'을 통해서 경험적으로 발달한 것이라고 본 것이 흄의 초기의 견해였으나, 나중에는 그것이 선천적 원리라고 관점을 고쳤다. 그러나 우리는 흄의 초기의 견지가 경험론에 철저하려는 현대적 상대론에 더 가깝다고 본 까닭에, 그의 후기의 견해는 일단 괄호 안에 넣어두었다.)

이상의 명제들은, 선악 기타의 도덕적 가치를 독립적으로 존재하는 객관적 실재로 보지 않고 인간의 욕구 내지 감정과의 관계를 통하여 생기는 상대적 관념이라고 해석하는 현대의 경험론적

의 주체인 '나'와 구별되는 존재라는 근거에서. 그러나 내가 나를 사랑한다 할 경우에도 사랑하는 나와 사랑받는 나가 동일한 존재가 아니기는 마찬가지이다. 의식하는 나와 의식되는 나는 언제나 구별해야 할 두 가지의 것이며, 남이 나의 일부가 된다 할 때 그 '나'는 의식되는 쪽의 나다.

윤리설과 공통된 토대 위에 섰다. 이 명제들을 옹호하는 흄 및 이에 호응하는 현대의 경험론자들은, 그들의 견해가 주관주의적이요 상대론적이라는 비판을 감수해야 하는 동시에, 윤리학에 있어서 전통적인 두 개의 어려운 문제를 매우 불리한 발판 위에서 맞이해야 할 것 같다. 그 두 개의 문제란 ① '도덕적 가치판단이 어떻게 객관적 타당성을 가질 수 있는가?'라는 것과, ② '도덕의 권위 또는 도덕률에 순종해야 할 의무의 근거가 어디 있는가?'라는 그것이다. 흄의 동정의 원리는 도덕감이 단순한 이기심에 의해서만 좌우되는 것이 아님을 보장하기에는 충분하나, 도덕판단의 객관적 기준을 마련하기에는 부족하다. 그러므로 '동정'의 개념만으로는 해결되지 않는 문제로서 첫째 물음이 내닿는다. 다음에 도덕감 및 동정에 관한 흄의 학설은 도덕판단이 어떻게 일어나는가를 밝히는 **심리설**이요, 도덕판단의 시비 자체를 논하는 **가치설**은 아니다. 따라서 그것만으로는 도덕적 권위의 근거를 밝힐 수 없으니, 둘째 물음이 새로운 각도에서의 해결을 요구하는 심각한 문제로 제기된다. 이러한 문제들에 대해서 흄의 견해는 어떠한 대답을 준비하는가? 첫째의 문제부터 살피기로 한다.

3) 객관적 타당성 및 의무의 문제

본래 이해와 관련된 쾌·불쾌의 느낌을 바탕으로 삼는 도덕감정이 단순한 이기주의에 빠지지 않고, 보편타당한 도덕판단의 기초가 될 수 있는 것은 동정심 또는 자선심의 덕분이라고 흄은 주장하였다. 그러나 흄 자신도 인정하듯이 동정 내지 자선이란 그것을 주는 이와 받는 이 사이의 시간상·공간상의 거리, 그들의 개인적 관계 및 다른 요인들에 의해서 강약, 지속성 등에 있어서 여러 가지 **정도의 차이**를 갖는다.[27] 그렇다면 이토록 주관성의 영향 아래 있는 동정심 내지 자선심이 어떻게 도덕원리의 보편적 표준의 기초가 될 수 있을까? 이 반문에 대하여 흄은 "동정심을 교정함으로써"라고 대답한다. 망막에 비치는 물체의 크기는 거리에 따라서 다르지만 우리는 그 변동하는 망막의 상(像)을 조정하여 그 물체의 일정한 크기를 인식하듯이, 우리의 마음은 경우에 따라 주관적으로 변동하기 쉬운 동정심의 편견을 교정하여 객관적으로 타당한 판단에 도달한다는 것이다. 흄 자신의 표현을 빌리면 다음과 같다.

> 모든 물체는 거리가 멀어짐에 따라서 크기가 줄어드는 것같이 보인다. 그러나 감관에 비치는 물체의 인상이 그 물체를 판단하는 본래의 표준이기는 하지만, 우리는 실제로 거리가 멀어짐에 따라서 물체가 작아진다고 판단하지 않고, 그 인상을 성찰로써 교정함을 통하여 더 항구적이요 타당성 있는 판단에 도달한다. 그와 마찬가지로 동정심이 비록 자신을 사랑하는 마음에 비하여 훨씬 미약한 것이기는 하지만, 그리고 나에게 먼 사람에 대한 동정은 가까운 사람에 대한 그것에 비하여 매우 약한 것이기는 하지만, 그러나 우리가 남의 인격을 음미하는 냉철한 판단에 있어서 모든 이러한 차이는 극복되고 만다.[28]

한마디로 말하자면, 우리가 도덕적 상황을 판단할 때 동정심이

---

27) D. Hume, *A Treatise of Human Nature*, Bk. III, Pt. III, Sect. 1, pp.580-581.

28) *Ibid.*, Sect. 3, p.603.

가치판단의 원초적인 기준이 되는 것이기는 하나, 동정심의 소박한 반응이 그대로 판단의 기준이 되는 것이 아니라, "냉칠한 관섬 또는 성찰의 관점에 서서 보편적이요 냉담한 감정의 결정을 내린다"29)는 것이다. 이와 같은 냉철한 관점을 취하는 동기는 만인이 편견에 사로잡힐 때 생기는 사회적 혼란과 '우리 감정 안에서 일어나는 끊임없는 요동과 모순'을 방지하려는 데 있으며, 이 보편성 있고 냉철한 관점에 도달하는 방법은 '상상'(imagination)이라고 흄은 주장한다.30)

*Inquiry*에서, 흄은 '동정심의 교정'(the correction of sympathy)을 다른 각도에서, 즉 인간생활의 사회성이라는 각도에서, 설명하고 있다. 인간이란 본질에 있어서 사회적 존재이며, 타인에 대한 적극적인 관심이 사람들로 하여금 상호관계를 맺게 한다. 그리고 이 상호관계 안에서 사람들의 감정이 왕래하며, "이 감정의 왕래가 … 사람들로 하여금 인격과 행위의 평가를 위한 보편적이요 궁극적인 표준을 형성하게 한다."31)

우리의 다음 문제는 '도덕의 권위(또는 도덕률에 순종해야 할 의무)의 근거가 무엇인가'에 대하여 흄의 견해가 어떠한 해답을 준비하고 있는가를 살피는 일이었다. 일반적으로 경험론의 견지에서는 의무(obligation) 내지 당위(ought)의 문제를 제대로 다룰 도리가 없다는 주장은 윤리학적 경험론이 수없이 받아온 비난이며, 그 불충분한 경험론의 본보기로서 흄의 윤리설이 거듭 언급되

---

29) *Ibid.*, Sect. 1, p.583.

30) *Ibid.*, pp.580-584.

31) D. Hume, *An Inquiry Concerning Principles of Morals*, Sect. V, Pt. II 및 C. W. Hendel의 Introduction 참조.

곤 하였다.

　도덕감 및 동정심에 관한 흄의 이론은 당위 내지 의무에 관한
판단이 어떻게 일어나는가에 대한 심리학적 설명이기는 하나, 우
리가 왜 도덕에 권위를 인정하고 이에 순종해야 하는가에 관한
윤리학적 입론은 아니다. 흄이 주장하듯이, 만약 선악에 관한 판
단이 유용성에 관련된 원초적 감정 및 경험을 통해 발달한 (또는
인심(人心)에 본유(本有)한) 동정심에 유래할 뿐 그 이상의 깊은
근원을 갖지 못했다면, 도덕적 명령도 결국 한갓 감정의 표명 또
는 욕구의 발로에 불과한 것으로서, 우리에게 순종의 의무를 지울
만한 권위를 갖추지 못한 것이 아닐까? 도대체 감정이나 욕구를
도덕의 근원으로 보는 심리학적 윤리설이 '의무'에 관한 어떤 긍
정적인 입론을 내세울 수 있는 것일까?

　흄 자신 의무의 문제를 윤리학의 기본문제로서 중대시한 것 같
지 않다. 윤리학적 저술 전체를 통하여 그는 '의무'를 장황한 논제
로서 다룬 바 없으며, 다만 그의 *Inquiry*의 마지막 부분에서 다음
과 같은 서두로 이 문제를 언급하고 있을 뿐이다. "덕성(德性)에
대한 도덕적 시인(是認)에 관한 설명이 끝난 이제 남은 것은 오직
그것(덕성)에 관한 **이해심과 연결된 의무**(interested obligation)를
간단히 살펴보는 일뿐이다."[32] 그러나 이 말 다음에 따르는 논술
에서 흄이 밝힌 것은, 결국 **유덕한 행위가 자타(自他)를 위하여
가장 유리한 행위**라는 요지의 내용이요, 유덕한 행위 또는 유리한
행위를 선택함이 어째서 우리의 의무가 되는가에 관해서는 전혀
언급이 없다. 생각건대 흄은 자기와 사회 전체 모두를 유리하게

---

32) *Ibid.*, Sect. IX, Pt. II, p.99.

하는 행위가 바로 우리가 마땅히 해야 할 행위라는 것을 암묵리에 전제하고 나선 것 같다. 따라서 흄의 신중을 치지한 '의무'의 문제는 이른바 의무를 위한 의무의 그것이 아니라, 우리가 필연적으로 아니할 수 없는 행위로서의 의무의 그것이라고 보아야 할 것이다. 흄이 'duty'라는 말보다도 'obligation'이라는 말을 즐겨 쓴 것도 이러한 관점에서 수긍이 간다.

헨델(C. W. Hendel)이 지적한 바와 같이,[33] 흄이 사용한 'interested obligation'이라는 말 자체가 좀 이상한 결합이다. 칸트(Kant)적인 전통의 관점에서 말한다면 'interest'와 'obligation'은 근본적으로 상반되는 두 가지 개념으로서 나란히 연결될 수 없는 성질을 가졌다. 이것들을 태연히 연결시켜 'interested obligation'이라는 표현을 사용한 데 이미 의무의 문제에 대한 흄의 관점이 전통적 사고의 틀에서 약간 벗어났음을 암시한다. 흄에 있어서도 '의무'란 우리가 '마땅히 해야 할 것'임에는 다름이 없다. 그러나 그것은 **무엇인가**를 위해서 마땅히 해야 할 것이요, 아무런 목적도 전제하지 않는 법칙주의자의 의무는 아닌 것으로 보인다. 그러면 흄의 '의무'에 있어서 전제가 되고 있는 목적이란 무엇인가? 모든 인간이 자연적으로 욕구하는 것 또는 염원하는 것이 그것이라고 흄은 암묵리에 가정한 것 같다. 만약 인간의 욕구를 충족시켜야 한다는 것이 의심의 여지없는 원칙으로서 확립됐다면, 이 욕구를 가장 효과적으로 충족시킬 수 있는 수단으로서의 '유덕한 행위'가 '마땅히 해야 할 것'임에도 의심이 없을 것이다. 그러나 인간의 욕구가 충족되어야 할 무엇이라는 것을 어떻게 밝힐 것인가? 흄은

---

33) The Library of Liberal Arts 판 Hume의 *Inquiry*에 붙인 Hendel의 해설 참조.

이 점에 대해서 언명한 바가 없는 것으로 안다. 존스(W. T. Jones)가 말한 바와 같이, 흄의 윤리설에 있어서 근본적 탐구의 대상이 된 것은 "형이상학적, 종교적, 또는 도덕적 궁극원리가 아니라, … 경험적으로 논증할 수 있는 제관계였다."[34]

4) 비판적 고찰

도덕감 및 동정심에 관한 흄의 심리학적 설명이 만족스럽지 못하다는 것은 이미 지적하였다. 따라서 앞으로의 우리 고찰은 도덕 판단의 객관적 타당성 및 의무에 관한 흄의 해명이 만족스러운가 아닌가에 국한된다.

'동정심의 교정'에 관한 흄의 논술은 대부분의 독자가 느끼는 대로 매우 모호하고 소략(疏略)하다. 첫째로, 동정심의 편견이 교정되는 심리작용을 물체의 크기에 관한 시각상(視覺像)이 교정되는 그것과 비슷하다고 흄은 비유하고 있으나, 이 비유는 꼼꼼히 살펴볼 때 그리 적절한 것이 못된다. 망막에 비치는 시각상이 원근(遠近)을 따라 변동함에도 불구하고 우리가 대상의 크기에 관한 일정한 인식을 유지하는 것은 주로 지나간 경험에 대한 상기(想起)에 의존하는 것이며, 이때의 교정작용에 있어서 중추(中樞)의 구실을 하는 것은 일종의 조건 반응으로 간주할 수 있는 반사작용이다. 그러나 자연발생적인 동정심 안에 깃들인 사적(私的) 요소를 제거하는 작용은 결코 반사적인 그것이 아니라 지성의, 반성과 의지력의 적극적인 발동으로 이루어진다. 다시 말하면 선악의

---

34) W. T. Jones, *A History of Western Philosophy*, Vol. II, New York, 1952, p.194.

구별에 있어서 근본원리가 아니라고 흄이 그 출발점에서 배제한 '이성'이 이때 능동적인 구실을 하는 것이다. 흄이 강조한 바와 같이, 오로지 이성만으로는 선악의 구별이 생기지 않을 것이다. 그러나 오직 감정만으로도 참된 선악의 구별은 생기지 않는다. 우리로 하여금 수학과 각종 자연과학을 세울 수 있게 한 바로 그 **논리적 일관성의 추구**가 윤리학의 분야에 있어서도 스스로 작용한다. 예컨대 '너는 조만간 죽을 것이다. 그러나 나만은 영원히 죽지 않을 것이다'라는 판단을 금하는 같은 논리가, '너희들은 결코 거짓말을 해서는 안 된다. 그러나 나만은 거짓말을 해도 좋다'는 판단도 금하는 것이다. 인간에게 개인적 귀천의 차별이 없이 만인은 동등한 인권을 가졌다고 믿는 우리로서 자기에게만 특권을 인정하는 판단을 냉정한 순간에 내릴 수는 없다. 논리의 일관성에 대한 우리의 요구가 그것을 금하는 것이다. 이 논리의 일관성에 대한 요구가 단순한 감정의 소산이라고는 생각되지 않으며, 지성 또는 이성이라고 불리는 인간정신의 부분이 이러한 논리적 요구와 직결되고 있음은 의심의 여지가 없다. 따라서 종래 '이성'이라는 이름으로 불려오던 정신의 측면도 감성과 아울러 도덕에 있어서 중요한 몫을 차지하고 있음이 분명하다. 합리론적 윤리설이 감정과 욕구의 비중을 과소평가해 온 전통 아래서 도덕에 있어서의 감정의 위치를 강조한 흄의 공적은 크다. 그리고 그가 도덕에 있어서의 이성의 중요성을 전혀 망각하지 않았음도 그의 '동정심의 교정'이라는 관념을 통해서 엿볼 수 있다. 그러나 그는 도덕에 있어서의 감정적인 것과 이성적인 것의 관계를 보다 더 날카로운 분석으로 다루었어야 할 것이었다.

'인간생활의 사회성'을 통하여 동정의 주관성이 교정된다고 한

Inquiry 안에서의 설명도 역시 막연함을 면치 못한다. '감정의 왕래'가 사람들의 도덕적 가치판단을 객관적인 방향으로 인도하는 과정을 흄은 좀더 면밀히 서술했어야 할 것이다.

그러나 도덕적 평가의 보편적 기준에 관한 흄의 견해에 있어서 가장 근본적인 난점은 동정심이 교정을 받은 결과로서 우리의 도덕감정이 필경은 개인차를 지양할 수 있다는 생각이 정말 경험적 사실과 부합하느냐는 문제에 있다. 물론 '냉정한 일반적 관점'(general calm viewpoint) 및 '정감의 왕래'(intercourse of senti-ments)는 동정심의 편파를 어느 정도는 시정할 것이다. 그러나 그 것들의 힘이 우리로 하여금 절대 보편적인 도덕의 기준에 도달케 하도록 강대하리라고는 믿어지지 않는다. 때와 자리를 달리함에 따라 사람들의 도덕적 상황은 천차만별할 뿐 아니라. 인간성 자체에도 변동이 없으리라는 보장이 없다. 이러한 각도에서 볼 때 사람들의 도덕감이 다양하다는 사실은 결코 우연한 현상이 아니며, 이 다양한 도덕감이 모든 개인차를 극복하고 하나의 보편적인 선악의 기준을 형성한다는 것은 사실상 매우 어려운 일일 것 같다. 그리고 흄에 있어서는 도덕감이 곧 선악 구별의 근본원리인 까닭에, 인류의 도덕감이 그 다양성을 벗어나지 못하는 한 선악의 보편적 기준이 있을 수 없다.

도덕적 권위의 근거, 또는 도덕률에 순종할 의무의 근거에 관한 흄의 입론도 역시 지나치게 소략(疏略)하다는 인상을 준다. '유덕한 행위가 우리에게 선택되기를 강요하는 근거가 무엇인가?'라는 물음에 대하여 '유덕한 행위는 네 자신과 타인을 행복되게 함에 가장 적절한 수단이다'라고만 대답하고 만다면, 질문한 사람은 약간 동문서답을 당했다는 느낌을 금치 못할 것이다. 자신과 타인이 모두 **행복을 누려야 할** 존재라는 것을 (좀더 정확하게 말하자면, 우리는 자신과 타인을 모두 행복되게 한 의무기 있다는 것을) 밝혀주었을 때, 비로소 질문한 사람의 의문이 완전히 풀릴 것이다.

앞서 지적한 바와 같이, 흄에게는 자기가 가장 욕구하는 것, 즉 자기의 행복을 위하여 노력해야 한다는 것은 당연한 이치라는 전제가 있었다. 이 자기의 행복을 위해서 노력해야 할 당연한 길을 흄은 '이해심과 관련된 의무'라는 이름으로 부른 것이며, 유덕한 행위를 선택함이 바로 그 '이해심과 관련된 의무'에 해당함을 논증하기 위하여 '유덕한 행위'는 관용, 자선 등 일반적으로 이타적이라는 인정을 받고 있는 따위들까지도 결국은 자기에게도 유리함을 강조한 것이다.

보통 '이타적'이라고 형용되는 부류의 행위들이 필경은 자기 자신에게도 유리하다는 명제는, 냉철한 관찰에 충실했다기보다는 이기와 이타의 대립을 지양하고자 하는 학자적인 욕망과 인류에 대한 희망을 끝내 버리지 못하는 낙관적인 성격들에 의하여 지지되어 왔다. 근시안적 이기주의보다는 사회의 성원다운 협조가 자기에게도 좋은 결말을 가져온다는 명제는 **대체로** 타당한 주장임에 틀림이 없다. 그러나 이 명제는 결코 모든 경우에 반드시 들어맞는 절대적 원리로서 확립된 것은 아니다. 이 명제에 배반하는 소수의 예외가 있을 것이다. 소수의 예외는 실천상으로는 무시할 수 있을지 모르나 이론상으로는, 그것이 아무리 소수일 경우에도, 무시할 수 없는 중대성을 갖는다.

의무에 관한 흄의 견해 가운데서 가장 주목을 끄는 점은 그가 '의무'의 개념을 전통적 사고의 궤도를 벗어난 각도에서 해석했다는 것이다. 일종의 필연성 내지 불가피성 — 생물학적·심리학적 필연성 — 을 도덕이 갖는 규범성의 근거로 보려 한 창의(創意)에 찬 관점은 많은 시사를 내포한 것으로 보인다. 그러나 흄이 이 관점을 끝까지 밀고들어가지 않고 한갓 암시의 정도에서 멈춘 것은 아까운 일이다. 경험론적 윤리설은 그 부정적인 단계에 관한 한 — 즉 고래의 윤리사상을 떠받들어온 독단과 논리의 비약을 폭로시킨 비판적 관찰에 관한 한— 착실한 공적을 세웠다. 그러나 경험론적 윤리설의 비판과 공격이 직각론(直覺論) 내지 형이상학적 윤리설을 물리치는 정도에서 멈추지 않고 도덕 및 윤리학 그 자체까지도 부정하는 태세에 이르렀음은 그 경험론적 견해의 심각한 고민이 아닐 수 없다. 경험론적 윤리설이 윤리학의 자기 부정의 위협 앞에 놓이는 첫째 이유는, 이 학설이 윤리판단의 표준을 제시하기 힘든다는 사실이요, 둘째 이유는 이 학설의 견지에서 윤리판단에 특유한 규범적 성격 즉 윤리판단이 가졌다고 인정하는 의무부과력(義務賦課力)을 정당화하기 힘들다는 사실이다. 흄은 이 두 가지 난점의 극복을 위하여 각각 암시에 가득 찬 정초를 시도하였다. 그러나 그것은 어디까지나 정초에 그칠 뿐, 문제의 본격적인 해결은 남겨두고 말았다.

4. 남은 문제들: 결론을 대신하여

모든 종류의 학문이 반드시 어떤 가정(假定)을 발판으로 삼고 있으며, 따라서 아무리 '과학적'임을 자랑하는 명제일지라도, 그것이 같은 말 되풀이(tautology)가 아닌 이상, 엄밀히는 증명할 수 없다는 사실은 인간 지식에 불행한 한계선을 친다. 우리가 무엇인가를 '자명한 원리'라는 이름 아래 믿고 들어가지 않는다면, 우리는 아무런 판단도 내리지 못한다. 그러므로 '엄밀하게는 증명할 수 없는 주장'이라는가 '가정 위에 세워진 체계' 등의 비난은 비단 윤리학만에 해당한 불명예가 아니다. 그러나 종래의 윤리학이 근자에 이르러 '비과학적'이니 '독단적'이니 하는 공격을 받고 있음은 결코 공연한 비방만도 아닌 것 같다. 다시 말하면, 종래 윤리학설들의 발판이 되어 왔던 가정들은 학문의 다른 분과들이 발판으로 삼아 온 원리들보다도 더욱 믿음직하지 못하다는 의견에는 — 결국 그것이 정도의 차이를 지적하고 있음에 불과하겠지만 — 전혀 근거가 없지 않다. 형이상학 또는 신학(神學)에 의지해 온 종래의 여러 윤리학설들이 '자명한 원리'로서 받들어온 직각론적 원리들은, 일반 자연과학들이 출발점으로 삼은 가설들에 비하여 — 적어도 현대적인 관점에서 볼 때에는 — '독단적'이라는 인상이 깊다.

이에 **좀더 믿음직한 근거를 희구하는** 움직임이 윤리학자들 사이에 일어났음은 매우 자연스러운 일이 아닐 수 없다. 그러면 그 근거를 무엇에 구할 것인가? 그것을 일단 **인간**에 구해 봄은 매우 당연한 순서인 것 같다. 왜냐하면, 앞으로 인간이 어떻게 해야 할 것인가라는 당위의 문제를 해결할 사고의 출발점이 만약 어떤 기정사실에서 발견될 수 있다면, 그것은 아마 인간이 과거에 어떻게 있었으며 또 현재 어떻게 있는가라는 사실에 관련되어 발견되리라고 우선 짐작이 가기 때문이다. 실은 플라톤, 아리스토텔레스 그리고 스토아 학파들을 위시한 여러 고대의 사상가들도 윤리학의 근거를 인간 존재에서 구한 바 있다. 그러나 그들은 가치 그 자체의 근원을 인간 또는 인간성에서 구한 것이 아니라. 인간 존재의 파악 그 자체를 이미 그들의 가치관에 의지했고, 그 가치관을 통해서 파악된 인간 존재에서 윤리학의 근거를 발견하고자 했다. 따라서 '가치의 근원'을 묻는 견지에서 본다면 플라톤, 아리스토텔레스 등은 선결문제를 요구하고 들어간 셈이다. 스피노자와 흄은 인간 또는 인간성 안에 가치 그 자체의 근원을 찾아보려고 꾀한 점에서 현대적 윤리학의 관심과 가까운 거리에 있다. 스피노자는 인간이 가진 욕구에서 가치의 근원을 보려 하였고, 흄은 인간이 가진 정서에서 그 근원을 찾으려 했다. 그러한 의미에서 스피노자와 흄은 가치의 근원을 가치의 세계 이외에서 찾으려 한 태도에 철저한 사람들 가운데 속한다. 그러나 문제는 스피노자나 흄이 가치의 세계 이외에서 가치의 근원을 찾으려는 의도에 있어서, 그리고 그 인간성을 바탕으로 삼은 가치관 위에서 도덕판단의 기준을 확립하고자 한 계획에 있어서, 과연 성공했는가에 있다. 더 구체적으로 말하자면, **인간 및 인간성에 관한 사실을 토대로 삼고, 주어진 가치판단의 진위를 분간할 방법을 발견함에 성공했는가**에 있다.

인간 및 인간성에 관한 사실에 의거하여 가치판단의 진위를 발견함에 성공할 수 있으려면, 적어도 ① 인간 존재에 관한 사실로부터 인간의 당위를 밝힐 가치론적 원리를 이끌어냄이 논리상 가능해야 하며, ② 가치론적 원리의 토대가 될 인간 존재에 관한 지식이 충분히 정확해야 할 것이다. 스피노자 및 흄의 인간에 관한 파악이, 인간을 대상으로 삼는 여러 자연과학의 착실한 발전을 겪은 오늘날의 안목으로 볼 때 만족스럽지 못하다 함은 이미 어렴풋이나마 지적한 바 있다. 스피노자의 인간 이해는, 경험적 관찰로부터 자료를 빌린 바 전혀 없는 것은 아니나, 대체로 보아 그의 형이상학으로부터의 연역(演繹)이었다. 그러므로 그의 인간학은 적어도 도덕적 원리의 근거를 찾는 견지에서 보는 한 만족스러울 수가 없다. 왜냐하면 여기서 찾는 '근거'란 곧 경험으로써 확인할 수 있는 증험(evidence)이며, 이러한 증험을 형이상학적 기초 위에서 발견하기는 원칙상 어려운 일이기 때문이다. 흄의 인간성에 관한 파악은 경험론적 방법에 입각한 만큼 현대적인 인간 이해에 가깝다고 볼 수 있다. 그러나 심리학도 사회학도 아직 유년기 이전에 있었던 18세기의 수준을 배경으로 삼은 흄의 인성론에도 스스로 한계가 있었다. 만약 인간 존재의 사실에 관한 지식이 인간이 따를 도덕에 관한 가치론적 원리의 기반이 될 수 있다는 신념이 옳은 것이라면, 현대가 이룩한 과학적 인간 연구의 성과들을 도입함으로써 스피노자와 흄에 있어서 부족한 점을 어느 정도 보충함은 현대 윤리학에 주어진 과제이며, 또 실제로 많은 학자들이 그러한 방향으로 노력을 기울이고 있다.

그러나 더욱 근본적인 문제는 인간 존재에 관한 사실로부터 인간의 당위를 밝힐 가치론적 원리를 이끌어냄이 논리상 가능한가에 있다 스피노자는 모든 개체가 그렇듯이 모든 개인이 자기 보존을 욕구한다는 그의 형이상학적 명제를 기초로, 인간의 선은 인간의 자기 보존을 성취함에 있다고 단정하였다. 한편 흄은, 만인이 용기, 절제, 정직, 관용 등등의 '덕성'을 갖춘 인품에 대하여 찬양과 시인(是認)의 감정을 느낀다는 심리학적 사실을 토대로 삼고, 유덕한 성품의 인격을 가진 사람이 선인(善人)이라는 결론에 이르렀다. 다만 이와 같이 추리한 스피노자와 흄을 '자연론적 오류' (naturalistic fallacy)35)에 빠졌다고 단순히 비난해 버릴 수는 없을 것 같다. 왜냐하면, 앞서도 언급했듯이 흄이 그 윤리학에서 정면으로 추구한 문제는 '우리는 무엇을 해야 옳은가?' '인생의 목적이 무엇인가?' 등의 규범적인 물음이 아니라. 선악의 판단을 비롯한 도덕 현상에 관한 분석적 문제였으며, 스피노자의 경우에 있어서도 "우리는 어떤 대상이 선한 까닭에 그것을 얻고자 애쓰고, 원하고, 바라는 것이 아니라, 그와 반대로, 우리가 얻고자 애쓰고, 원하고, 바라는 까닭에 어떤 사물을 선하다고 **판정한다**"36)라고 한 구절이 암시하듯이, 그의 학문적 자세가 '모랄리스트'의 실천적 관심보다도 분석가의 이론적 관심에 의하여 지배됐다고 생각되기 때문이다. 그러나 스피노자나 흄이 시종일관 이른바 '메타 윤리학' (meta-ethies)에만 종사한 것은 아니며, 때때로 규범적 문제들에 대한 답을 제시하려고 했음도 의심의 여지가 없다. 그들의 윤리학적 결론들이 부분적으로나마 인생을 위한 처방으로서의 의미를 가졌다면, 그리고 그러한 처방에 도달한 이론적 근거로서 인간성 및 도덕 현상에 관한 그들의 분석적 연구가 선행했다면, 이 분석적 연구가 저 규범적 결론의 근거가 될 수 있다는 것을 논리적으로 밝힐 책임이 그들에게 지워져야 할 것이다. 설령 스피노자와 흄 자신은 윤리학의 범위를 순전히 현상 내지 언어에 대한 이론적 분석에만 국한했다 하더라도, 실천문제를 윤리학적 관심 밖으로 추방할 수 없는 우리로서는 역시 실천문제 해결의 단서를 현존해 있는 **사실**에서 구할 수밖에 없으며, 따라서 사실에 관한 지식과 당위에 관한 처방을 연결해 줄 논리적 유대를 모색하지 않을 수 없다.

---

35) cf. G. E. Moore, *Principia Ethica*, Cambridge University Press, 1956 (first edition 1903).

36) Spinoza, *Ethica*, Pt. III, Prop. IV, scholium.

무릇 사실판단과 가치판단은 오직 문법상의 구조를 같이할 뿐 본질은 서로 다르다는 것, 따라서 사실판단으로 된 전제로부터 가치판단으로 된 결론을 이끌어낼 수 없다는 것은 이미 하나의 상식이다. 인생을 위한 처방의 구실을 할 가치판단을 결론으로 얻을 수 있으려면, 전제들 가운데 적어도 하나는 가치판단이 아니면 안 된다. 따라서 인간과 인간성 그리고 우주 안의 모든 사상에 관한 몰가치적 형이상학과 과학의 심오한 지식을 총동원하여도 그것만으로는 인생을 어떻게 살아야 한다는 실천의 지혜를 이끌어낼 충분한 근거가 될 수 없다. 존재의 세계에 관한 지식으로부터 당위의 세계에 관한 지혜로 넘어가는 길목에서 교량의 구실을 해줄 하나의 대전제가 — 그 자체 가치판단 또는 당위판단(ought judgment)으로 된 하나의 대전제가 — 서야 한다. 그러나 그 대전제를 어떻게 세울 수 있을까?

　만약에 그 대전제를 세움이 절대로 필요한 일이라면, 우리는 두 가지 길 가운데서 하나를 골라잡아야 할 것이다. 그 첫째 길은 하나의 기본신조를 밖으로부터 무조건 **받아들이는** 것이요, 그 둘째는 내 스스로가 하나의 기본신조를 스스로의 책임 하에 **세우는** 것이다. 앞의 것은 고래(古來)의 윤리사상으로 되돌아가 타협하는 길이요, 뒤의 것은 끝까지 경험론적 논리에 충실하려는 모험의 길이다.

　고전적 위치를 차지한 종래의 거의 모든 윤리학설들은, 밖으로부터 명시적으로 또는 암묵리에 받아들인 어떤 규범적 기본신조를 토대로 삼고 세워졌다. 예컨대 '우리는 양심의 명령에 순종해야 한다', '불만족보다는 만족을 택해야 하며, 소수의 만족보다는 다수의 만족을 택해야 한다', '우리는 신의 명령에 절대 복종해야 한다' 등의 기본신조를 토대로 삼고 양심설, 쾌락설, 신학적 윤리설 등의 학설들이 세워졌다. 이와 같은 기본신조를 받아들이고 또 이를 정당화하는 태도에 크게 두 가지 유형이 있다. 하나는 '자명성'(自明性)을 방패로 삼는 직각론자(直覺論者)의 태도요, 또 하나는 신과 인간 사이에 가로놓인 요원한 거리에 민감한 종교가의 태도이다. 그들의 기본신조가 과학적으로 논증될 수 없으며 또 논증할 필요도 없다고 믿는 점에 있어서, 직각론자와 종교가는 의견이 일치한다. 다만 전자가 자기네의 신조가 절대진리라는 보장을 스스로의 이성(理性)에서 구하는 데 반해, 후자는 같은 것을 자기네의 정감(情感)에 비친 계시(啓示)에서 구하는 차이가 있다.

'증거'의 제시를 생명처럼 중요시하는 자연과학적 사고에 깊이 물든 현대인의 기질로 볼 때, 직각론자의 태도에도 종교가의 단정에도 얼른 납득하기 힘든 구석이 있다. 그래서 현대의 많은 윤리학도들이, 스피노자와 흄을 비롯한 몇몇 이단(異端)들이 시험한 새로운 침로(針路)를 더듬어, 명확히 밝혀진 사실만을 근거로 삼는 '과학적 윤리학'의 수립을 꾀하였다. 그러나 그들의 과학적 윤리학의 시도는 사실판단으로부터 논리의 비약 없이 가치판단을 이끌어낼 수 없다는 비판에 부딪쳤을 때, 이를테면 절벽을 만난 셈이다. 이때 윤리학을 전적으로 포기하지 않기 위하여 취할 수 있는 하나의 길은 직각론자 또는 종교가의 신조를 다만 하나라도 받아들여 이를 대전제로 삼고, 오직 소전제만을 사실에 관한 지식에서 구함으로써 일종의 타협을 꾀하는 일이다. 그러나 이러한 타협이 있을 수 없는 사람들에게 남은 길은, 그들이 윤리학을 전적으로 부인하는 견지에 찬동하지 못하는 한, 앞에서 말한 둘째의 길, 즉 내 자신의 책임 하에 스스로 하나의 기본신조를 세우는 길뿐이다.

　내 스스로가 세우는 기본신조는 그 내용에 있어서 식각본자나 종교가들이 신봉한 그것과 반드시 다를 필요가 없다. '양심의 명령에 복종해야 한다', '소수의 만족보다는 다수의 만족을 택해야 한다'는 등의 원리를 그대로 내세워도 좋다. 밖으로부터 기본신조를 받아들이는 견지와 스스로 그것을 세우는 견지의 기본적인 차이는 어떠한 원리를 신조로 삼는가에 있는 것이 아니라, 신조로 받아들여진 원리의 자격을 어떻게 해석하는가에 있다. 즉 전자는 신조로서 받들어진 원리를 선천적이요 객관적인 진리로 보는 동시에, 그 타당성은 모든 종류의 인간적인 마음가짐과는 상관이 없다고 믿는 데 비하여, 후자는 자기가 세운 원리의 선천적 진리성을 주장하지 않으며, 다만 그러한 원리를 내세우는 것은 인생에 대한 자기의 **태도 표명**이요 여러 갈래로 뻗어나간 삶의 길 가운데서 하나의 길을 골라잡는 **선택의 결정**에 불과하다고 털어놓는다. 후자의 견지에서 '소수의 만족보다도 다수의 만족을 택해야 한다'고 주장할 때 그 주장에는 그것을 주장하는 자 스스로 다수를 위해서 살겠다는 약속의 뜻이 포함되어 있는 동시에 듣는 이들에게도 같은 생활태도를 종용하는 권고의 뜻이 있다.

　그러면 윤리학의 기본원리가 밖으로부터 주어지는 것이 아니라 스스로 세우는 것이라고 믿는 이 견지에서는 자기가 내세우는 원리의 '타당성'을 주장하지 않는 것일까? 전혀 주장하지 않는 것은 아니다. 그러나 그들이 주장하는 '타당성'은 사실에 관한 원리들에 대하여 주장되는 그것과는 성질이 다르다. 그들이 주장하는 타당성은, 비유해 말하자면, 문법학자가 일정한 어법(語法)에 대하여 주장하는 타당성에 가깝다. 그리고 그들이 내세우는 원리가 타당한가, 타당하지 않은가 하는 것은 그 원리와 **부합되는** 어떤 객관적 사상(事象)에 의하여 결정되는 것이 아니라, 그 원리가 사실상 실사회(實社會)에서 **통용**되는가, 통용되지 않는가 하는 역사적 사실에 의해서 결정된다. 마치 어떤 어법의 타당성 여부가 그 어법이 실사회에 있어서 '정당한' 것으로서 통용되는가, 통용되지 않는가에 의하여 판정되듯이.37)

윤리사상가가 일정한 명제를 처세의 원리로서 내세우며 삶에 대한 자기의 태도를 표명할 때, 그는 아무런 '이유' 없이 단순한 기분에서 그렇게 하는 것은 아니다. 그가 어떤 생활신조를 옳은 원리라고 주장할 때, 그로서는 그렇게 주장하는 이유가 있다. 그 이유라는 것은 역시 인생과 자연 즉 존재하는 사실에 관한 지식 가운데서 제시된다. 그도 역시 자기가 내세우는 당위의 원리를 정당화할 근거를 존재의 원리에서 구한다. 그러나 존재의 원리에서 당위의 원리가 형식논리학의 법칙을 따라 추리되는 것은 아니다. 그에 있어서 존재의 원리와 당위의 원리를 연결시켜 주는 매개는 그의 생명의 필연적인 요구 — 이를테면 생의 논리다.

생명을 가진 자에게 선택의 자유가 있다면, 그것은 가능한 몇 가지 행동 중에서 하나를 선택하는 자유요, 행동함과 행동 안함 사이에서 하나를 선택하는 자유는 아니다. '무위'(無爲)도 일종의 행위다. 개인이 어떤 행동의 길을 택하는가는 그가 가진 자기와 자기 환경에 대한 지식에 의하여 결정된다. 자기와 환경에 대한 지식에서 하나의 생활신조가 필연적으로 결론되며, 생활신조의 채택을 완전히 보류하거나 다른 생활신조를 채택할 수도 없다. 손

---

37) 졸고, "평가적 발언의 의미와 타당성에 관하여", 연세대학교 『인문과학』지 제6집, 1961, p.100 이하 참조.

재에 관한 지식이 전제가 되어 처세에 관한 원리가 반드시 결론으로서 따르니, 거기에 일종의 結(理) 즉 누리가 있는 셈이다. 그러나 이는 단순한 사유(思惟)의 논리와는 달리 생명의 흐르는 방향을 결정하는 법칙이니, 앞서 '생의 논리'라는 말을 시용(試用)해 본 까닭이다.

생의 논리를 존재의 세계에서 당위의 세계로 건너가는 교량이라고 보는 견지에서 보편성을 가진 윤리설이 가능하다고 말할 수 있을까 하는 문제에 대한 해답은 스티븐슨(C. L. Stevenson)이 다른 맥락에서 시사한 바 있듯이, 존재의 세계에 관한 사람들의 견해가 완전한 일치를 보았을 때, 당위에 관한 사람들의 태도도 완전히 일치할 것이냐에 달려 있다.38) 다시 말하면 생의 논리가 개인에 따라 다른 것인지, 인류 전체에게 제일(齊一)한 것인지에 달려 있다. 만약 생의 논리가 어떤 시대와 지역의 한계 안에서만 한결같다면, 국한된 시대와 지역 안에서만 타당하는 상대적 윤리설만이 가능하게 될 것이다. 그러나 생의 논리에 관한 더 상세한 음미는 지면이 제한된 이 글의 범위를 넘어선다.

우리는 인간의 **있음**을 토대로 하여 인간의 **있어야 함**을 밝히려 한 자연주의적 의도가 '있는 세계로부터 있어야 할 세계로 어떻게 넘어갈 수 있는가?' 하는 논리적 난관에 봉착하게 된다는 것을 스피노자와 흄의 학설을 매개로 삼고 밝혔다. 이 논리적 난문(難問)은 스피노자나 흄 자신의 깊은 관심을 끌지 못한 채 뒤로 남겨진 문제였다. 우리는 이 남겨진 문제에 주목하는 동시에, 존재의 세계에서 당위의 세계로 건너갈 수 있는 다리의 구실을 할 수 있는

---

38) C. L. Stevenson, *Ethics and Language*, New Haven: Yale University Press, 1944, pp.136ff.

대전제를 얻는 길이 두 가지 길 중의 하나임을 시사하였다. 직각
론자나 종교가의 원리를 받아들이는 길과 스스로의 책임 아래 실
천의 신조를 세우는 길이 그것이었다. 그러나 이 두 가지 길 가운
데 어느 것이 옳은 길인지에 관하여는 우리는 언급하기를 삼가지
않으면 안 되었다. 그것은 이 두 가지 길에 관련된 여러 가지 사
항을 면밀히 검토한 뒤가 아니면 결정할 수 없는 문제일 뿐 아니
라, 이 문제의 해결은 결국 철학에 있어서의 가장 근본적인 두 가
지 견지의 대립이 지양(止揚)되기 전에는 완전할 수 없기 때문이
다.

[1962, 『연세논총』(延世論叢)]

한국의 전통적 도덕관념과
새 시대 조류(潮流)의 조화 문제

1. 전환기를 맞이한 한국과 도덕관념의 혼란: 문제의 제기

역사라는 것은 본래 움직이게 마련이지만 일찍이 세계의 양상이 오늘날처럼 빠른 속도로 달라진 적도 아마 없을 것이다. 역사가 빠른 속도로 움직일 경우에 반드시 일어나는 현상의 하나는 전통적인 도덕관념과 새로운 시대적 요구 사이에 생기는 부조화의 그것이다. 사회의 모습이 하루하루 달라지고 새로운 모습의 사회가 풀어야 할 문제와 그 문제를 풀기 위하여 사람들이 해야 할 행동의 양식도 따라서 달라짐에도 불구하고, 행동의 양식을 위한 규범의 구실을 해야 할 도덕적 가치관은 좀처럼 달라지지 않는 까닭에, 필연적으로 낡은 도덕관념과 새 시대의 요구 사이에 어떤 부조화가 생기는 것이다.

도덕관념이란 대체로 보수의 세력과 악수하는 경향이 있다. 이러한 경향을 우리는 여러 가지 사유로 설명할 수 있을 것이다. 첫째로, 한 나라 또는 사회의 도덕사상을 결정함에 있어서 지배적인 영향력을 갖는 계층은 기성의 도덕관념을 젊은 세대에 전수하는 동시에 새로운 도덕사상이 등장하는 것을 음으로 양으로 억제한다. 둘째로, 개혁을 희구하는 새로운 세력의 계층은 전통적 도덕이 자기네의 이익과 일치하지 않음을 깨닫고 간혹 이를 배척하는 태도로 나오기는 하나, 자기네가 배척하는 묵은 도덕을 대신할 새로운 도덕을 제시하기에는 많은 곤란을 느낀다. 그리고 도덕의 개혁은 단순한 부정(否定)만으로 이루어지는 것이 아니고, 새로운 도덕의 원리가 제시되고 또 그것이 널리 실천을 통하여 수락됨을 기다려서 비로소 이루어지는 것이다. 셋째로, 한번 깊이 자리잡은 관념은 일반적으로 지워버리기 힘드는 것이며, 특히 어릴 때부터 거듭된 자극을 통하여 형성된 도덕관념은 좀처럼 우리의 마음 밖으로 떠나지 않는다. 그리고 비록 지성의 사고로는 낡은 도덕관념을 배척할지라도 우리의 감정과 행동은 여전히 옛 관념에 얽매이는 것이 보통이다. 이밖에도 또 도덕의 보수적 경향을 설명해 줄 사유를 생각할 수 있을 것이나, 이 점을 더 이상 파고들 필요는 없을 것이다. 우리로서는 도덕이라는 것이 본래 보수적 성격을 띠기 쉽다는 것과 이 보수적 성격으로 말미암아 역사적 전환기에는 으레 도덕적 갈등이 생긴다는 사실이 밝혀졌다면 그것으로 충분하다.

제2차 세계대전의 종결을 계기로 한국은 여러 가지 면에서 매우 급격한 변화를 경험하고 있다. 그런데 한국은 조선시대 500년의 유교적 도덕이 아직도 무시 못할 세력을 유지하고 있는 나라이다. 이 보수적인 유교의 도덕이 저 급격히 변동하는 현재 한국 사회에 그대로 잘 들어맞을 리는 물론 없다. 그렇다고 해서 새 시대에 맞는 새로운 도덕의 체제가 손쉽게 갖추어질 수도 없는 까닭에, 여기 이를테면 도덕적 공백기의 불행을 경험하게 되었다. 어떤 사람은 낡은 도덕을 물리쳐야 한다고 입으로는 외치면서 행동은 여전히 낡은 도덕에 충실한가 하면, 어떤 사람은 전통적 도덕이 붕괴했음을 붓과 입으론 개탄하면서 실천생활에 있어서는 자기 스스로가 그 전통적 도덕을 배반한다. 또 어떤 사람은 도덕이라는 것 그 자체를 부정하면서 그래도 자기는 역시 행복하게 살고 싶다는 욕망을 감추지 못하는 모순에 빠진다. 이와 같은 도덕의 자기 분열은 도덕을 무력한 허수아비로 만드는 동시에 도덕의 위신을 땅에 떨어뜨렸다.

8·15 해방 이후의 한국에 있어서 사회 일반의 무질서와 도덕 규범의 무력은 하나의 악순환을 일으키며 상호 조장하였다. 역사적 전환기에 흔히 따르기 쉬운 정치와 경제 그리고 사회생활 일반의 무질서는 안정된 사회를 배경으로 삼고 이루어진 기성 도덕관념의 해이를 강요하였고, 도덕관념이 해이하고 무력하게 된 틈을 타서 사회의 질서는 더욱 어지럽게 되었다.

그러나 묵은 도덕에 대한 불신과 반발은 곧 새로운 도덕에 대한 갈망으로 변하게 마련이다. 우리는 결국 사회적 존재라는 자각으로 돌아오는 동시에 사회생활을 위하여는 행위의 규범이 필수적임을 깨닫게 되기 때문이다. 한국에 있어서도 지금 새로운 도덕을 모색하는 소리가 점차 높아가고 있음을 우리는 알고 있다.

새로운 도덕의 수립이 요구되고 있다고 하였다. 그러나 새로운 도덕은 무엇을 토대로 삼고 수립될 것인가? 우리의 고찰은 바로 이 물음에 깊이 관계한다. 새로운 도덕의 수립에 관한 전반적인 탐구는 더 광범한 공동연구에 맡겨져야 할 것이다. 이 자리에서의 우리의 고찰은 더 본격적인 연구의 준비가 되기를 희망하는 하나의 시론이다.

비록 '새로운 도덕'이라고 할지라도 그것이 전통적 도덕과 전혀 관계없이 세워질 수는 없을 것이다. 우리의 가치관이 과거와 완전히 절연(絶緣)될 수는 없다. 우리의 새로운 가치관은 묵은 가치관을 떠나서 순전히 새롭게 시작될 수 있는 것이 아니라, 묵은 가치관을 밟고 넘어섬으로써 수립되어야 한다. 다시 말하면 묵은 가치관에 대한 비판과 시정을 통하여 수립되어야 한다. 모든 사상은 과거에 원천을 둔 연속적인 흐름이기 때문이다.

도덕률은 실생활을 위한 처방이다. 의사의 처방이 병을 고치는 효과를 초래해야 하듯이, 행위의 처방으로서의 도덕률은 인생이 당면한 여러 문제를 해결하는 실효를 거두어야 한다. 그리고 도덕률이 인생문제를 해결하는 효과를 거둘 수 있기 위해서는 그것이 그 시대의 요구에 적응하는 바 있어야 한다. 따라서 새 시대의 요구가 무엇인지를 깊이 통찰함은 새로운 도덕의 수립을 위하여 매우 긴요하다.

새로운 도덕률은 새 시대의 요구에 적응해야 하며, 그러나 옛 도덕과의 관계를 전혀 떠날 수는 없다는 전제에서 필연적으로 생기는 결론은, 새 도덕의 수립이 전통적 도덕과 새 시대의 요구의 변증법적 종합 내지 지양 가운데 모색되어야 한다는 것이다. 단적으로 말하자면, 새 도덕을 세우는 문제는 전통적 도덕과 새 시대의 요구를 어떻게 조화시키는가 하는 물음을 중심으로 다루어져야 한다는 결론에 도달한다는 뜻이다. 그러므로 이 글은 다음과 같은 세 개의 물음을 따라서 전개될 것이다.

(1) 한국의 전통적 도덕의 기본특색은 무엇인가?
(2) 한국에서 새로운 시대가 요구하는 것은 무엇인가?
(3) 한국의 전통적 도덕과 새 시대의 요구는 어떻게 대립하며, 이 대립은 어떻게 조화되어야 할 것인가?

2. 한국의 전통적 도덕의 기본특색

한국의 전통적 도덕관념이 유교사상의 지배적인 영향을 받고 형성되었다는 것은 상식에 가까운 사실이다. 불교의 영향도 있고 한국의 고유한 가치관도 남아 있으나, 대체로 말하면 유교의 사상을 줄거리로 삼고 다른 요소들이 이에 가미됨으로써 한국적인 도덕관념의 전통이 세워졌다고 보면 틀림이 없을 것이다.

유교도덕에 있어서 가장 기본적인 특색은 가족 중심의 도덕이라는 사실이며, 이 사실은 곧 한국의 전통적 도덕의 특색을 형성하는 바탕이기도 하다. 그리고 동양의 가족에 있어서 중추의 유대를 형성하는 것은 부모와 자식 사이의 혈연관계인 까닭에, 유교 내지 한국의 전통을 이루는 가족도덕은 결국 부모와 자식의 관계를 중심으로 성립한다고 하여도 과언이 아니다.

부모와 자식 사이의 윤리가 평등한 관계로 고려되지 않고 부모에 대한 자식의 일방적 의무의 관계로 이해된 것은 전근대적 사회에 있어서 거의 공통된 현상이다. 한국의 가족도덕에 있어서도 부모에 대한 자식의 도리로서의 효가 중심개념을 이루었다는 것은 누구나 인정하는 사실이다.

유가(儒家)의 가르침에 의하면 효(孝)의 근본은 부모를 섬기는 일과 노후의 보모를 봉양하는 일이다. 부모를 섬긴다(事親) 하는 것은 부모를 우러러 받들고 그의 명령에는 절대복종한다는 뜻을 포함하는 것이니, 여기 부모와 자식의 관계가 명령자와 복종자의 상하의 윤리로서 이해되고 있음을 본다. 노후의 부모를 봉양한다(養老) 함은 단순히 의식(衣食)을 공급하는 것만을 가리키는 것이 아니라 공경으로써 부모의 마음을 즐겁게 하는 것까지도 포함하는 것이니, 부모를 섬기는 도리와 깊은 관계에 있음을 알 수 있다.

효도의 의무는 부모의 사망으로써 끝을 고하는 것이 아니다. 그 것이 사후에까지도 계속하는 것임은 『논어』(論語) 위정편(爲政篇)의 "生事之以禮, 死葬之以禮, 祭之以禮, 可謂孝矣"라는 구절에서 분명하게 알 수 있다. 여기서 우리는 유교라는 도덕사상 가운데 주술종교적 요소가 있음을 보는 동시에 그 전근대적 성격의 일부분을 엿보는 것이다. 제사의 예가 부모의 영혼에게만 실시되는 것이 아니라 여러 대(代) 앞선 선조들에게도 제사를 올려야 한다고 보는 점에 있어서, 유교도덕의 뒤로 향한 자세가 뚜렷한 동시에 유교도덕과 이 도덕의 사회적 배경으로서의 중국식 대가족제도와의 관련성이 드러나고 있다.

효와 가족제도가 밀접한 관계에 있음은 가계(家系)의 영속(永續)을 매우 중요시하고 아들 못 낳는 것을 최대의 불효로 보는 사상 가운데 더욱 여실히 나타나고 있다. 아들만을 참된 후손으로 보고 존중하는 것은 부권사회(父權社會)의 공통된 특색인데, 가계의 영속을 갈망하는 본래의 이유는 재신이 가장(家長)을 통하여 세습되는 가족제도와 밀접히 관련하는 것이다.

효의 도덕에 관하여 특히 주목할 점은, 그것이 명령자와 복종자의 상하(上下)의 윤리라는 사실과, 동시대인 상호간의 횡적 윤리이기보다도 선대와 후대 사이의 종적 윤리라는 사실이다. 부모에 대한 자식의 자연지정(自然之情)이 전혀 무시된 것은 아니나, 효를 어디까지나 노력을 요하는 엄숙한 의무라고 본 점에 있어서, 그리고 자식의 도리를 강조함에 비하여 부모의 도리를 논한 기록이 매우 드물다는 사실에 비추어 효의 본질이 상하의 윤리임을 알 수 있다.

그리고 부모와 자식의 윤리를 위와 아래의 종속적 관계로 보는 동시에 이 종속적 관계를 선대와 후손에게까지 연장시키는 관념에서 자연히 생긴 귀결이 동시대인의 횡적 관계보다도 선대와 후대의 종적 관계를 중요시하는 도덕이다.

인륜을 평등한 관계로 이해하지 않고 지배와 복종의 관계로 보는 것은 유교의 일반적인 특색인 동시에 한국 도덕의 전통적 경향이다. 부자(父子)의 관계를 존비(尊卑)의 관계로 전제한 효에 대해서는 이미 언급한 바 있으며, 군신(君臣), 부부(夫婦), 장유(長幼)의 윤리도 같은 전제에서 출발하고 있음은 두루 알려진 사실이다. 유교가 오륜(五倫)의 이름으로 중요시하는 다섯 가지 기본적 인간관계 가운데서 '붕우'(朋友)만이 평등의 관계로 간주된 것인데, 그나마 붕우의 관계는 다른 인륜에 비하면 약간 경시되어 온 듯한 느낌이 있다.[1]

대체로 도덕이란 우세한 계급의 이익을 옹호하게 마련이지만, 인간에게 존비귀천(尊卑貴賤)의 차별이 있음을 공공연히 인정하는 도덕사상에 있어서는 이 경향이 더욱 심하다. 존귀한 자는 비천한 자를 자기의 소유물처럼 생각하는 풍조까지 생기며, 지배를 당하는 사람의 의무가 거의 일방적으로 강조된다. 마치 지배를 당하는 자에게는 의무만이 있고 권리는 없는 것 같은 불공평한 사회가 그대로 정당화된다.

공자(孔子)나 맹자(孟子) 같은 대표적인 유가(儒家)가 그러한 불공평을 의식적으로 옹호하거나 찬양한 것은 아니다. 그들은 지배자들이 인자(仁慈)하기를 희망하였고 또 인자하라고 권고하였다. 그러나 인간에 존비귀천의 등급이 있다는 것을 인정하는 이상 그러한 희망이나 권고는 사실상 지극히 무력한 것이다. 평등한 입장에서 권리를 주장할 수 있는 기회가 거부된 사회에 있어서, 도덕은 실천의 마당에 이르러 항상 일방적일 따름이다. 비록 공자나 맹자가 의식적으로 그렇게 한 것은 아닐지라도, 유교의 윤리관은 당시의 불공평한 사회를 반영했고 또 그러한 사회의 지속을 위하여 이바지하였다.

지배를 당하는 자의 인권이 무시된 봉건사회에 근원을 둔 한국의 전통적 도덕은 **자진해서 주는 도덕이라기보다 받기를 요구하는 도덕**으로 성장하였다. 권부(權府)는 국민의 충성을 요구하고 부모는 자식의 효도를 요구하며 남편은 아내의 희생을 요구한다.

---

1) 쓰다 사우기찌[津田左右吉]는 『禮記』 禮運篇, 『荀子』 君道篇 등에 朋友의 조항이 제거되고 있음을 지적하고, 朋友有信이 오륜 가운데서 가장 경시당한 덕목임을 주장하고 있다. (『儒教の實踐道德』, 1933, p.2.)

공자나 맹자가 그렇게 요구하라고 가르친 것은 아니다. 유교의 대가들은 의무를 자발적으로 실천하리고 기르쳤지민, 힘을 손아귀에 쥔 강자들이 자발적인 실천을 가만히 기다리고만 있기는 어려운 일이었다.

요컨대 한국의 전통적 도덕관념에 대하여 결정적인 영향을 미친 유교의 사상은 인간에 귀천의 구별이 있음을 공공연히 전제하는 봉건사회를 배경으로 삼고 발전한 것이며, 그 내용으로 말하면 특히 가족 중심의 도덕사상이었다. 한국의 전통적 도덕도 따라서 봉건적이요 가족 중심적인 요소를 현저하게 가지고 있다. 봉건적이요 가족 중심적인 요소를 바탕으로 삼고 또 다른 여러 가지 특색들이 파생하였다. 주는 도덕이라기보다 받기를 요구하는 도덕이요, 따라서 **자율적이라기보다도 타율적**이라는 사실도 그와 같이 파생된 특색의 하나였다.

봉건적이요 가족 중심적이라는 기본특색에서 파생된 결과의 다른 하나로서 **국가나 사회를 위하는 의식의 결핍**을 들 수 있을 것이다. 봉건사회의 도덕 가운데서 충(忠)이 매우 강조되고 있으나, 이 충이란 녹(祿)을 주고받는 군주와 신하 사이의 개인적 인간관계에 근거를 둔 의무요, 국가에 대한 국민의 의무는 아니다. 봉건사회에는 군주와 신하의 종적 유대가 강한 반면에, 국민 상호간의 횡적 유대는 매우 약하며 따라서 일반서민에게는 '국가'라는 관념도 '국민'이라는 관념도 매우 희박하다. 국가나 사회 전체에 대한 관념이 희박한 까닭에 가족 중심의 사상이 강화되었으며, 강화된 가족중심주의는 국가에 대한 관념을 어둡게 하는 순환이 생겼다. 이러한 가운데서 현대적인 개인주의를 볼 수 없었던 반면에, 가족 중심적 이기주의와 입신양명의 야망이 크게 발달하였으며 오늘도 그 잔재가 곳곳에 발견된다.

봉건적이요 가족 중심적인 전통적 도덕의 또 하나의 특색으로서 예(禮)의 숭상과 형식주의(形式主義)를 들 수 있다. 예의 숭상은 상하의 구별이 까다로운 사회에 있어서 필연적인 현상이다. 예는 계급적 질서를 유지하기에 매우 효과적인 규범이기 때문이다. 그리고 예가 형식주의로 흐르기 쉽다는 것은 예의 본질로 볼 때 피치 못할 사정이다. 계급사회와 예와 형식주의가 뗄 수 없는 관계에 있다는 것은 오늘날의 군대 특히 계급차별이 심한 군대의 생활이 여실히 보여주고 있다.

가족주의적 봉건사회에 뿌리를 두고 성장한 한국의 전통적 도덕의 또 한 가지 특색은 시비와 선악을 구별하는 도덕관념이 냉철한 이지(理智)에 의해서보다도 예민한 감정(感情)에 의해서 지배되고 있다는 사실이다. 심리학적으로 볼 때 가치판단의 깊은 배후에 욕구와 감정이 관계하고 있음은 모든 사회의 도덕관념에 있어서 공통된 현상이지만, 특히 전근대적인 사회일수록 도덕판단 가운데의 감정적 요소는 더욱 우세하다. 한국의 경우에도 그 감정적 요소가 우세하다는 것은, 한국인이 경위를 따지거나 법에 호소함으로써 문제를 해결하기를 꺼려하고 '가정적'이고 '온정적'인 해결을 환영한다는 사실 가운데도 잘 나타나고 있다.

이상에서 우리는 한국의 전통적 도덕이 가진 특색의 몇몇 기본적인 것을 살펴보았다. 이밖에도 이루 헤아리기 어려울 만큼 여러 특색이 있을 것이다. 그러나 그것들을 여기에 모두 열거하려고 시도하지는 않을 생각이다. 그만한 지면의 여유도 없고, 위에 언급하지 못한 특색의 대부분은 이미 언급한 기본특색들이 변형 또는 파생된 것이라고 볼 수 있을 것이기 때문이다.

3. 한국에서 새로운 시대가 요구하는 것

한국은 현상(現狀)을 그대로 오래 유지할 수도 없으며, 또 유지해서는 안 되는 나라의 하나이다. 봉건적 성격의 전통사회는 이미 붕괴 과정으로 접어들었으며 새로운 사회의 건설이 요청되고 있는 것이다. 사람들이 즐겨 쓰는 간결한 표현을 빌린다면, 새로운 시대가 새로운 질서를 요구하고 있는 실정이다.

'새로운 시대가 새로운 질서를 요구한다' 함은 그러나 인간을 떠나서 '시대'라는 실체가 있다는 뜻은 아니다. 그것은 새로운 시대의 **사람들**이 새로운 것을 갈망하고 있다는 뜻에 지나지 않는다. 현대의 한국에도 종래의 것이 그대로 존속하기를 원하는 사람들이 전혀 없는 것은 아니다. 그러나 대부분의 사람들은 현대의 한국 안에서 차지하는 자기의 지위에 대하여 불만을 느끼는 것이며, 이 불만은 시한폭탄과 비슷한 성격을 가진 에너지인 것이다.

우리들의 대부분이 가진 현재에 대한 불만은 필연적인 것이며, 또 충분히 이유를 가졌다는 뜻으로 정당한 것이다. 우리 한국인은 국제적 생존경쟁에서 거듭 참패를 겪은 불행한 민족이며 그 참패의 원인의 일부를 이 나라가 후진의 상태를 빨리 벗어나지 못했다는 사실에서 발견하는 까닭에, 아직도 봉건의 잔재가 적지 않은 이 나라의 현실에 대하여 불만을 갖지 않을 수 없다. 한국에는 선진사회와의 접촉을 가진 많은 사람이 있다. 그들은 인권(人權)이 무엇인지 알고 있으며 자유와 평등에 대한 절실한 요구를 갖고 있으나, 그러한 요구를 채워줄 만한 기회는 이 나라의 현실 속에서 발견하지 못하는 까닭에, 자연히 현실을 그대로 받아들일 수가 없게 된다. 또 선진 문명과의 접촉은 이 나라 사람들에게도 높은 소비생활에 대한 욕망을 품게 하였다. 그러나 일부의 특권층을 제외하고는 그 욕망을 채울 수 있는 기회를 얻지 못하니, 이것도 불만을 금할 수 없는 이유의 하나이다. 이 나라에는 지금 높은 수준의 교육을 받은 많은 지식인들이 있다. 그들은 자신들이 습득한 전문적인 지식 또는 기술이 활용될 기회를 원하며, 자신들의 교육 정도에 알맞는 지위와 보수를 받을 권리가 있다고 생각한다. 그러나 그러한 기회와 지위는 오직 극소수에게만 주어지는 것이다. 여기에도 불만의 필연성이 있다.

다수의 필연적인 불만을 오랫동안 그대로 둘 수는 없다. 그것은 조만간 폭발할 성질을 가지고 있으며, 불만이 폭발되기 이전에 그것을 풀어주는 것이 바로 시대가 요구하는 바의 핵심이다. 그리고 이 요구를 해결함이 우리의 공통된 과제인 것이다.

다수의 필연적이요 따라서 정당한 불만을 종래의 낡은 사회질서의 테두리 안에서 풀어줄 수 없다는 것은 우리들의 일치된 상식이다. 그 불만을 해소하기 위하여 우리에게는 새로운 가치관에 입각한 새로운 질서가 필요한 것이다. 그러나 그 '새로운 질서'는 어떠한 원리 위에서, 그리고 어떠한 선례(先例)를 본받고서 모색될 것인가? 많은 식자(識者)들이 '후진성의 극복' 또는 '근대화'라는 말로 이 물음에 대답하였다. 그들은 널리 세계의 역사에 주목한 것이다. 다른 나라들도 한국과 비슷한 고민을 겪었으며 또 그것을 극복했다는 사실 및 그 고민을 극복한 성공의 방안이 무엇이었는가를 음미한 끝에 얻은 결론이 바로 '후진성의 극복'이요, 또는 '근대화' 내지 '현대화'의 개념이었다.

후진성의 극복 또는 근대화라는 개념으로 현대의 한국이 요구하는 전부를 망라할 수 있을지는 논의의 여지가 있을 것이다. 그러나 한국의 시급한 과제가 후진성의 극복 또는 근대화 내지 현대화의 문제와 깊이 관련되고 있다는 것을 의심하는 사람은 별로 없을 것으로 믿는다.

'후진성의 극복' 또는 '근대화'의 개념이 의미하는 바를 만족스럽게 밝히고자 하는 시도는 여러 가지 논쟁을 불러일으킬 것이다. 그러나 이미 상식화된 견해에 의거하여 '근대화'의 개념이 적어도 다음의 사항들을 포함한다는 것을 우리는 안심하고 주장할 수 있을 것이다. ① 서민의 권익이 옹호되고 기회의 균등이 보장되는 평등한 인간관계의 수립, ② 생산과정의 공업화와 공정한 분배를 통한 국민소득의 증대, ③ 비과학적 사고의 극복과 생활양식의 합리화.

그러나 한국의 근대화 내지 현대화가 바로 '서구화'와 같은 뜻일 수는 없다. 서구 문명에 대한 단순한 모방은 도리어 한국의 후진성 극복에 방해가 될 것이다. 모든 식자들이 역설하고 있듯이, 이른바 자주성의 확립이 근대화를 위한 필수조건의 하나임을 우리는 아울러 고려해야 할 것이다. 한국의 근대화는 서구의 선진 문화를 받아들이는 동시에 한국적인 고유의 문화를 창조한다는 이중의 과제를 포함한다.

근대화 내지 현대화의 과제를 위에서 말한 바와 같이 이해한다면, 그 과제의 완수를 위하여 어떠한 준비가 필요한 것인가? 이 물음 앞에 우선 떠오르는 것은 경제와 정치 그리고 사회 일반의 여러 제도를 개혁해야 한다는 대답이다. 과연 제도의 개혁이 필요하다는 것에는 의심의 여지가 없다. 그러나 제도의 개혁만으로 모든 준비가 완전하리라고는 생각되지 않는다. 궁극적으로 가장 중

요한 것은 제도이기보다도 인간이다. 무엇보다도 우선 사람 자신
이 달라져야 한다. 사람의 태도가 달라져야 하며, 현대에 적합한
새로운 가치관이 형성되어야 한다. 그리고 어떠한 방향에 있어서
새로운 가치관이 모색되어야 할 것인가를 살피고자 하는 것이 이
글 본래의 목표였다.

4. 전통과 새로운 요구의 조화의 문제

우리의 새로운 도덕이 순전한 무(無)로부터 시작될 수는 없다.
우리의 사상(思想)은 과거에 원천을 둔 흐름인 까닭에, 우리의 새
로운 도덕은 전통적인 것에 대한 부정과 긍정을 출발점으로 삼고
모색되어야 한다. 이러한 관점에서 우리는 이미 한국의 전통적 도
덕관념의 기본특색을 살펴보았고, 한국에 있어서 현대가 요구하
는 바를 검토하였다.

전통적인 도덕이 새 시대의 요구를 위하여 적합하지 못하다는
것은 이미 하나의 상식이다. 그러나 전통적인 것의 전부를 버려야
한다고도 생각되지 않는다. 인간성과 인간의 생활양식에 옛 모습
을 지키는 부분이 남아 있는 한 전통적인 가치관 속에 깃들인 옛
지혜는 살아남는 것이며, 특히 한국의 근대화의 과제가 단순한 서
구의 모방으로 풀릴 것이 아니라 한국적 고유 문화의 창조를 포
함한다는 사실을 고려할 때 전통적인 것에 대한 무분별한 배척이
찬양될 수 없음이 분명하다. 따라서 우리의 문제는 전통적인 것
가운데서 무엇을 버리고 무엇을 살려야 하는가의 문제이며, 전통
적인 것과 새 시대의 요구를 어떻게 조화시켜야 하는가의 문제이

다.

　근대화 내지 현대화의 이름 아래 한국이 현대기 요구하는 깃은 물질과 정신 양면에 걸친 생활의 전체적인 개혁이다. 물질생활의 개혁을 위하여 필요한 여러 가지 조건 가운데서 특히 중요한 것은 국내생산의 현저한 증대와 재물의 공정한 분배일 것이다. 다음에 정신생활의 개혁을 위하여 필요한 여러 가지 조건들 가운데서 특히 중요한 것으로는 ① 합리적 사고방식의 보급 및 전근대적 인간관계로부터의 탈피와 ② 한국에 있어서의 고유한 문화의 창조 및 발전을 들 수 있을 것이다.[2]

　도덕적 행위에는 그 자체에도 목적성이 있는 것이나, 도덕률 내지 도덕사상에는 우리의 현실생활의 목표달성을 위한 수단으로서의 의미도 크다. 앞으로 우리는 위에 지적한 네 가지 조건을 실현함에 있어서 한국의 전통적 도덕관념이 도움을 줄 것인가 또는 방해가 될 것인가를 살피는 동시에, 우리의 전통적 도덕과 새 시대의 요구를 어떻게 조화시킬 것인지를 생각해 보기로 한다.

　물질생활의 향상을 위해서는 인구보다 빠른 경제의 성장이 우선 필요하다. 그리고 경제의 급속한 성장을 위해서는 생산의 공업화가 절실히 요구된다. 생산의 공업화는 자연히 국토의 많은 부분의 도시화를 예상하는 것이니, 여기 벌써 농촌생활을 배경으로 삼고 발달한 한국의 전통적 가족제도 및 그 가족제도를 중심으로 삼는 옛 도덕체계의 붕괴가 불가피함을 암시하는 무엇이 있다.

---

　2) 생활의 물질적 측면과 정신적 측면은 뗄 수 없는 것임을 알면서도 물질생활과 정신생활을 나누어 본 것은 서술의 편의를 위한 것이며, 물질생활과 정신생활의 개혁을 위하여 필요한 조건을 두 가지씩만 든 것은 한정된 지면 때문이다.

(예컨대 다남[多男]을 축복하고 자손은 많을수록 좋다고 생각하는 전통적 관념부터가 가족계획을 서둘러야 하는 우리의 현실과 맞지 않는다.)

　생산의 증대를 위하여 직접적으로 필요한 덕목의 첫째는 왕성한 근로정신일 것이다. 노동을 존중하고 실천하는 가치관이 수립되어야 하며, 우수한 인력이 농촌과 산업 현장으로 진출해야 한다. 그런데 우리나라에 있어서 전통적인 가치관은 이 근로정신의 앙양을 위하여 불리하게 작용한다. 봉건사회에 있어서 하인을 혹사하던 나쁜 전통은 육체노동을 천하게 여기는 가치관을 조장했으며, 인간에 귀천이 있다고 믿었던 관념의 잔재는 오늘날도 직업의 귀천을 과도하게 인정한다. 따라서 관료주의는 아직도 구태의연하며, 대학을 나오고 육체노동에 종사하기보다는 차라리 실업을 택하는 청년이 허다하다.

　유가 또는 우리의 선조들도 근면의 정신을 고취하지 않은 것은 아니다. 그러나 그들이 권한 근면은 원칙적으로 정신 노동에 관한 것이었다. "一寸光陰不可輕"이나 그 이유는 "少年易老學難成"에 있었다. 하기야 "田園이 將蕪하니 歸去來"를 결심한 시인도 있었고 '주경야독'(晝耕夜讀)을 권장한 스승도 있었다. 그러나 사대부가 농경에 종사하는 것은 특수한 경우의 일이었고, 비록 농사에 관여했다 하더라도 대개의 경우 그것은 낭만적인 취미의 경지를 벗어나지 못했다.

　생산의 증대 또는 경제의 성장과 밀접한 관계를 가진 또 하나의 덕목은 절약이다. 경제의 성장을 위해서는 국민소득의 될 수 있는 한 많은 부분이 저축되어서 그것이 다시 생산에 투자되어야 한다는 것은 하나의 상식이며, 그러기 위해서는 국민 각자가 무리 없는 범위 안에서 검소한 생활을 해야 하는 동시에, 특히 일부 특권층의 사치가 억제되어야 할 것이다.

고전적 유가들도 사치를 경계하고 검소를 권장하였다. 예컨대 『논어』에서 공자가 말씀하시기를 "정도(正道)에 뜻을 둔 선비가 나쁜 옷과 나쁜 음식을 부끄러이 여긴다면 그는 함께 논의할 자격도 없는 사람이다"(子曰, 士志於道, 而恥惡衣惡食者, 未足與議也)라는 것이 있고,3) 『소학』(小學)에는 "수(隨)나라의 대유(大儒) 문중자(文中子)의 의복은 검소하고 깨끗하며 화려한 장식이 없었다. 호화로운 비단 따위는 방에도 들여놓지 않았다. 그는 말하기를 '군자의 의복은 베나 무명이 아니면 입지 않는다. 부녀자의 옷이라 할지라도 푸른빛이나 하늘색 같은 정도를 넘어 서서는 안된다'라고 하였다"(文中子之服, 儉以絜無長物焉, 綺羅錦繡 不入于室. 曰, 君子非黃白不御, 婦人則有靑碧)라는 구절이 있다.4) 그러나 유가들이 권장한 검소라는 것은 본래 물질 또는 금전에 대한 경멸을 바탕으로 삼는 것으로서 어느 편이냐 하면 '적게 벌어서 적게 쓰자'는 소극적인 주장에 그치는 것이며, '많이 벌어서 적게 쓰고 남는 것은 저축한다'는 적극적인 의미는 없는 것으로 이해한다. 뿐만 아니라 예와 형식을 숭상하는 유교의 전통 속에서 엉뚱한 방면의 낭비가 적지 않았으며, 약간 수입에 여유가 있는 사람은 그것을 친척이나 친구와 나누어 먹는 값싼 인정은 그 자체 비생산적인 심리였을 뿐 아니라 게으른 사람의 게으름을 더욱 조장하는 결과를 가져왔다.

---

3) 『論語』里仁篇, 第4, 9章.

4) 『小學』外篇, 先行 第6.

경제의 비약적 발전을 위하여 또 한 가지 요구되는 것은 사회 발전에 많이 이바지하는 사람일수록 높은 평가를 받는 가치풍토이다. 기술과 경험이 있는 전문가가 우대를 받는 실력 본위의 평가기준이 확립되어야 한다. 그런데 한국의 전통적인 평가기준에 있어서는 사람들의 기술보다도 그들의 심정(心情)이 압도적 비중을 차지해 왔다. '인심이 좋다', '예의바르다', '어른을 알아본다', '의리가 있다' 등이 '유능하다'보다도 훨씬 높은 찬양의 뜻을 나타내 왔다. 심정의 가치가 높이 평가되는 것 그 자체에는 아무런 잘못도 없을 것이다. 그러나 인간의 생산적 능력이 응분의 비중을 차지하도록 평가기준의 갱신이 있어야 할 것이다.

평가기준의 갱신과 더불어 유능한 새 인재의 양성도 필요하다. 그리고 인재들의 창의가 충분히 활용되어야 한다. 이 점에 관해서 '장유유서'의 권위주의가 어떤 방해가 되지 않도록 주의해야 할 것이다.

물질생활의 향상을 위하여 필요한 둘째의 조건은 재물의 공정한 분배라고 하였다. 비록 국내 생산의 절대량이 증대한다 하더라도 그 이윤을 일부 기업가가 독점하거나 또는 국외로 새어나간다면, 서민 일반의 생활에는 향상이 없을 뿐 아니라, 심리적 안정이 크게 위협받을 것이다. 따라서 불로소득을 막고 분배를 공정히 하는 사회정의의 확립을 위하여 결단성 있는 조처가 취해져야 할 것이다. 빈부의 차이와 소수인의 사치에 대한 반감이 어떤 파괴적 사태를 초래하는 일이 없도록 하기 위해서는 경제활동에 관한 새로운 가치관의 확립이 필요한 것이다.

사회정의는 재물 분배의 단계에 있어서만 요구되는 것은 물론 아니다. 기회의 균등으로부터 공동체에 능동적인 참여에 이르는 모든 면에 걸쳐서 서민의 권익이 실질적으로 옹호되어야 한다.

그리고 서민의 권익이 명목상으로 뿐만 아니라 실질적으로 보장되기 위해서는 대중의 이익과 합치하는 정부가 수립되어야 하는데, 그러한 정부의 수립이 가능하기 위해서는 밀리칸(M. F. Millikan), 블랙머(D. L. M. Blackmer) 등의 공동연구가 지적하듯이, 소수의 이익에만 애착하는 보수세력을 물리쳐야 한다.[5]

이 사회정의의 확립이라는 관점으로 볼 때 유교적 전통의 도덕은 전반적인 적합성을 가진 것 같지 않다. 고전적 유가들이 반드시 사회정의에 무관심했던 것은 아니다. 다음의 인용은 그들이 결코 부정(不正)의 애호가가 아니었음을 암시하기에 충분할 것이다.

> 계강자(季康子)가 정치의 근본을 공자에게 물었다. 공자는 다음과 같이 대답하였다. "정치는 올바르게 함입니다. 만약 당신이 正道로써 백성을 이끈다면 누가 감히 부정을 하겠습니까."(季康子 問政於孔子. 孔子對曰, 政者正也, 子帥以正, 孰敢不正.)[6]

> 자공(子貢)이 정치의 근본을 물었다. 공자가 말씀하시기를 "나라를 잘 다스리자면 먹을 것이 넉넉하고, 국방이 튼튼하며, 백성의 신뢰를 얻어야 한다."(子貢問政. 子曰, 足食, 足兵, 民信之矣.)[7]

> 노애공(魯哀公)이 유약(有若)에게 물었다. "흉년이 들어 국가

---

5) M. F. Millikan, D. L. Blackmer eds., *The Emerging Nations*, MIT, 1961.

6) 『論語』 顔淵篇, 第12, 17章.

7) 같은 책, 7章.

한국의 전통적 도덕관념과 새 시대 조류의 조화 문제 / 89

의 재정이 부족하니 어떻게 해야 하겠소?" 유약이 대답하되, "어찌 세금을 일할로 줄이지 않으십니까?" 이에 애공은 반문하였다. "지금 이할을 받아도 부족한데 어찌 일할로 줄일 수 있겠소?" 유약은 다시 다음과 같이 대답하였다. "백성이 풍족하면 임금이 누구와 더불어 부족하겠습니까? 백성이 부족하면 임금이 누구와 더불어 풍족하겠습니까?"(哀公問於有若曰, 年饑, 用不足如之何, 有若對曰, 盍徹乎, 曰, 二, 吾猶不足, 如之何其徹也. 對曰, 百姓足, 君孰與不足. 百姓不足, 君孰與足.)[8]

뜻을 이루지 못했다고 윗사람을 비난하는 것은 옳지 않습니다. 한편 백성의 윗사람이 되어서 백성과 함께 즐기지 않는 것도 역시 옳지 않습니다. 백성의 즐거움을 함께 즐기면 백성도 그분의 즐거움을 즐길 것이며 백성의 근심을 함께 걱정하면 백성도 그분의 근심을 근심할 것입니다.(不得而非其上者, 非也. 爲民上而不與民同樂者, 亦非也, 樂民之樂者, 民亦樂其樂, 憂民之憂者, 民亦憂其憂.)[9]

이러한 인용의 수효는 얼마든지 늘일 수 있으며, 『논어』의 "마구간이 탔다. 공자가 조정(朝廷)으로부터 돌아와 말씀하기를 '사람이 다쳤느냐?'고만 하시고 말은 묻지 않으셨다"(廐焚. 子退朝曰, 傷人乎. 不問馬)라는 구절도 오늘날 집에서 일하는 사람보다도 개를 더욱 소중히 여기는 애견가의 행동이 반드시 공자의 책임이 아님을 짐작케 한다.

그러나 위에 인용한 구절들이 유교적 전통도덕의 민주주의적 성격을 입증하는 것은 아니다. 공자나 맹자는 군왕에게 선정(善

---

8) 같은 책, 9章.

9)『孟子』梁惠王篇, 章句下, 樂以天下章.

90

政)을 충언하기는 하였으나, 현대적인 의미로 서민의 권익을 주장한 것은 아니다. 그들은 위정자의 온정에 호소한 데 불과하며, 그들의 호소를 성의 있게 받아들인 군왕은 거의 없었다. 사회의 현실에는 상하의 계급별이 엄연했으며 지위와 재산의 세습이 당연한 것으로 간주되었다. 지배자의 인애(仁愛)가 가끔 찬양되기도 하였으나, 대체로 말하자면 피지배자의 의무가 일방적으로 강조되었다. 여하튼 현대적인 의미의 정의를 기대할 수는 원칙상 없었던 것이 유교적 도덕사상을 길러낸 사회구조의 현실이었다.

오늘날 한국의 사회는 물론 공맹 시대의 중국과 다를 뿐 아니라 수십 년 전의 한국 사회와도 크게 다르다. 이미 양반과 상인(常人)의 구별은 옛 이야기가 되었으며, 지주계급의 황금기도 멀리 사라졌다. 그러나 지금 한국에는 새로운 형태의 계급이 형성되어 가고 있다. 그리고 아래 계급의 무저항과 인내가 미덕으로 혼동되는 경향 가운데 유교적인 전통의 잔재가 살아서 작용하고 있음을 본다.

서민의 권익은 누구보다도 서민 자신이 옹호해야 한다. 그것은 특권층의 온정의 문제가 아니라 당당한 권리주장의 문제이다. 권리의 행사와 의무의 이행을 아울러 실천하는 국민만이 참된 민주주의를 실현한다. 그런데 유교적인 전통에서는 권리의 주장이 크게 억제되어 왔던 것이다.

이제 우리는 정신생활의 개혁이라는 목표를 염두에 두고 한국의 전통적 도덕관념을 비판적으로 검토할 단계에 이르렀다. 따라서 우리는 정신생활의 개혁을 위하여 필요한 조건의 첫째로서 합리적 사고방식의 보급 및 전근대적 인간관계로부터의 탈피를 들었다는 사실을 상기하게 된다.

　서구의 근대화가 과학적 발달에 힘입은 바 크다는 것은 만인이 아는 사실이고, 그 과학의 바탕을 꿰뚫고 흐르는 것이 바로 합리적 사고였다. 물질생활의 향상을 위해서도 합리적인 생활양식을 채택할 필요가 있으며 우리의 정신생활을 위해서도 합리적 사고의 습관을 길러야 한다.

　동양의 사고가 대체로 그러하며, 우리의 전통적 가치관도 그리 합리주의적인 편은 아니다. 우리의 행동은 냉철한 이지(理智)에 의해서보다도 예민한 감정에 지배되는 경향이 있다. 우리의 행동을 결정함에 있어서 감정의 영향이 우세한 경향은 가족중심주의 도덕관과 긴밀한 관계를 가졌을 것이다. 동양적 관념으로서의 가족이란 이지만으로 따지기를 허락하지 않는 원초적인 결합이기 때문이다.

　가족주의적인 사고방식을 벗어나지 못하는 동안 그 사회의 인간관계는 전근대성을 탈피하지 못한다. 사리를 따라서 일을 처리하는 것이 아니라 개인적 친분관계를 따라서 매사를 처리한다. 공부 잘하는 남의 아들을 물리치고 성적이 낮은 내 아들을 좋은 학교에 넣고자 한대도 조금도 이상하다고 생각하지 않는다. 사람을 채용할 권한을 가진 권력의 자리를 탐내는 이유의 하나는, 그 자리에 앉으면 친척이나 친지의 자녀에게 혜택을 공공연히 베풀 수 있다는 사실 때문이다. 선거전이 벌어졌을 때, 친척 도는 동창 가운데 입후보자를 가진 유권자는 누구에게 투표할 것인가를 굳이 생각할 필요가 없다. 이러한 모든 불합리는 유교적 전통의 도덕관과는 비교적 잘 조화되는 것이다. 그러나 근대화 내지 현대화의 요구와는 어울리지 않는다.

가족중심주의적인 유교의 전통 속에서는 정치적 활동을 효의 수단으로 생각하는 경향이 있다. 가문의 명예를 위해서 출세기 필요한 것이다. 공직을 개인 문제 해결을 위한 수단으로 이용하기에 바빠서 국가 사회의 문제는 소홀히 하는 경향은 후진국에 있어서 일반적인 현상인데, 이러한 현상이 냉철한 합리주의적 사고방식의 결핍에서 오는 것임은 조금만 반성하면 곧 알 수 있는 일이다. 합리주의의 기본적 특색의 하나는 논리의 일관성이며, 만인이 개인 문제의 해결을 위하여 공직을 이용하도록 논리 일관하게 허용할 때 생길 결과를 우리는 도저히 원할 수 없을 것이기 때문이다.

　합리주의적 사고가 귀중한 또 한 가지 이유는, 그것이 우리에게 자연과 운명을 인력(人力)으로 극복할 수 있다는 신념을 주기 때문이다. 주술이나 요행 또는 조상의 영혼의 힘을 빌어서 행복을 얻고자 하는 희망이 강한 동안 근대화는 실현되지 않는다.

　하여튼 우리는 합리주의적 사고의 보급을 통하여 감정이 우세한 윤리로부터 지성이 우세한 윤리로 전환해야 한다. 그러한 전환에 도달했을 때, 거기 가족과 친척 그리고 동창과 동향(同鄉)을 넘어서서 전체로서의 국가로 대동단결하는 계기가 열린다. 냉철한 합리주의에 입각한 국민적 단결은 선동과 군중심리적 흥분에 입각한 그것과도 근본적으로 다르므로, 애국을 빙자한 독재주의의 제물이 될 위험성도 내포하지 않는다.

　정신생활의 개혁을 위하여 필요한 조건들 가운데서 특히 중요한 것의 하나로, 우리는 한국에 있어서의 고유한 문화의 창조 및 발전을 들었다. 이 고유한 문화의 문제를 다루는 단계에서 우리는 전통적인 가치 가운데서 무엇을 어떻게 남길 것인가 하는 물음에 초점을 맞추어야 할 것이다. 왜냐하면 한국이 문화적 식민지로 전락하지 않기 위하여 필요한 조건의 하나는 전통적인 것 가운데서 영원히 값진 요소들을 잘 살리는 일일 것이기 때문이다.

앞에서 우리는 새로운 시대의 역사적 사명을 완수하기에 요구되는 새로운 마음가짐의 기본적인 것 몇 가지를 지적하였다. 그러나 비록 '새로운 마음가짐'이라고는 불렀으나, 그것들이 우리들의 전통 속에 전혀 싹도 없던 완전히 새로운 것이 아님은, 조금만 깊이 살피면 곧 알 수가 있다. 예컨대 이 시대가 우리에게 절실히 요구하는 근면과 검소의 정신으로 말하더라도 그것과 비슷한 정신이 고대 유가들에 의해서도 강조되었음은 이미 언급한 바 있으며, 조선 중기 이후에 일어난 우리나라 실학파에 의해서 그 정신이 더욱 구체적인 이론으로 발전하고 있음은 주지의 사실이다. 예컨대 영종 때의 실학파의 대표인 이익(李瀷)은 생재(生財)의 도(道)를 논하고, 그 방법으로서 생중(生衆, 생산하는 사람이 많음), 식과(食寡, 놀고먹는 사람이 적음), 위질(爲疾, 일을 부지런히 함) 및 용서(用徐, 쓰기를 천천함 즉 절약)를 들었으니 이는 그대로 오늘날 우리에게도 적합한 교훈임을 본다.[10]

또 우리는 현대가 요구하는 실천의 하나로서 '공정한 분배'를 들었는데, 이 공정한 분배에 관한 사상으로 말하더라도 우리의 전통 속에 전혀 없던 것은 아니다. 『맹자』의 이루장(離婁章) 구상(句上)에 나타난

맹자가 말씀하시기를 "冉求가 季氏의 家宰 노릇을 하면서 세

---

10) 玄相允, 『朝鮮儒教學史』, 民衆書館, 1949, pp.331-334 참조.

씨의 부덕함을 고치지는 못하고 세금은 그 전의 두 배로 올렸다." 이에 공자는 "求는 내 제자가 아니다. 너희들은 북을 울려가며 그를 성토함이 가하나"고 말씀하였다. 이것으로 보건대 군주가 인정(仁政)을 베풀지 않는데 그를 부유하게 만들어주는 자는 모두 공자의 버림을 받았던 것이다. …(孟子曰, 求也爲季氏宰, 無能改於其德, 而賦粟倍他日. 孔子曰, 求, 非我徒也, 小子鳴鼓而攻之可也. 由此觀之, 君不行仁政而富之, 皆棄於孔子也. …)[11]

라는 구절은 그 자체가 현대적인 의미의 공정한 분배를 역설한 것으로는 보기 어려우나 공맹이 만약 현대의 인물이었더라면 무엇을 주장했을지 능히 짐작이하기에 충분하다. 더욱이 영업전(永業田)이라는 제도를 세워 백성의 농토소유가 균등히 되도록 하기를 주장한 이익(李瀷)이나 또 제세안민(濟世安民)을 위하여 균전제산(均田齊産)이 필요함을 역설하고 그 방법으로서 한전제도(限田制度, 토지소유를 제한하는 제도)를 주장한 박지원(朴趾源)에 이르러서는 그 정신의 방향이 더욱 뚜렷하다.[12]

다음에 근대화 내지 현대화를 위하여 절실히 요구되는 합리주의적 사고방식으로 말하더라도, 우리나라의 전통 속에 그에 가까운 것이 전혀 없었던 것은 아니다. 우리나라의 실학파의 사상이 대체로 그러한 각성의 산물이었으며, 특히 그 대성자(大成者)로 알려진 정약용(丁若鏞)의 사상 가운데 우리는 그 뚜렷한 구현을 보는 것이다.

물론 우리는 우리의 전통을 과대평가해서는 안 된다. 근면과 절약, 공정과 민본주의의 정신, 그리고 합리주의의 사고가 비록 있

---

11) 『孟子』, 離婁章 句上, 率土地而食人肉章 第14(13).

12) 玄相允, 『朝鮮儒敎學史』, pp.330-331, 345-346 참조.

었다 하더라도 현대의 견지에서 볼 때 불충분했을 뿐 아니라, 또 그러한 사상이 일부 선각자의 문헌에 나타난 데 그쳤으며, 현실사회의 실정은 그러한 정신을 멀리 배반했다는 사실을 솔직히 인정하고 깊이 반성해야 할 것이다. 그러나 우리의 전통 속에 현대가 요구하는 정신의 싹이 발견된다는 것은 매우 뜻깊은 일이다. 왜냐하면 우리는 전혀 낯설고 새로운 것을 밖으로부터 빌려오는 대신 선진국의 실패와 성공의 기록을 참작하여 우리 자신의 싹을 키우면 되기 때문이다. 우리는 남의 것을 크게 배워야 한다. 남의 것을 크게 배우기 위해서 가장 필요한 것은 허심탄회하게 내 결점과 남의 장점을 인정하면서도 내 근본을 잃지 않는 자주정신이다.

이제까지 우리는 한국의 전통 가운데서 버려야 할 것 또는 고쳐야 할 것에 관심을 집중하고 고찰을 계속하였다. 그러나 이것은 우리의 전통 속에는 소중한 것이 전혀 없다는 견해에 입각한 처사는 물론 아니다. 우리의 전통 속에 현대가 요구하는 정신의 싹이 깃들었다는 것은 이미 지적한 바와 같으며, 그보다도 더욱 적극적인 의미로 살려야 할 것이 우리의 전통 안에 흐르고 있는 것으로 보인다.

한정된 지면으로 한국의 전통이 숨긴 자랑스러운 요소를 전부 지적할 수는 없다. 이제 우리는 그 가운데서 가장 기본적이라고 생각되는 것 하나만을 고찰해 보기로 하자.

한국에 있어서 또는 동양 전체에 있어서 가장 자랑스러운 정신적 가치는 우리의 가장 큰 약점 즉 합리주의적 사상의 결핍과 표리의 관계를 이루고 있는 것으로 보인다. 우리에게 냉철한 이지(理智)의 힘이 부족한 기본적 원인은 우리가 깊고 뜨거운 감정(感

情)의 소유자라는 사실에 있으며, 이 사실은 한편 가장 심오한 인간적 가치의 근원이라고 생각되는 것이다.

근면과 절약 그리고 합리적 정신의 발휘를 통하여 의식주에 부족이 없는 사회를 건설함에 성공했다고 가정하자. 무서운 경쟁과 얼음장 같은 이해타산, 그리고 시간의 노예가 됨을 무릅쓰고 그 목표에 도달했다고 가정하자. 그러나 그것만으로 우리가 인생에 보람을 느낄 수가 있을까? 물질에 관한 한 아무것도 부족할 것이 없는 생활. 그러나 그것만으로는 충분하지 않을 것이다.

결국 우리에게는 물질도 필요하지만 또 그 이상의 것도 있어야 한다. 그리고 그 '물질 이상의 것'을 우리는 동양의 전통 속에 ─ 이지(理智)를 넘어서는 동양적 생활감정의 전통 속에 ─ 가득히 발견하는 것이다.

서구에 있어서의 근대화는 철저한 개인주의의 사물이기도 하다. 한국의 경우에도 그 근대화를 위해서는 아마 개인주의의 세례를 거칠 필요가 있을 것이다. 그러나 서구식의 개인주의가 인생의 보람을 위한 가장 좋은 길인지는 의문이다. 개인이 자아를 망각하고 타아와의 인간적인 융합을 이루는 순간에 우리는 더 깊은 차원의 행복을 느낀다. 그리고 동양의 전통적 가치관 가운데 우리는 개인이 개인을 넘어서는 융합의 계기를 발견한다.

유교의 배경을 이룬 가족제도에는 많은 불합리와 폐단이 있음을 익히 알면서도 우리가 이 제도를 전적으로 버리지 못하는 이유의 하나는, 아마 거기에 인간의 깊은 욕구를 만족시켜 주는 무엇이 있기 때문일 것이다. 우리는 가족 안에서 개인을 초월한 자아의 존재를 발견한다.

공자는 유교가 이상(理想)으로 삼는 최고의 미덕을 '인'(仁)이라고 하였다. '인'의 정확한 뜻에 관해서는 학자 사이에 이론(異論)이 있음직하나, '仁'이라는 글자가 본래 '人'과 '二'의 두 글자의 결합으로 된 것이며, 따라서 인이 사람과 사람을 결합하는 원리로서 제시된 덕이라는 해석에는 반대의 의견이 많지 않을 것으로 믿는다. 여하튼 공자는 인간의 사회성을 깊이 통찰했으며 개인을 넘어서는 인간적인 결합 속에서 최고의 인간적 가치를 발견한 것이다. 그리고 사람과 사람의 참된 결합을 위하여는 친애(親愛)와 지성(至誠)이 필요함을 역설한 것으로 보인다. 인은 가족 중심적인 차별 있는 사랑을 출발점으로 삼는다. 그러나 공자의 이상은 궁극에 가서는 보편적인 인간애에까지 이르는 것으로 믿는다. 공자가 가족에서부터 출발한 것은 공허한 이상론을 원치 않은 그가 현실적인 인간성을 고려하여 실천의 처방을 제시한 것이리라. 공자가 떠난 지도 거의 2,500년. 인간이 발전을 갖는 동물이라면 이젠 낡은 가족주의의 테두리를 넘어서서 공자의 이상이 추구된대도 잘못이 아닐 것이다.

한국의 현실은 근대화를 요구하고 근대화는 합리주의의 정신을 요구한다. 그러나 빈틈없이 따지고 계산하는 합리주의의 정신만으로 참된 행복이 약속되는 것이 아니며, 인간은 인간다운 감정의 불길을 지금도 요구한다. 그 풍부한 감정을 우리는 동양적 전통 속에서 발견하는 것이며, 공자의 인의 개념을 통하여 그 감정적 가치의 이상적 경지를 바라보는 것이다. 이에 동양적인 전통 가운데 끝까지 수호해야 할 요소가 무엇인가도 스스로 명백함을 본다.
그러나 서양의 전통 가운데는 풍부하고 세련된 감정의 정화(精華)가 결여한다는 뜻은 아니다. 동방에 합리적인 정신이 전혀 없지 않았듯이, 서방에도 깊고 세련된 감정에 뿌리를 둔 감동적인 사상이 많이 있다. 동방과 서방의 사고가 그 가장 높은 단계에서 서로 공명(共鳴)할 수 있다는 것은 인간성의 공통된 바탕 덕택일 것이다. 우리가 혹은 동양인으로서의 자주성을 찾아야 한다 하고, 혹은 선진의 서구로부터 배워야 한다고 역설하지만, 결국은 인간 스스로의 깊은 근원으로 되돌아감이 가장 긴요한 일이 아닐까 생각한다.

　　　　　[1965, 고려대 아시아문제연구소 주최 "아시아의 근대성 문제"에 관한
　　　　　국제학술회의에서 발표한 영어 논문을 국역한 것]

윤리판단의 근본원리

— 그 논리적 성격과 당위성의 문제 —

1. 도덕원리의 객관성을 입증하려는 시도

1.

20세기 초반에 윤리학의 자기 부정이 그 절정에 달했을 때, 적어도 규범윤리학은 재기 불능의 절망 상태로 빠지는 듯싶었다. 평가적 발언의 논리적 성격이 서술적 명제의 그것과 다름을 지적하고, 사실(is)로부터 당위(ought)를 추리할 수 없음을 언명한 흄(D. Hume)의 선구적 착안이 에이어(Ayer), 카르납(Carnap), 오스틴(Austin) 등 현대의 분석가들에 의하여 정교하게 부연 전개되었으며, 그들의 명석하고 치밀한 논리를 꺾는다는 것은 거의 불가능하리라는 인상을 주었다. 직각론(直覺論), 자연론 또는 형이상학설에 입각하여 현대의 윤리학적 회의(懷疑)를 물리치려 한 철학자들이 없었던 것은 물론 아니나, 저 분석가들의 결론을 전복할 수 있을 정도로 치밀하고 강력한 학설로 맞섰다고는 생각되지 않는다.

그러나 여기 우리의 주목을 끄는 변화가 생겼으니, 윤리학적 회의론을 극복하고자 하는 끈질긴 노력이 20세기 중엽 이래 분석철학가 자신들 가운데서 싹트기 시작했다는 사실이다. 그들의 시도가 우리들의 주목을 끄는 이유는, 독단과 감정에 호소하지 않고 분석적 논리로써 분석적 논리에 맞서 당당하게 승부를 가리려 하는 그들의 태도가 우리에게 어떤 기대를 안겨준다는 점에 있다. 필자는 이 글을 통하여 윤리학적 회의론을 극복하고자 한 분석철학자들의 의도가 어느 정도까지 성공했는가를 살피고, 나아가서 이 문제에 대한 필자 자신의 생각을 정리해 보고자 한다.

학(學)으로서의 규범윤리학의 성립을 지지하는 이론을 전개한 모든 분석철학자들의 저술을 남김 없이 검토한다는 것은, 자료와 지면 그리고 시간의 제약을 받고 있는 필자에게는 사실상 어려운 일이다. 차선의 방안으로 필자는 전문가들 사이에 활발한 반응을 일으킨 몇 가지 대표적인 학설을 살펴보고, 그러한 학설들이 의미하는 바를 현대 윤리학 전반에 관련시켜서 투시(透視)하는 길을 모색하고자 한다. 필자가 이 목적을 위해 선택한 사람들은 거워스(Alan Gewirth), 써얼(J. R. Searle), 헤어(R. M. Hare), 롤즈(John Rawles)이다.

거워스는 그의 논문 "실증적 '윤리학'과 규범적 '과학'"(Positive 'Ethics' and Normative 'Science')에서, 현대의 여러 분석철학자들이 과학과 윤리학을 대조적으로 비교하면서 전자는 인식적(cognitive)이나 후자는 비인식적(non-cognitive)이라고 결론지은 것은, 그들이 '과학'(science)의 개념은 규범적으로 이해하면서 '윤리학'

(ethics)의 개념은 실증적으로 이해한 데서 기인한다고 지적하고, 저 결론의 타당성을 부인하고 있다.[1] 거워스의 입론 가운데서 핵심적이라고 생각되는 명제들을 우리는 다음과 같이 요약할 수 있을 것이다.

(1) 가장 궁극적인(ultimate) 문제를 인식적 방법만으로 해결할 수 없다는 점에 있어서, 과학도 윤리학과 다를 바가 없다.[2]

(2) 윤리학적 인식을 부정하는 학자들은 '과학'(science)은 연역논리 및 귀납논리와 같은 어떤 규준을 충족시켜야 할 것으로 이해하면서, '윤리'(ethics)는 어떠한 규준의 제약도 받지 않고 아무것이나 포함할 수 있는 것으로 이해하였다. 예컨대, 점성술이나 골상학(骨相學) 등은 '과학'의 범위에서 제외하면서, '윤리'의 경우에는 나치스의 윤리나 공산주의자의 윤리까지도, 민주주의의 윤리와 마찬가지로, 모두 그 범위 안에 포함되는 것으로 인정하였다.[3]

(3) 논자들이 "과학적 명제의 진위는 논증이 가능하나, 윤리학적 명제의 경우에는 그것이 불가능하다"는 결론을 얻게 된 것은, (2)에서 말한 바와 같이, 'science'의 정의(定義)는 규범적으로 내리고 'ethics'의 정의는 비규범적으로 내렸다는 사실의 필연적 결

---

1) A. Gewirth, "Positive 'Ethics' and Normative 'Science'", *Philosophical Review*, 69(1960), pp.311-330.

2) A. Gewirth, 같은 논문, 제1절 요약. 필자는 J. J. Thomson & G. Dworkin (eds.), *Ethics*(1968)에 수록된 논문을 이용하였으므로, 이 논문에서 인용된 부분의 페이지 표시는 단행본으로 편집된 책의 것을 따르기로 한다. pp.27-29.

3) *Ibid.*, 제2절, pp.29-33.

과에 불과하다. 만약 'ethics'에 대해서도 규범적 정의를 내렸더라면, 윤리학적 원리의 진위도 논리적으로 밝힐 수 있었을 것이다.[4)]

위와 같이 요약된 거워스의 주장 가운데 (1)에 대해서는 필자도 오래 전부터 같은 생각을 해왔다. 다만, 궁극적 원리에 관한 한 엄밀하게 인식적인 해결(cognitive decision)이 불가능하다는 공통성을 가지고 있다는 사실에 근거하여 과학과 윤리학의 논리적 입지가 전체적으로 같다고 속단할 수 있을지는 의문이다. (이 문제에 대해서는 뒤에 가서 다시 언급하게 될 것이다.)

(2)도, 'ethics'라는 말을 '윤리현상' 또는 '도덕관념'으로 이해하는 한, 거워스의 주장을 받아들여야 할 것이다. 거워스도 이 대목에서는 'ethics'를 그런 뜻으로 사용하고 있는 것으로 보이나, 같은 논문 다른 곳에서는 '윤리학'의 뜻으로도 많이 쓰고 있다. 윤리현상과 윤리학은 일단 구별해서 생각해야 할 것이며, 윤리현상에 관한 서술에서 윤리학에 관한 입론으로 넘어갈 때는 세심한 주의를 기울여야 할 것이다.

필자가 보기에 가장 문젯거리가 되는 것은 (3)이다. 'ethics'의 개념을 규범적으로 인정했다면 윤리학도 과학과 같은 논리의 체계가 되었을 것이라고 거워스는 주장하고 있으나, 필자는 이 점에 동의하기 어렵다 우선 'ethics'를 '윤리' 또는 '도덕관념'의 뜻으로 해석하고, 일정한 규준을 만족시키는 ethics만을 참된 ethics로 인정한다고 가정하자. 예컨대, 자유민주주의의 윤리만을 참된 윤리로 규정하고 봉건사회나 독재국가의 '윤리'는 진정한 윤리가 아니

---

4) *Ibid.*, 제3절, pp.33-38.

라고 제쳐놓는다고 하자. 그렇게 하면 과학으로서의 윤리학이 가능하다는 결론에 도달할 것인가? 필자는 아니라고 본다.

일정한 규준을 충족시키는 윤리를 참된 윤리라고 규정할 때, 그 규준은 **주로 윤리적 성격의** 것일 수밖에 없으므로 엄밀하게 **과학적인** 규준은 아닐 것이다. 거워스는 기독교 윤리, 민주주의 윤리, 그리고 슈바이처의 윤리를 참된 윤리의 대표로 언급하는 한편, 나치의 윤리, 공산주의 윤리 및 알 카포네의 가치관은 참되지 못한 윤리의 예로 암시하고 있으나, 거워스의 규준은 분명히 과학적이기보다는 윤리적이다.5) 거워스와는 다른 규준을 가지고 '참된 윤리'를 정의하는 사람들도 많을 것이다. 그러나 그들의 규준도 모두 과학적이기보다는 윤리적이라는 점에서는 다를 바가 없을 것이다.

윤리적 규준에 의하여 '참된 윤리'로 인정을 받은 윤리사상은, 그 경우에 사용된 '윤리적'의 정의에 의하여, 즉 동의어(同義語) 반복의 논리에 의하여, **윤리성**을 가지게 될 것이다. 그러나 **과학성**을 가지리라고 생각할 이유는 없다. 과학자들에 의하여 참된 과학이라는 인정을 받는 지식의 체계가 과학성을 갖는 이유는 과학자들이 '과학'을 정의할 때 사용한 규준이 **과학적**이기 때문이다. 윤리의 경우에도 '참된 윤리'를 가려내는 과학적 규준이 있다면, "참된 윤리에는 과학성이 있다"는 결론을 얻게 될 것이다. 그러나, 그러한 규준의 존재를 가정하는 것은 선결문제 요구의 오류에 해당한다.

'ethics'를 '윤리학'의 뜻으로 이해한다 해도 문제의 근본은 달라

---

5) *Ibid.*, pp.30-33 참조.

지지 않는다. '참된 윤리학'의 규준은 윤리적이거나 과학적일 것이다. 그것이 과학적일 경우에 비로소 '참된 윤리학'은 과학성을 보장받을 것이나, 참된 윤리학을 가려낼 과학적 규준이 존재한다고 가정하는 것은 역시 선결문제 요구의 오류에 해당한다.

2.

써얼(J. R. Searle)은 그의 논문 "Is에서 Ought를 끌어내는 길" (How to Derive 'Ought' from 'Is')에서, 사실판단을 전제로 삼고 가치판단을 결론으로 이끌어낼 수 있는 경우가 있다고 주장함으로써, 'Is'와 'Ought' 사이에 타넘을 수 없는 논리적 장벽이 존재한다는 종래의 견해를 꺾으려고 하였다.6) 그는 자기의 주장을 세우기 위해 우선 다음과 같은 일련의 명제들을 제시하였다.7)

(1) 존스(Jones)는 스미스(Smith)에게, "나는 돈 5달러를 너에게 줄 것을 이에 약속한다"고 말했다.

(2) 존스는 스미스에게 돈 5달러를 줄 것을 약속했다.

(3) 존스는 스미스에게 5달러를 지불할 의무(obligation)를 져야 할 처지에 놓였다.

(4) 존스는 스미스에게 5달러를 지불할 의무가 있다.

(5) 존스는 스미스에게 5달러를 지불해야 한다(ought to pay).

---

6) 써얼의 이 논문이 처음 발표된 것은 *The Philosophical Review*, 73(1964) 이었다. 필자가 이용한 것은 K. Pahel, M. Schiller(eds.), *Readings in Contemporary Ethical Theory*(1970)에 수록된 것으로, 이 논문에 인용할 경우의 페이지는 단행본을 따르기로 한다.

7) K. Pahel & M. Schiller(eds.), *Readings in Contemporary Ethical Theory*, p.157.

써얼의 해설을 따르면, 위에 차례로 적은 다섯 개의 명제들은 엄밀한 의미의 추론을 통해서 하나씩 다음 것이 생겨난 것은 비록 아니나, 앞의 것과 다음 것 사이에 밀접한 관계가 있음은 명백한 사실이며, 필요한 곳에 몇 개의 보조적 명제만을 첨가한다면, 엄밀하게 논리적인 추리의 연쇄로 바꾸어 놓을 수 있다. 그런데, (1)은 분명히 하나의 사실판단이며, 그리고 곳에 따라 첨가되어야 할 보조적 명제란 "약속의 발언을 한 것은 협박이나 꾐에 빠진 상황에서가 아니라, 정상적 상황에서였다" 또는 "스미스에게 5달러를 주는 것이 어떤 큰 불행을 초래할 염려는 없다" 하는 따위의 사실판단적 성격의 것이다. 그런데 (5)는 의심할 여지없는 가치판단이다. 그러므로, 적어도 위에서 든 사례의 경우에 있어서는, 사실판단을 전제로 삼고 가치판단이 추리될 수 있다는 것이 밝혀졌다고 써얼은 주장한다.8)

그러나, 헤어의 비판이 명백하게 지적한 바와 같이, 써얼의 입론에는 중대한 맹점이 숨겨져 있는 것으로 보인다.9) 즉, 써얼이 (1)에서 출발하여 차례로 움직인 끝에 (5)에까지 도달할 수 있었던 것은 "약속은 지켜야 한다"는 통념의 힘을 빌었기 때문이며, 만약 '약속'이라는 관례(慣例) 또는 제도(institution)를 전적으로 무시하는 견지에 선다면, 써얼이 얻은 바와 같은 결론에는 이르지 못했을 것이다. 이 점은 헤어가 지적했듯이, (2)에서 (3)으로 넘어가는 과정을 주의깊게 분석하면 곧 명백해질 것이다.10) 어떤 약

---

8) *Ibid.*, pp.157-161.

9) R. M. Hare, "The Promising Game". 이 논문은 *Revue Internationale de Philosophie*, No. 70(1964), pp.398-412에 발표되었다. 필자는 P. Foot (ed.), *Theories of Ethics*, Oxford, 1967에 수록된 것을 이용하였다.

속을 했다는 사실이 약속 이행의 의무를 져야 할 처지에 놓이게 하는 것은, "약속을 했다"는 사실 때문만이 아니며, "약속은 지켜야 한다"는 통념 또는 관례가 배경에서 작용했기 때문이다. 그리고 "약속은 지켜야 한다"는 원칙을 절대성을 가진 선천적 도덕원리로 보지 않고 통념 또는 관례로서 이해함이 타당하다는 것은, 약속을 한 상황이 비정상적이거나 약속의 내용이 부당할 경우에는 그것을 지킬 의무가 없다고 보는 견해가 우세하다는 사실에 의해서도 뒷받침된다.

써얼은 헤어의 비판에 굴하지 않고, "헤어의 반대는 일정한 상황과 일정한 의도 아래서 '나는 이에 약속한다'는 따위의 발언을 했을 때, 이 발언이 발언자에게 어떤 의무를 지운다는 것은 그 발언의 의미의 일부가 될 수 없다는 전제에 오로지 의존하고 있다"고 주장하면서, 자기의 견해를 변호하였다.11) 그러나, "이에 약속한다"는 발언이 "약속 이행의 의무를 지운다"는 의미를 가지는 것도 "약속은 지켜야 한다"는 통념이 지배하는 사회 안에서이며, 그러한 통념 아래서는 "이에 약속한다"는 발언은 결코 단순한 사실판단으로 볼 수 없다는 것은 써얼 자신도 잘 아는 사실이다. 하여간, 써얼의 반격이 헤어의 비판을 막아내는 데 성공했다고는 보이지 않으며, 따라서 "Is에서 Ought를 이끌어낼 수 없다"는 종래의 주장을 크게 파괴하지도 못했다고 판단된다. 다만, 어떤 제도적 사실(institutional fact)이, 그 제도가 지배하는 사회 안에서, 규범적 원리를 위한 기초로서의 구실을 한다는 사실을 명백히 밝힌

10) P. Foot(ed.), *Theories of Ethics*, pp.116f 참조.

11) J. R. Searle, "Reply to 'The Promising Game'", in Pahel & Schiller (eds.), *Readings in Contemporary Ethical Theory*, London, 1970, p.180.

점에 있어서, 써얼의 공적은 인정되어야 할 것이다.

3.

헤어는 1952년에 출판한 『도덕의 언어』(*Language of Morals*) 가운데서, 도덕의 원리란 인간의 주체적 결단 또는 선택에 의하여 생기는 것임을 강조하여 그것이 밖으로부터 주어지는 선천적(先天的) 소여(所與)가 아님을 밝혔다. 그러나, 그는 도덕원리를 위한 결단이 아무렇게나 내려지는 것이 아니라 어떤 이성적 근거를 따라서 내려지는 것임을 인정하여, 윤리적 사유 속에 깃든 지성적 요소를 부각시키려 하였다. 그는 윤리학이 자연과학과 같은 성질의 학문이 될 수 있다는 생각에 대해서는 회의적이었으나, "일부의 철학자들이 이성적 활동으로서의 윤리학을 단념하게 된 것은 … 시기상조"라고 판단하였다.12) 그러나, 헤어는 도덕판단의 기준을 마련하게 되는 그 '결단'을 정당화하는 문제에 대해서는 암시적인 고찰을 하는 단계에서 머물렀고, 더 본격적인 연구는 다음 날의 과제로 남겨졌다.13) 1963년에 발간된 헤어의 『자유와 이성』 (*Freedom and Reason*)은 저 남겨진 과제에 대한 종합적 연구 보고라고 여겨지는데, 자기의 학설을 '보편론'(universalism)이라고 부른 이 저서에서, 그는 도덕적 원리의 이성적 근거를 밝히는 작업에 있어 어느 정도까지 성공했다고 볼 수 있을 것인가?

헤어는 『자유와 이성』 제 2 장에서 모든 도덕적 당위판단(ought judgement)의 의미에는 보편성(universalizability)과 규제성(pres-

---

12) R. M. Hare, *Language of Morals*, Oxford, 1952, p.45, 58 참조.

13) 헤어의 *Language of Morals*의 내용과 그에 대한 비판은 졸저, 『윤리학』 (박영사)에서 상세히 다룬 바 있다.

criptivity)이 아울러 들어 있다는 것을 누누이 강조하고 있다.[14) 보편성이 있다 함은 보편적 타당성을 시실싱 언제나 가시고 있다는 뜻은 아니며, 그 판단이 예외 없이 적용되어야 할 보편적 명제임을 **주장하는 의미**가 있다는 뜻이다. 그리고 규제성을 가지고 있다 함은, 단순한 서술에 그치는 것이 아니라, 어떤 **행동**을 요구하는 명령의 의미를 가졌다는 뜻이다. 예컨대, "빌린 돈은 갚아야 한다"는 발언이 도덕적 판단으로서 주어질 경우, 이 발언에는, 사정에 근본적인 차이가 없는 한, "**누구를 막론하고** 빌린 돈은 갚아야 한다"는 뜻이 있으며, 그리고 또 빚을 갚는 행동을 촉구하는 실천적 의미를 가지고 있다.

헤어에 따르면, 보편성과 규제성은 도덕판단이 갖는 논리적 제약이다. 다시 말하면, 어떤 도덕판단이 타당성을 갖기 위해서는 그 판단 속에 포함된 규범적 명령을 보편적 원리로서 받아들일 수 있어야 한다. 예컨대, "돈을 빌려쓰고 갚지 않은 사람은 감옥에 잡아넣어야 한다"는 주장이 도덕적 판단으로서 타당성을 가질 수 있으려면, 이 주장 속에 포함된 "돈을 빌려쓰고 갚지 않은 사람은 감옥에 잡아넣어라" 하는 명령을 **보편적** 행위의 규범으로서 받아들일 수 있어야 한다. 그러나, 보편성과 규제성은 도덕적 발언이 충족시켜야 할 형식적 제약에 불과한 까닭에, 이 두 가지의 논리적 제약만을 전제로 삼고 어떤 도덕판단을 이끌어낼 수는 없다. 다만, 이 논리적 제약을 무시하고 도덕적 발언을 할 수 없다는 것을 밝혀주는 점에서 저 보편성과 규제성을 강조하는 의의가 있으며, 나아가서는 이 논리적 제약이 도덕적 사고에 이성적 기초

---

14) R. M. Hare, *Freedom and Reason*, Oxford, 1963, pp.7-29.

를 제공한다고 보는 점에 더 근본적인 관심이 연결되고 있다.

도덕판단의 의미 속에 포함된 논리적 제약(보편성과 규제성) 이외에 도덕적 사유를 제약하는 요인이 또 세 가지 있다고 헤어는 주장한다. 관련된 사실에 관한 인식, 역지사지(易地思之)하는 상상력, 그리고 인간이 갖는 성향(inclination) 또는 소망(interest)이 그것이다.15) 가령, 나에 대하여 1백만 원의 채무를 가졌다고 생각되는 A를 고발하여 강제적 법의 집행을 써서 돈을 받아낼 것인가 말 것인가를 망설이고 있다고 가정하자. 이때 내가 내리는 도덕적 결론이 타당성을 갖기 위해서는, 첫째로 내 결론의 바탕이 된 관련 있는 사실판단이 정확해야 한다. A가 나에게 정말 채무를 지고 있는가? 그가 돈을 숨기고도 맘씨가 글러서 안 갚는 것인가? 법적 집행을 통하여 받아낼 만한 재산이 과연 그에게 있는가? 등등의 문제에 대해서 정확한 사실을 알고서 내린 결론이 아니면, 타당성을 갖는 결론이 되기 어렵다. 도덕적 결론이 타당성을 갖기 위해서 두 번째로 충족시켜야 하는 필요조건은, 그것이 **보편적 규제성**을 가질 수 있는 논리적 가능성이다. 예컨대, "남의 아내가 된 여자는 아들을 낳아야 한다"는 주장은 **모든** 여자가 **반드시** 이행하기는 어려운 명령을 포함하는 까닭에, 타당한 도덕판단이 될 수 없다. 이에 비하여, "빚을 지고도 갚지 않는 자는 감옥에 넣어야 한다"는 주장은 이를 모든 사람에게 적용한다는 것이 과학적으로 불가능하지는 않다. 그러므로, 형식적 논리의 고찰만으로 이 주장이 보편적 규제성을 가질 수 없다고 단정할 수는 없다.

그러나, 보편적 규제성을 갖는 것이 논리적으로 가능하다는 것

---

15) *Ibid.*, pp.91-94 참조.

만으로 주어진 도덕판단이 타당성을 가질 수는 없다고 헤어는 지적한다. 그 판단을 **보편적 실천의 원리로서 우리가 받아들이기를 원하지 않는 한**, 그것은 타당한 도덕판단이 될 수 없다. 가령, 내가 남에게 빚을 졌을 때 그것으로 인하여 감옥살이를 해야 한다는 규범을 도저히 받아들일 수 없다면, "빚을 지고도 갚지 않는 자는 감옥에 넣어야 한다"는 원리가 타당한 도덕판단이 될 수는 없다. 여기, 도덕판단을 결정하는 또 하나의 요인으로서 인간의 성향 또는 소망을 추가해야 했던 것이다.

끝으로 '역지사지하는 상상력'을 필요한 요인으로서 하나 더 추가한 것은 우리들의 성향 또는 소망이 작용함에 있어서, 경험의 부족에서 오는 편벽됨의 오류를 막는 데 그것이 필요하다고 보았기 때문이다. 예컨대, 남에게 빚을 져본 일이 없거나 감옥살이를 해본 경험이 없는 사람이 어떤 결정을 보편적 도덕의 원리로서 받아들일 수 있느냐 없느냐를 판단할 때, 빚지고 감옥살이를 한다는 것이 어떤 것인지를 모르는 무지(無知)로 말미암은 경솔한 판단에 도달한다면, 그러한 판단의 보편타당성을 인정하기 어렵다고 보았던 것이다.

헤어의 견지에서 볼 때, 선천적으로 미리 주어진 도덕의 원리는 존재하지 않는다. 실천적 문제에 부딪쳐 고민하는 사람이 취할 수 있는 최선의 길은, 우선 관련된 사실들을 정확한 지식으로 파악하고, 다음에 모든 상상력을 동원하여 역지사지한 끝에, 같은 사정 아래서 같은 문제에 당면한 모든 사람들이 그렇게 행동해도 좋다는 것을 인간으로서의 마음의 바탕에서 긍정할 수 있는 처방을 따라서 행동하는 일이다. 이와 같이 신중한 고려를 통하여 내려진 처방이 만인의 동의를 얻을 수 있다면, 헤어의 견지에서 볼 때,

그것은 곧 보편적 도덕원리로서의 타당성을 갖는 처방이기도 하다. 여기서 우리에게 근본적인 문제가 되는 것은, 그와 같은 신중한 고려를 통해서 내려진 판단이 과연 만인의 동의를 얻을 수 있을 것이냐 아니냐 하는 그것이다.

헤어에 따르면, 도덕적 문제에 대하여 사람들이 내리는 판단에는 사실상 많은 대립과 차이가 있기는 하나, 그러한 대립과 차이의 근원은 거의 모두 제거할 수가 있다. 도덕판단의 대립을 초래하는 첫째 요인으로서 도덕적 언어의 의미를 사람들이 서로 다른 뜻으로 이해하여 사용할 경우를 생각할 수 있으나, 이러한 경우의 대립 내지 불일치는 언어상의 불일치에 불과하며, 엄밀한 의미의 도덕적 불일치는 아니다. 뿐만 아니라, 도덕적 당위를 나타내는 '해야 한다'(ought)는 말에 보편성과 규칙성(規則性)의 뜻을 담지 않고 이 말을 사용하는 사람들은 사실상 별로 없으므로, 이 첫째 요인에 유래하는 불일치는 크게 문제될 것이 없다.16) 둘째로, 관련된 사실들에 대한 인식이 서로 다름으로 인해서 도덕판단이 대립할 수도 있으나, 우리가 충분한 인내력만 발휘한다면, 사실에 대한 정확한 인식에 도달한다는 것은 원칙적으로 가능한 일이다.17) 셋째로, 역지사지하는 상상력의 부족에서 오는 도덕판단의 대립은 상상력의 개발을 통해서 점차로 줄일 수가 있다.18) 넷째로, 사람들이 갖는 성향에서 오는 도덕적 판단의 불일치를 생각할 수 있으나, "대부분의 인생의 중대문제에 대한 사람들의 성향은

---

16) *Ibid.*, pp.95f 참조.

17) *Ibid.*, p.97.

18) *Ibid.*, pp.97-98.

(예컨대, 굶어죽기를 원하거나 자동차에 치기를 바라는 사람은 거의 없듯이) 대체로 같다고 볼 수 있으므로" 이 문제도 그리 심각한 것은 아니다.[19] 이상과 같이 주장하여, 헤어는 만인이 동의할 수 있는 도덕판단의 가능성을 시사하는 동시에, 보편적 타당성을 갖는 도덕체계를 위한 기초를 닦으려 하였다.

도덕판단의 불일치를 초래하는 근원으로서 헤어가 지적한 네 가지 요인 가운데서, 다른 세 가지는 근본적으로 크게 문제되지는 않을 것 같으나, 사람들의 성향의 차이만은 끝까지 어려운 문제로 남을 것 같다. 인생의 가장 기본적인 문제에 대한 사람들의 성향 또는 소망이 대체로 일치하는 것은 사실이라 할지라도, 세상에는 궁극적 소망 또는 이상을 다르게 가진 사람들도 있어서, 주어진 상황에 대한 도덕판단이 끝까지 대립할 가능성이 완전히 제거될 수 있다고 보기는 어렵다. 이 점은 헤어 자신도 물론 잘 알고 있는 사실이며, 그가 『자유와 이성』 제8장 이하에서 거듭 다루고 있는 '광신자'(fanatic)의 논의는 바로 이 문제에 대한 고찰이었다. 다만, 헤어는 그의 이른바 '광신자'의 수가 매우 적다고 믿었으며,[20] 또 우리가 사리(事理)를 밝혀 이성(理性)에 호소하고, 타인의 존재와 추리(推利)를 상기시켜 상상력에 호소하는 지구전(持久戰)을 끈기 있게 펴기만 한다면, "극소수의 핵심적 광신자를 제외한 모든 사람들을 설득함에" 성공할 수 있다고 낙관하였던 까닭에,[21] 이 '광신자'의 존재가 도덕적 원리의 수립을 근본적으로 위

---

19) *Ibid.*, p.97.
20) *Ibid.*, pp.171-172 참조.
21) *Ibid.*, pp.180-181 참조.

협하지는 않는다는 결론에로 가져갔을 따름이었다.

요컨대 헤어가 『자유와 이성』에서 새로이 발전시킨 것은, 대립된 도덕판단을 화해시킬 수 있는 **현실적 가능성**에 관한 이론이며, 도덕판단 또는 도덕원리의 절대적 타당성을 증명할 수 없다고 본 그의 **논리적 견해**는 『도덕의 언어』에서 표명한 바로부터 한걸음도 움직이지 않고 있는 것이다.

4.

다음은 존 롤즈의 "윤리학을 위한 결정절차의 개요"에 나타난 견해를 일별하기로 한다.22) 롤즈는 이 논문에서 "대립하는 이해관계를 해결하는 판단을 내리는 방법을 결정하기에 충분한 합리적 결정절차가 존재하는가? … 그리고 또, 그러한 결정절차의 존재와 그 합리적 당위성을 입증할 수 있는 논리적 탐구의 방법이 있는가?" 하는 물음을 제기하고, 이 물음에 대하여 긍정적 해답을 내릴 것을 꾀하고 있다.23) 이 야심적 시도를 위해서 그가 취한 순서는, 우선 도덕판단의 기준이 될 기본원리를 찾아내는 방법을 제시하고, 다음에 그러한 방법으로 발견한 원리들의 합리적 당위성을 밝히는 그것이다.

롤즈에 따르면, 윤리학은 귀납적 논리를 구사하는 과학적 연구와 근본이 같은 것으로 볼 수가 있다.24) 여러 가지 자연현상 바탕

---

22) John Rawls, "Outline of Decision Procedure for Ethics", *Philosophical Review*, 66(1957), pp.177-197. 필자가 이용한 것은 Thomson & Dworkin (eds.), *Ethics*에 재수록된 것이며, 이 논문에 사용한 인용도 이 책의 페이지수를 따르기로 한다.

23) Thomson & Dworkin(eds.), *Ethics*, New York, 1968, p.48.

에 깔린 공통된 원리를 귀납적으로 찾아내어 자연법칙을 결정할 수 있듯이, 여러 가지 경우에 여러 가지로 내려지는 도덕판단들의 바탕에 깔린 기본원리를 찾아냄으로써 보편적 도덕법칙을 확립할 수 있으리라는 가정에서 그는 출발하고 있다. 그러나 세상의 모든 사람들이 내리는 모든 도덕판단이 타당한 도덕법칙을 위한 정당한 소재가 될 수 있다고 보기는 어려웠던 까닭에, 롤즈는 어떤 제한된 조건을 갖춘 도덕판단들만이 그 소재로서의 자격을 인정받을 수 있다고 생각하였다.

　롤즈에 따르면, 첫째로 '유능한 판단자'(competent judges)의 도덕판단만이 도덕원리의 발견을 위한 소재로서의 자격을 갖는다. '유능한 판단자'라 함은 어느 정도의 지능과 지식을 가진 사람으로서, 공정하고 합리적인 사고를 할 뿐 아니라, 입장을 바꾸어 남의 처지를 생각할 수 있는 공감적 지식(sympathetic knowledge)을 갖춘 인사(人士)를 가리킨다.[25] '유능한 판단자'의 도덕판단이라 할지라도 그 모두가 도덕원리 발견을 위한 소재가 되는 것은 아니다. 오직 '심사숙고한 판단'(considered judgments)만이 그 자격을 인정받을 수 있다. '심사숙고한 판단'이라 함은, 자기와의 이해관계를 떠나서 공정하게 내려진 판단임은 물론이고, 관련된 여러 가지 사실들에 대한 정확한 예비지식을 가지고 깊이 생각한 끝에, 확신을 가지고 일관성 있게 내려진 도덕판단을 말한다.[26] 요컨대, '유능한 판단자들의 심사숙고한 도덕판단'들만이 도덕원

---

24) *Ibid.*, p.49.

25) *Ibid.*, pp.49-51 참조.

26) *Ibid.*, pp.53-55 참조.

리의 귀납적 발견을 위한 적당한 소재가 된다는 것이다.

우리가 일상적 상황 속에서 흔히 부딪치는 문제들에 (예컨대 사회정의의 문제와 같은) 대해서 유능한 판단자들이 내린 심사숙고한 도덕판단을 많이 모아놓고 잘 분석을 해보면, 같은 계열의 문제에 대해서 내려진 여러 가지 도덕판단들을 공통되게 떠받들고 있는 어떤 원리가 있음을 발견할 것이다. 이러한 원리는 곧 저들 도덕판단에 있어서 기준의 구실을 한 것이며, 그것은 합리적 도덕판단에 (만약 그런 것이 있다면) 매우 가까울 것이라고 롤즈는 주장한다.[27]

상술한 바와 같은 귀납적 방법으로 얻은 원리가 도덕적 원리로서의 타당성을 갖는다고 롤즈가 내세우는 이유는 대략 다음과 같다. ① 그와 같은 원리는 유능한 판단자들의 심사숙고한 판단들을 종합적으로 설명해 줄 수 있는 능력을 가졌다. ② 그와 같은 원리들은 유능한 판단자들이 충분한 비판과 검토 끝에, 타당한 도덕원리로서 받아들일 것이다. ③ 그와 같은 원리들은 우리가 현실적으로 당면하는 어려운 문제들을, 유능한 판단자들의 안목으로 볼 때, 만족할 수 있도록 해결해 주는 실천의 원리로서의 구실을 할 것이다. ④ 그러한 원리들은, 유능한 판단자들이 간혹 어떤 착각이나 감정으로 말미암아 그릇된 도덕판단을 내렸을 때, 그것을 고치도록 하는 구실을 할 수 있을 것이다.[28]

이상 그 대강을 소개한 롤즈의 견해가 별로 만족스러운 것이 못된다는 것은, 약간이라도 비판적 안목을 가진 사람에게는 곧 명

---

27) *Ibid.*, pp.55-58 참조.

28) *Ibid.*, pp.59-62 참조.

백할 것이다. 특히, 그가 고안한 방법으로 발견한 원리의 합리적 당위성을 밝히기 위해서 그가 제시한 이유득은 매우 허슬하다 아니할 수 없다. 롤즈의 입론은 '유능한 판단자들의 심사숙고한 도덕판단'의 우월성을 전제로 삼고 출발하였으며, '유능한 판단자' 및 '심사숙고한 판단'의 정의 내지 기준을 정함에 있어서 롤즈를 포함한 민주주의적 지성인들의 **주관 섞인** 식견을 반영시켰다. 다시 말하면, 롤즈의 입론의 출발점이 된 전제는 오직 전제되었을 뿐 증명을 거친 것은 아니며, 그 전제를 **자명**(自明)**하다**고 단정하기에는 그 내용이 지나치게 복잡하다.

우리가 고찰 중인 롤즈의 논문을 하나의 **규범윤리적** 연구로서 본다면, 그의 견해는 강한 설득력을 가진 훌륭한 학설로서 평가되어야 할 것이다. 그러나, 보편타당성을 갖는 절대적 도덕원리의 존재가능성 및 그 합리성을 밝히기 위한 **분석적** 연구로서는, 그의 논문을 크게 성공적이라고 보기 어렵다. 다시 말해서, 롤즈의 논문도 규범윤리학에 대한 학적(學的) 회의(懷疑)를 극복할 수 있는 논리적 탐구로 볼 때는, 크게 새로운 것을 제시하기에 성공했다고 보기 어렵다.

2. 윤리적 근본원리의 본질

1.

지금까지 우리는 거위스, 써얼, 헤어 및 롤즈 네 사람의 견해를 대략 살펴보는 가운데 그들 아무도 규범윤리학의 원리를 완벽한 논리의 증명으로써 확립하기까지에는 이르지 못했음을 보았다.

물론, 이상의 네 사람의 연구가 윤리학적 회의론을 극복하고자 하는 현대 윤리학자들의 성과를 완전히 대표한다고는 볼 수 없으며, 이 네 사람들에 대한 비판적 고찰만으로 어떤 최종적 결론을 시도한다면, 그것은 성급한 경솔을 범하는 잘못이 되기 쉽다. 그러나 필자가 보기에는, 위에서 본보기로 고찰한 네 학자의 학설을 비롯한 여러 학자들의 연구가 논쟁의 여지없는 윤리적 평가의 원리를 확립함에 만족스러운 성공을 거두지 못한 것은, 그들 학자들의 역량이 부족하기 때문이기보다도, 윤리적 원리 그 자체의 본질에서 유래하는 것 같다. 이제 필자는 윤리판단의 근본원리가 갖는 성격을 간추리고, 나아가서 그러한 성격 속에 담겨 있는 현실적 내지 실천적 함의(含意)에 대해 언급하고자 한다. 그러나 여기서 주목할 만한 새로운 이론이 전개되리라고 기대하는 것은 아니며, 이미 저명한 (특히 헤어와 같은) 학자들에 의하여 암시되었고 필자 자신에 의해서도 단편적으로 언급한 바 있는 주장을 이 기회에 다시 정리해 두고자 함에 그친다. 각별히 새로운 것이 아님을 자인하면서 굳이 이러한 고찰을 전개하고자 하는 것은, 첫째로 내 자신의 생각을 좀더 질서 있게 정리해 두기를 바라기 때문이며, 둘째로 우리나라 학계에 있어서 이 문제가 아직도 엉뚱한 기초 위에서 논란되는 경우를 가끔 보기 때문이다.

필자는 듀이(Dewey)를 따라, 평가작용(valuation)이 가치형성의 근본이라는 것을 믿는다. 그리고, 우리들의 평가작용을 결정하는 것은 지성, 욕구, 감정을 포함한 인간성의 여러 요인이라는 것을 믿는다. 이것은 인간성이 가치의 근원임을 인정하는 것이니, 가치의 독자적 실재성(實在性)을 부인한다는 뜻에서, 일종의 주관설(主觀說)임을 자인해야 할 것이다. 그러나 가치의 독자적 실재성을 부인함이 곧 가치의 무가치(無價值)를 주장함이라고 오해되거나 허무주의로의 귀착(歸着)을 불가피하게 만드는 블렌힌 사상이라고 속단해서는 안 된다. 비록 인간의 주체적 의식이 가치형성의 근원임을 인정한다 하더라도, 가치의 귀중성은 다치지 않을 수 있으며, 도덕적 가치의 권위도 지장 없이 유지될 수 있다. 문제의 근본은 평가의 심리를 어떻게 이해하느냐에 달려 있으며, 윤리적 회의론이 극복될 수 있는 한계를 결정하는 관건도 여기에 달려 있는 것으로 보인다.

만약 이 세상에 '평가'(valuation)라는 것이 없었다면 가치도 없었을 것이다. 만약 인간이 평가작용을 떠나서 살 수 있는 자유를 가졌다면, 가치는 인간에 있어서 우연적 존재에 불과할 것이며, 가치가 인간 생활을 규제할 어떠한 필연성도 없다는 결론을 피할 수 없을 것이다. 그러나, 인간은 누구도 평가를 기피하거나 중지할 수 없다는 현실적 제약 아래 살고 있으며, 이 현실적 제약이 절대적이라는 뜻에서 가치는 인간에 대해서 **일종의** 절대성을 갖는다. 다만 그것은 어떤 **주어진** 가치원리가 만인에 대해서 절대적 구속력을 가졌다는 뜻의 절대성을 말하는 것이 아니며, 아무도 **모**든 가치원리를 거부할 수 없다는 뜻의 절대성을 말하는 것이다.

인간은 본래 평가하는 동물이며 평가는 가치형성의 충분한 조건인 까닭에 우리들은 필연적으로 가치의 세계 속에 살게 마련이다. 만약 모든 사람들의 평가가 일치한다면, 즉 모든 사람들의 평가기준이 동일하다면, 전체 인류는 동일한 가치체계 속에 사는 결과가 될 것이다. 그러나 일상생활에 있어서 사람들이 내리는 평가는 사실상 서로 어긋나는 경우가 많다. 평가의 불일치는 가치체계의 혼란을 가져오며, 가치체계의 혼란은 사회생활의 원활을 크게 저해한다. 이에 우리는 평가의 불일치를 극복할 수 있는 길을 염원하게 되거니와, 이 염원을 학문적 토대 위에서 풀고자 한 많은 학자들이 다음과 같은 가설을 세워보았다. 즉, 사람들의 평가에 불일치가 생기는 것은 그릇된 평가 때문이며, 만약 모든 사람들이 올바른 평가를 내리게 된다면 평가의 불일치는 스스로 소멸될 것이라는 가설이다. 이 가설은 올바른 평가를 위한 하나의 절대적 기준이 존재한다는 가정에서 출발한 것이며, 이 하나의 절대적 기준을 확립하고자 하는 많은 학설들이 제창되었다. 이 논문 1절에서 우리가 살펴본 학설들도 윤리적 평가의 객관적 기준을 확립하고자 하는 문제와 깊이 관련된 논구(論究)들이었는데, 필자가 아는 범위 안에서, 평가를 위한 하나의 절대적 기준이 존재한다는 것을 성공적으로 밝힌 연구는 아직 없는 것으로 믿는다.

여기서 우리는 평가의 불일치를 극복할 차선의 길을 모색하게 되며, 이 차선의 길의 모색은 다음과 같은 물음을 출발점으로 삼는다. "비록 객관적으로 미리 주어진 하나의 절대적 평가기준은 없다 하더라도, 하나의 보편적 기준을 인간이 **주체적(主體的)으로** 확립함으로써 평가의 불일치를 극복할 수는 없을까?" 이 물음은 이미 스티븐슨(C. L. Stevenson)이 그의 '설득정의'(說得定義, persuasive definition)의 개념을 통하여 제기한 문제이며, 헤어가 추구한 길의 바탕을 이룬 물음이기도 하다. 이제 이 고전적인 물음을 우리 자신의 언어로써 처리해야 할 단계에 이른 우리는, 우선 평가작용의 심리를 원초적 관점에서 살펴보는 일에서부터 다시 출발하기로 한다.

2.

인간은 살아 있는 동안 갖가지 욕망을 갖게 마련이며, 욕망의 대상이 되는 것은 무엇이든 일단 값진 것으로서 받아들인다. 이러한 관점에서 볼 때, 모든 욕망의 모든 대상에는 가치가 있다고 인정한 페리(R. B. Perry)의 주장에 일차적인 긍정을 해야 할 것이다. 그러나, 이때 페리가 말하는 '값지다'(valuable)의 뜻은 매우 원초적인 것이며, '도덕적으로 선(善)하다'와는 명확하게 구별되어야 한다.

'도덕적으로 선하다'는 말은 본래 인간의 의지(意志) 또는 심정(心情)에 대해서 적용되는 가치언어였다. 그러나, 이 말의 적용범위는 점차로 늘어나게 되어, 지금은 어떤 의지 또는 심정의 발현으로서의 행위(行爲)에도 '도덕적으로 선하다'는 말을 쓰고, 또 그러한 의지나 심정의 주체로서의 인격(人格) 내지 품성(品性)에 대해서도 같은 말을 적용한다. 뿐만 아니라, 3차적으로는, 그러한 의지 또는 심정을 발휘한 행위에 의해서 이룩된 어떤 결과 내지 사태에 대해서까지도 이 말을 적용하기에 이르렀다. 우리가 '도덕적으로 정당한 사회' 또는 '부도덕한 사회제도' 따위의 말을 쓸 수 있는 것은 그 때문이다.

우리가 어떤 행위나 인격에 대해서 '도덕적으로 선하다' 또는 '선하다'는 평가를 내리게 된 것도 따지고 보면 인간의 욕망에 '근원을 두었다. 우리들의 욕망은 대개의 경우 자기 또는 타인의 행위의 힘을 입고 충족되거니와, 욕망의 충족을 위해서 도움이 되는 행위를 '좋다'고 시인하며 방해가 되는 행위를 '나쁘다'고 비난하는 자연적 심리가 바탕이 되어, 행위 또는 행위자를 도덕적으로 평가하는 현상이 생긴 것으로 보이는 것이다. 물론 행위 또는 행위자(인격)에 대한 모든 평가를 '도덕적 평가'라고 볼 수는 없으며, 그 가운데서 어떤 특색을 갖춘 것만을 우리는 도덕적 평가 또는 도덕판단이라고 부르는 것이기는 하나, 우리가 말하는 도덕적 평가도 그 근원을 따지고 보면, 결국은 인간의 기본적 욕망에로 연결되고 있음을 발견하는 것이다.

욕망과 욕망은 흔히 충돌한다. 욕망의 충돌은 해결되어야 하며, 충돌을 해결하는 길은 대립하는 욕망 중의 어느 한편을 완전히 희생시키는 방향으로 추구될 수도 있고, 절충 또는 종합의 원칙을 따라서 쌍방의 욕망을 아울러 충족시키는 방향으로 추구될 수도 있다. 충돌의 해결을 가능케 할 몇 가지 방안 가운데서 어느 것은 더 바람직하다는 평가를 받는 반면에, 다른 어느 것은 그리 바람직하지 못하다는 평가를 받는다. 그러한 평가가 거듭되는 사이에 가장 바람직한 방안으로서, 사회의 공인을 받기에 이르는 방안이 생기게 되며, 이와 같은 공인을 얻은 방안이 오랜 시일에 걸쳐서 그 권위를 유지할 때, 그 방안은 우리가 흔히 말하는 도덕률 또는 도덕의 원리로서의 구실을 하게 된다.

욕망 충돌의 해결을 위한 여러 방안 가운데서, 실제로 어떠한 것이 '가장 바람직한 방안'으로서의 공인을 얻게 되느냐 하는 것은, 그 사회의 권력구조, 시대적 요청, 사람들의 가치의식 등에 의해서 결정되는데, 일정한 방안을 도덕률 또는 도덕원리로 추대하는 사람들은, 그 방안이 '모든 사람들을 위한 것'이라는 신념을 갖는 것이 보통이다. 즉, 실제에 있어서는 일부의 특수층을 위해서만 유리한 이기적 방안에 불과하더라도, 그것을 도덕률로 추대하는 사람들은 그것이 모든 사람들을 위한 규범, 즉 '보편타당성을 갖는 법칙'이라고 믿는다. 바꾸어 말하면, '모든 사람들을 위한 규범'이라는 신념의 뒷받침이 없이, 한갓 이기적(利己的) 동기(動機)에서 어떤 방안의 실천을 주장할 때, 그 방안은 도덕률 또는 도덕원리로서 주장되는 것은 아니다. 따라서, 자기 또는 그밖의 어떤 특정한 사람들을 유리하게 하고자 하는 편파적인 의도에서 내려지는 실천판단은 도덕판단이 아니다. 이때, 판단자가 고의적으로 편파적인 의도를 가졌을 경우와, 판단자 본인은 공정무사(公正無私)한 견지에서 판단한다고 믿고 있으나 **실제로는** 무의식적 편파심(偏頗心)의 작용을 받고 판단이 내려질 경우와를 구별해야 할 것이다. 후자의 경우도 판단자 자신으로 볼 때는 도덕판단을 내리고 있음에 틀림이 없다. 그러나, 그것이 진정한 도덕판단으로서 타당성을 가질 수는 없다. 한편 전자의 경우는 '도덕판단'으로서의 자격에는 추호의 결함도 없으나, 그 객관적 타당성 여부의 문제는 별도로 고찰해야 할 것이다. 사심(私心)이 완전히 배제된 도덕판단이라 할지라도, 사실에 대한 지식의 부정확 등으로 인해서, 객관적 타당성을 잃을 수가 있기 때문이다.

도덕률은 '모든 사람들을 위한 규범' 또는 '보편타당성을 가진 법칙'으로서 **주장되는** 것이라고 하였다. 그러나, 이 말은 "도덕률의 존재를 긍정하는 사람은 **시간과 공간의 제약을 초월하여** 보편적으로 타당한 **절대적** 도덕률의 존재를 전제한다"는 뜻을 포함하는 것으로 해석되지 말아야 한다. 어떤 행위의 방안을 도덕률 또는 도덕원리로서 주장하는 사람은 그 방안의 보편타당성을 인정하고 있음은 사실이다. 그러나, 여기서 말하는 '보편타당성'이라 함은 "같은 사정 하의 모든 경우에 적용된다"는 뜻이며, 사정이 바뀌면 다른 방안을 따르는 것이 나을지도 모른다는 것을 인정하는 신축성을 가진 개념이다. 그리고 시대의 변천 또는 지역의 차이를 따라서 '사정'(事情)에도 본질적 차이가 생길 수 있다는 것은 우리의 상식이므로, 여기서 말하는 '보편타당성'이 시간 또는 공간의 현실적 제약의 가능성을 배제하는 것이 아님은 명백하다.

3.

도덕판단은 욕망의 대립 내지 갈등을 바탕으로 삼고 수시로 일어나는데, "어떻게 해야 옳을 것인가?"라는 물음에 대해서 내려지는 판단이다. 그리고 그것은 판단자가 당면한 그 문제적 상황에 있어서만 적절한 판단으로서 주어지는 것이 아니라, 문제의 성질이 근본적으로 같은 모든 경우에 있어서 적용되어야 할 보편적 타당성을 가진 판단으로서 주어진다. 그런데, 주어진 도덕적 문제에 대해서 사람들이 내리는 판단은 서로 엇갈리는 경우가 많은 까닭에, 여기 어떠한 도덕판단이 가장 옳은 판단이냐 하는 물음이 윤리학의 기본문제의 하나로 제기되어 왔던 것이다. 그리고 이 물음에 대한 논쟁이 수학이나 물리학에 있어서 정답을 가려내듯이 선명한 해결에 도달하기가 어려웠던 까닭에, 도대체 이 물음이 학문적으로 해결할 수 있는 '진정한 문제'인가 하는 메타 윤리학적 문제가 현대 윤리학에 있어서 큰 비중을 차지하게 된 것이다.

주어진 도덕적 문제에 대해서 서로 다른 판단이 대립했을 경우에, 맞선 판단자들은 각각 자기의 판단이 옳다는 것을 밝히기 위해서 어떤 이유를 제시하게 된다. 이러한 경우에 제시되는 이유들을 우리는 크게 두 부류로 나누어볼 수 있을 것이니, 하나는 사실판단으로 불릴 수 있는 이유들이요, 또 하나는 가치판단의 범주에 속하는 이유들이다. 하나의 예로, 술에 취한 아버지와 산길을 가

124

던 열 살 소년이 동사(凍死) 직전의 아버지를 구하려다 부자(父子)가 함께 참변을 당하게 된 이야기에 대하여, 사람들이 엇갈린 판단으로 맞서는 경우를 생각해 보기로 하자. 이 슬픈 이야기의 주인공 C군의 행동에 대하여 '효도의 귀감'이라고 찬양하는 동시에 상금을 내리고 교과서에까지 싣기로 했다는 보도도 있었으며, 한편 일부에서는 "그것은 전근대적 도덕관념에 입각한 평가에 불과하다"는 견해를 취하면서, 그러한 찬양에 대해서 오히려 비판적 태도를 표명하기도 하였다. 이 경우에 있어서, 만약 견해를 달리하는 두 논객(論客)이 각각 자기의 주장을 관철하고자 한다면, 두 사람은 각자의 결론을 떠받들기 위해서 갖가지 이유를 제시할 것이다. 극구 찬양하는 측에서는, "그 아이의 나이가 열 살밖에 되지 않는다", "아들이 제 점퍼를 벗어서 아버지를 덮어주었다"는 등의 사실을 지적할 것이며, 이에 맞서는 측에서는, "낡은 도덕관념으로 인해서 결국 한 사람 더 죽었다", "어머니를 비롯한 유가족의 슬픔은 아들만 살았더라도 그토록 크지는 않을 것이다" 또는 "술주정뱅이 아버지에 비교할 때, 아들은 몇 배 장래가 촉망되는 어린이였다"는 등의 사실판단으로 맞설 것이다.

양측의 논객들이 끌어댈 수 있는 모든 사실적 이유가 동원되어도 논쟁은 결말을 얻지 못할 수 있으며, 이때 두 사람은 사실판단의 범주를 넘어서는 발언 즉 가치판단에 호소하여 상대편의 논봉(論鋒)을 꺾으려 할 것이다. 예컨대, "인간의 생명은 존엄한 것이니, 부자 중 한 사람의 생명만이라도 살아남는 편이 낫다", "맏아들인 C군은 살아남아서 어머니와 어린 동생들을 보살필 의무가 있었다"는 등의 이유를 들어 C군의 행동이 최상의 것이 아니었음을 주장하면, 반대론자는 "육체적 생명만이 생명은 아니다. 아버지 곁을 차마 떠나지 못해 끝까지 그 자리를 지킨 효성은 육체적 생명보다도 더욱 값진 것이며, 비록 몸은 죽었어도 영원히 살아남을 C군의 정신이 후세에 끼칠 영향은, 그가 살아서 어머니와 동생을 돌보았을 경우보다도 크다"는 등의 가치판단으로 맞설 것이다.

　도덕판단을 변호하기 위해서 제시된 이유들 가운데서 사실판단에 속하는 것들은 원칙적으로 그 진위를 밝힐 길이 있다. 앞에서 든 예를 다시 살핀다면, C군의 나이가 정말 열 살밖에 안 되는지, 그는 점퍼를 벗어서 아버지를 덮어주었다는 기사(記事)가 정확한 것인지, 그리고 C군에게 어머니와 동생들이 있었다는 보도가 사실이며 아들까지 잃은 어머니의 슬픔은 그 아이의 효성이 도리어 한스러울 정도로 크리라는 논자의 추측이 과연 옳은 것인지 등은 과학적 방법을 통해서 규명할 수 있는 길이 열렸다고 볼 수 있다. 그러나, 이러한 사실판단들의 진위가 밝혀졌다 해서 그 사실판단들을 이유로서 동원케 한 저 도덕적 논쟁이 논리적 해결을 반드시 보는 것은 아니다. 동사 직전의 아버지를 살리려 하다 죽은 소년의 나이가 열 살이 아닌 열두 살로 판명되었다 해서, 소년의 효성을 높이 찬양한 논자들의 주장이 틀린 것으로 증명되었다고 볼 수도 없으며, 상을 타고 많은 돈까지 받게 된 어머니가 아들의 죽음을 도리어 대견스럽게 여길 정도로 비정(非情)한 여인임이 밝혀졌다 하더라도 C군의 행위를 최상의 것은 못 된다고 평가한 비판적 견해가 완전히 틀린 것으로 판명되었다고 보기도 어렵다. 그리고, 논자들의 한 편이 이유로 제시한 모든 사실판단들이 완벽하게 정확한 것이었음이 밝혀졌다 하더라도, 그 사람의 도덕적 결론의 타당성이 증명되었다고 보기도 어렵다. 일부 반대론자들의 논리에도 불구하고 사실판단과 가치판단의 이론적 차이를 부인할 수는 없으며, 사실판단의 전제로부터 가치판단이 결론을 이끌어낼 때는 반드시 논리적 비약을 범하게 된다는 논리실증주의자들의 고전적 견해를 무시할 수 없기 때문이다.

가치판단 즉 평가의 타당성을 논리적으로 빈틈없이 밝히기 위해서는, 그 평가의 근거로서 제시하는 이유들 가운데 적어도 하나의 가치판단이 끼어 있어야 하며, 또 그것이 타당성을 가진 가치판단임이 밝혀져야 한다. 그렇다면, 그 이유의 하나로서 제시된 가치판단의 타당성은 어떻게 증명하느냐 하는 새로운 문제가 일어난다. 사실판단의 타당성을 증명하는 문제라면 이른바 '과학적 방법'에 의해서 그 진위를 가릴 수 있다고 말할 수 있으나, 가치판단의 경우에는 그러한 대답의 길이 열려 있지 않다. 첫 번째 가치판단의 타당성을 밝히기 위하여(이유의 하나로서) 어떤 가치판단을 끌어들여야 했듯이, 이 두 번째 가치판단의 타당성을 밝히기 위해서도 또 다른 가치판단의 힘을 빌어야 하고, 이 세 번째 가치판단을 입증하자면 또 다른 가치판단 하나를 끌어들여야 한다.

하나의 가치판단의 타당 근거를 밝히기 위하여 제 2의 가치판단을 끌어들이고, 제 2의 가치판단의 타당 근거를 밝히기 위해서는 다시 제 3의 가치판단을 끌어들이는 그러한 과정을 무한히 계속할 수는 없다. 주어진 가치판단의 근거의 근거의 근거의 … 근거가 되는 가치판단을 무한히 제시한다는 것은 사실상 불가능한 일이며, 설령 그것이 가능하다 하더라도 최초의 주어진 가치판단을 입증하고자 하는 목표에는 도달하지 못한다. (증명되지 않은 가치판단이 언제나 하나 남아 돌아가기 때문이다.) 그러므로, 마침내는 그 이상의 근거나 이유를 제시할 수 없는 궁극적 가치판단에 부딪치게 되며, 이 궁극적 가치판단을 평가의 근본원리라고 부른다면, 이 근본원리를 어떻게 정당화하느냐 하는 어려운 물음에 부딪치게 되는 것이다.

평가의 근본원리를 어떻게 정당화하느냐 하는 물음에 대해서 옛날부터 거듭 주장되어 온 것은 명증설(明證說)이다. 즉 그 근본원리가 옳다는 것은 **직각적(直覺的)으로 자명(自明)하다**고 단언함으로써 논쟁의 끝을 막으려 하는 수법이 오랜 전통을 이루고 사용되어 왔다. 예컨대, "부모에게 효도함이 자식의 도리임은 자명(自明)하다", "인간의 생명이 존귀함은 자명하다", "고통보다 쾌락이 바람직하다는 것은 자명하다", "법률은 만인에게 평등하게 적용되어야 한다는 것은 의심의 여지가 없다"는 등의 주장들이 자주 활용되었고 또 많은 지지를 받아 왔다. 그러나, 이 직각론적 명증설에는 몇 가지 약점이 있다는 것이 반대론자들에 의해서 지적되었다. 첫째로, 갑(甲)에게는 자명한 원리로서 직각된 가르침이 을(乙)에게는 조금도 자명하게 느껴지지 않을 경우가 있으며, 옛날에는 자명한 의무로서 숭상되던 도덕률이 지금은 낡은 봉건사상의 유물로 배척을 받기도 한다. 둘째로, 직각론자가 주장하는 '자명한 원리'가 오직 하나일 경우에는, 그 일원론적 원리는 자연히 추상적이며 형식적인 규범에 불과하며, 현실적인 문제상황에서 구체적인 행동지침의 구실을 하기 어려우며, 한편 논자들이 주장하는 '자명한 원리'의 수효가 둘 이상일 경우에는 그 원리들이 명령하는 의무가 서로 충돌함으로 말미암아 도덕체계의 자기모순을 드러내는 수가 있다. 셋째로, 어떤 도덕의 원리를 타당한 것으로서 지지는 하면서도, 그 원리가 선천적으로 또는 객관적으로 자명한 원리라고는 느끼지 않는 사람들이 있다. 이러한 사람들은 대개 어떠한 도덕의 원리도 '객관적으로 주어진 절대적 규범'이라는 뜻으로 '자명하다'고 볼 수는 없다고 믿는 경향이 있다.

마침내는 그 이상의 설명이 불가능한 벽에 부딪치고 따라서 명증설에 의존할 수밖에 없는 궁지로 몰리게 되는 것은 가치판단의 타당성을 입증하려는 시도에 있어서만은 아니다. 과학적 명체 또는 경험적 사실판단의 진위를 밝히는 문제에 있어서는 그러한 난점(難點)이 따르지 않는다는 견지에서 과학의 확실성과 윤리학의 비인식성(noncognitiveness)을 크게 대조시켜서 논한 학자들도 많으나, 사실인즉 경험적 사실판단의 경우에 있어서도 마지막에 가서는 더 이상의 설명이 불가능한 궁극적 단계에 이르기는 결국 마찬가지다. 다시 말해서, 과학의 문제에 있어서도, 동의어 반복의 경우를 제외한다면 결국 하나의 가설을 자명한 것으로 전제하지 않는 한, 엄밀하게 논리적인 증명은 불가능하다. 예컨대, 물리학은 외적(外的) 세계가 실재한다는 가설 위에서 비로소 성립하며, 모든 '경험적 사실'에 관한 논쟁은, 논자들이 제시하는 '물적(物的) 증거'의 바탕을 이루는 관찰이 꿈속에서 얻은 관찰이 아니라는 가정 위에서 전개되게 마련이다.

그러나, 이상과 같은 논점을 근거로 삼고, 윤리학과 자연과학이 딛고 선 기초가 동등한 논리적 견고성을 가졌다고 주장하는 견해에는 찬성할 수가 없다. 궁극에 가서 증명을 허용하지 않는 전제(前提)를 남긴다는 점에서 윤리학과 자연과학은 다를 바가 없기는 하나, 그리고 이 궁극적 전제의 타당성을 밝히기 위해서 윤리학자와 자연과학자는 다같이 명증론(明證論)에 의존할 수 있다는 점에서도 다를 바가 없기는 하나, 윤리학설을 떠받드는 궁극적 전제에 대해서 주장되는 '자명성'과 자연과학설을 떠받드는 궁극적 전제에 대해서 주장되는 '자명성' 사이에는 간과하기 어려운 큰 차이점이 있기 때문이다. 그 차이점이란, 사실판단을 떠받들고 있는 궁극적 전제는, 정신병자가 아닌 사람으로서 솔직하게 말할 때, **아무도** 그것을 부정할 수 없다는 뜻에서 '자명하다'고 볼 수 있으나, 가치판단을 떠받들고 있는 궁극적 전제는 같은 문화적 배경 또는 사상적 배경을 가진 **어떤 부류의** 사람들에게는 의심의 여지가 없는 원리로서 '자명하게' 느껴지나, 다른 부류의 사람들에게는 반드시 '자명하다'고 실감되지 않는다는 사실에서 발견되는 것이다. 알기 쉬운 예를 들어 설명하기로 하자.

자연과학은 자연계가 실재한다는 믿음을 전제로 삼고 성립한다. 태양과 달 그밖의 천체가 실재한다는 것을 믿지 않는다면 천문학은 불가능할 것이며, 지리산이나 낙동강을 꿈속의 환상에 불과하다고 믿는다면 지리학이라는 과학이 성립할 수 없을 것이다. 그러나 자연계의 실재를 연역 또는 귀납의 논리를 따라서 증명할 수 없다는 것은 이미 흄에 의해서 밝혀진 바이며, 굳이 자연계의 실재를 입증하라는 도전을 받는다면, 직관적 명증에 의존할 수밖에 없을 것이다. 이와 같은 자연과학의 기본가정에 관한 명증설의 강점은, 우리가 스스로 직관한 바를 따라서 솔직하게 말을 하는 한, 그 명증설에 아무도 반대하지 못한다는 사실이다. 우리가 태양과 달 또는 지리산과 낙동강의 실재를 **이론상으로** 의심할 수는 있을 것이나, **직관(直觀)의 실감(實感)으로** 의심할 수는 없다. (외계의 실재에 대해서 인식론적 회의를 표명한 흄도 한 사람의 **인간으로서는** 산천과 초목의 실재를 믿는다고 고백하였다.) '외계(外界)의 실재'뿐만 아니라, 자연과학의 기본전제가 되고 있는 다른 어떤 가정의 경우에도 문제는 마찬가지다. 그것들은 모두 정직한 마음으로 솔직하게 말하는 사람들로서는 도저히 부정할 없는 명백성을 가지고 있는 것이다.

그러나 규범적 윤리학설의 기본전제의 구실을 하는 원리 내지 믿음의 경우는 사정이 다르다. 예컨대, "부모에게 효도하는 것은 자식의 도리다"라는 믿음은 유교적 윤리사상의 근본원리라 하겠으며, 유교적 전통 속에서 자라난 구세대에게는 대체로 '자명한' 원리로 느껴질 것이다. 그러나, 그것이 모든 사람들에게 자명하게 느껴지는 것은 아니다. 세상에는 부모에 대한 도덕적 의무를 매우 미온적으로밖에 느끼지 않는 사람들의 나라도 있으며, 특히 아버지에 대해서는 무관심 내지 증오감에 의해 압도를 당하는 아들들이 있다. 효도의 관념이 전통적으로 강한 우리나라의 경우에 있어서도, 새 시대의 젊은 사람들 가운데는 아버지에 대한 효도의 의무를 실감하지 못하는 아들들이 있다. 특히, 첩(妾)을 얻어서 별거 생활을 하는 아버지나 또는 가정을 버리고 다른 남자와 달아난 어머니에 대해서 효도의 의무를 자명하게 느끼지 못하는 자녀들이 많다.

이러한 예가 지나치게 특수하다는 이유로 부당한 것처럼 생각하는 것은 잘못이다. 만약 효도의 의무가 선천적이며 절대적인 것이라면, 비록 부모의 행실에 크나큰 잘못이 있더라도 자식의 도리에는 변함이 없을 것이며, 어느 정도 성숙한 사람이라면 그 도리를 자명하게 실감할 수 있어야 한다. 그러나, 자식을 배반한 부모에 대해서까지도 자식으로서 일방적인 효도의 의무가 있다는 것을 자명하게 이해하지 못하는 것은, 버림을 받은 그 자식뿐만은 아닐 것이다. 여기서 만약 "그와 같은 특수한 경우에는 부모의 은공이 없는 까닭에 효도의 의무가 소멸했을 뿐"이라고 주장한다면,

그것은 효도가 **절대적** 의무임을 스스로 부정하는 것이며, 효도 대신 '보은'(報恩)을 도덕의 근본원리로서 암시하는 셈이 된다. 필자 개인으로서는 보은이 도덕의 근본원리의 하나임을 의심하지 않으나, 세상의 모든 사람들이 보은이 절대적 의무임을 자명하게 느끼는 것은 아닌 듯하다. 만약 세상의 모든 특권층이 그들에게 봉사하고 있는 이름 없는 사람들의 은혜에 대해서 보답할 의무를 (석탄이 검다는 것을 의심하지 않듯이) 자명하게 느끼고 있다면, 역사에서 항상 되풀이되는 사회적 불공정은 벌써 극복되었을 것이다. 그리고 보은이 도덕의 근본원리의 하나임을 믿는 필자 자신도 그것이 **절대적 의무**라고까지 단언하기는 주저한다. 왜냐하면, 어떤 더 큰 가치의 실현을 위해서는 간혹 과거에 입은 사사로운 은혜에 대해서 눈을 감아야 할 경우도 생길 수 있다고 믿기 때문이다.

효도나 보은 이외의 어떤 기본적 도덕원리를 예로서 생각한다 하더라도 근본은 마찬가지일 것이다. "활시위를 떠난 화살은 움직이고 있다"는 명제의 경우와 같이, 아무도 정직한 마음으로는 부인하기 어려운 그러한 도덕적 명제를 '자명한 원리'의 이름으로 제시하기는 매우 어렵다. 설령 아무도 진심으로는 감히 반대하기 어려운 탁월한 원리가 발견되었다 하더라도 그 원리가 우리의 동의(同意)를 강요하는 타당성의 성질은, 자연과학의 기본가정이 우리의 동의를 강조하는 그것과는 근본적인 차이를 가졌다. 즉 "나는 화살은 움직인다" 또는 "지금 우리 눈앞에 펼쳐진 광경은 꿈속의 허상(虛像)이 아니다" 등의 사실판단에 농의할 때 권어히는 심리적 요소는 지각(知覺)과 지능(知能) 그리고 기억 따위의 냉정한 심리작용들뿐이나, "약속은 지켜야 한다", "사람의 목숨은 존

귀하다" 등의 도덕원리에 동의할 때 관여하는 심리적 요소는, 앞에서 말한 냉정한 지적 작용뿐 아니라, 의지와 감정 같은 뜨거운 심리작용까지도 포함한다.

4.

"모든 인권을 존중히 여겨야 한다" 또는 "다른 사람들에게 허용할 수 없는 행위는, 상황에 본질적인 차이가 없는 한, 나 자신에게도 허용해서는 안 된다" 등의 원칙을 도덕의 원리로 받아들일 때, 우리는 "코끼리는 개미보다 무겁다", "지구는 태양의 주위를 돈다" 등의 사실판단을 긍정할 때와 같이, 단순히 어떤 대상의 성질이나 관계를 **냉정하게 인정**하는 데 그치는 것이 아니다. 우리가 도덕판단을 내릴 때, 우리는 어떤 사실 또는 사태를 인정하는 동시에, 그 사실 또는 사태에 대한 **주체적 태도**를 표명하는 것이다. 그 주체적 태도의 표명에 있어서 큰 비중을 차지하는 것이 때로는 감정의 표시일 수도 있고, 때로는 의지의 결단일 수도 있고, 때로는 권고 내지 지시에 가까울 수도 있으나, 하여간 거기 정의(情意)의 뜨거운 관여가 개재한다는 점에서, 단순히 냉정한 지적 활동으로서의 사실판단의 경우와 다르다. 모든 도덕판단의 대전제를 이루는 어떤 원리에 찬동할 경우도 근본은 마찬가지며, 특히 이 경우에 있어서는 인생 전반에 대한 태도의 결정이라는 뜻이 크다. 인생에 있어서 가능한 여러 가지 길 가운데서 어느 하나를 **선택하겠다는 결단**의 표명이 암암리에 이루어지는 것이다. 물론 이토록 중대한 선택과 결단에 이르기까지에는 여러 가지 사실과 사태를 인식하고 비교하는 이지적(理智的) 작용이 선행하는 것이기는 하나, 그 선행하는 이지적 고찰 하나만을 전제로 삼고 어떤 평가의 원리가 논리적으로 도출되는 것은 아니며, 그 이지적 고찰을 바탕으로 삼고 주체적으로 태도를 결정하기 위해서 감정과 의지를 동원해야 하는 것이다.

도덕적 판단을 통해서 주체적으로 태도를 표명할 때, 우리는 자기 한 개인의 행위의 세계에만 관계하는 것이 아니다. 헤어도 거듭 강조한 바와 같이, 도덕판단은 어떤 특정한 경우를 위한 행위의 처방을 제시하는 데 그치는 것이 아니라, 그 특정한 경우와 본질이 같은 모든 경우를 위한 **보편적인** 행위의 처방으로서의 뜻을 가졌다. 가령 "A와 B의 약속은 이행되어야 한다"는 말을 도덕판단으로서 주장하는 사람은, A와 B 두 특정한 개인들이 해야 할 바를 지시하는 데 그치는 것이 아니라, "A와 B 사이에 맺어진 약속과 본질이 같은 약속을 맺은 **모든** 사람들은, 그 약속의 불이행을 정당화할 만한 특별한 사정이 없는 한, 그들의 약속을 지켜야 한다"는 주장까지도 하고 있는 셈이다. 짧게 말해서 그는 하나의 보편적 원칙을 주장하고 있는 것이다. 여기서 도덕판단은 주체적 태도결정의 표명이라고 말한 우리들은 매우 어려운 문제에 직면하게 된다. 감정과 의지까지도 관여하는 태도결정의 표명으로서의 도덕판단이 어떻게 **보편적 규범**으로서의 타당성을 주장할 수 있느냐 하는 문제이다.

주체적 태도 표명으로서의 도덕판단이 그 선택과 결단의 주인공인 판단자 자신에 대해서 구속력을 갖는다는 것은 별로 이해하기가 어렵지 않다. "나는 인권을 존중하겠노라" 또는 "나는 내가 한 약속에 대해서 책임을 지겠노라" 하는 따위의 결심을 하고 또 그러한 결심을 표명한 사람이, 적어도 그 결심을 철회하고 어떤 새로운 태도의 표명이 있기 전까지는 자기의 결심과 태도 표명에 부합하는 어떤 실천으로써 스스로의 결심을 뒷받침해야 할 것이다. 우리가 논리의 일관성을 전혀 무시해도 좋다면 말과 행동 사이에 어떤 모순이 있더라도 나무랄 이유가 없겠지만, 논리의 일관성을 존중하는 한 자신의 태도 표명이 행위에 대해서 갖는 구속력을 부인하지 못한다. 그리고 논리의 일관성은 모든 학문적 논의의 기본요청인 까닭에, 지금 이론적 탐구에 종사하고 있는 우리로서는, 도덕판단이 그 판단자에게 적어도 잠정적인 구속력을 갖는다는 이 점에 대해서 이론(異論)을 제기할 수가 없다. (여기서 '잠정적인 구속력'이라고 말한 이유는 만약 판단자가 당초의 판단이 잘못되었음을 깨닫고 새로운 태도 결정을 할 경우에는, 그는 당초에 판단을 잘못했다는 사실에 대해서 책임을 지는 동시에, 새로운 태도 결정과 부합하는 행위규범의 구속을 받아야 하기 때문이다.)

그러나, 도덕판단이 그 판단자뿐만 아니라 모든 사람들에 대해서 구속력을 갖는 보편적 규범으로서 타당함을 주장할 때, 우리는 전혀 새로운 문제에 봉착한다. 만약 그 판단이 보편타당성을 가졌다는 것을 연역 또는 귀납의 논리를 통하여 증명할 수 있다면 그것으로 문제는 해결될 것이나, 그러한 증명이 불가능하다는 것이 앞에서 우리가 도달한 결론이었다. 그러므로 우리에게 남은 길은 문제된 판단이 모든 사람들의 동의를 얻을 수 있다는 것을 밝히는 방법을 모색하는 길뿐이다. 도덕판단이 우선 그 판단자에 대해서 구속력을 갖는 것이 사실이라면, 그 판단에 동의한 다른 사람들에 대해서도 같은 구속력을 가질 것이며, 만약 모든 사람이 그 판단에 동의한다면 그 구속력은 모든 사람들에게 보편적으로 미친다는 결론에 도달할 것이다. 그러나, 어떤 도덕판단 또는 도덕원리가 모든 사람 또는 거의 모든 사람의 동의를 얻는다는 것이 과연 가능한 일일까?

같은 행위 또는 인품(人品)을 대상으로 삼고 내려지는 도덕적 평가가 평가자에 따라서 크게 다를 경우가 많다. 이 도덕적 평가의 불일치를 극복하여 하나의 보편적인 도덕의 기준을 세우는 일이 가능하냐 하는 우리들의 문제는, 저 도덕적 평가의 불일치를 초래한 그 원인을 어느 정도까지 제거할 수 있느냐에 달려 있을 것이다. 도덕적 평가의 대립의 원인을 우리는 다음 세 가지 부류로 나누어 볼 수 있을 것이다. ① 평가를 받은 대상에 관련된 사실들에 대한 인식의 차이, ② 평가자의 이해관계와 불공정한 배려, ③ 바람직한 인간상 또는 사회상에 대한 이상(理想)의 차이. 첫째, 사실에 대한 인식의 차이는 과학적 방법을 통해서 무한히 좁힐 수 있다는 것이 우리들의 신념이다. 따라서 이 첫째 부류의 원인을 제거하는 일은, 현실적으로는 매우 어려운 일이겠으나, 이론상으로는 가능하다고 보아야 한다. 둘째, 평가자가 자신의 이익 또는 자기와 가까운 사람의 이익을 바라는 심리의 영향을 받고 불공정한 판단을 내림으로 인해서 불일치가 생길 경우, 그러한 판단은 엄밀한 의미에 있어서 도덕판단이 아니므로, 이 경우도 이론상으로는 문제가 되지 않는다. 결국, 메타 윤리학의 견지에서 볼 때, 근본적인 문제로서 남는 것은 셋째 부류의 원인이다. "우리는 인간 또는 사회에 관한 이상(理想)의 대립을 극복할 수 있다는 이론적 보장을 가지고 있는가?"

5.

사람들의 이상(理想)을 결정하는 것은 ① 자연과 인간 및 그밖의 여러 사실에 관한 지식과 ② 정의(情意)와 욕구를 가진 존재로서의 인간의 성향(inclination)이다. 사실에 대한 지식과 인간적 성향에 개인차가 있는 까닭에, 사람들이 이상(理想)에도 개인차가 생긴다. 지식과 성향의 개인차를 완전히 없앨 방법은 없을 것이므로, 모든 사람들의 이상을 완전히 똑같게 만든다는 것은 생각하기 어렵다. 그러나, 하나의 보편적 도덕체계를 갖기 위해서, 이상에 관한 개인차를 **완전히** 제거할 필요는 없으며, 오직 인간관계 및 사회의 기본구조에 대한 이상에 있어서만 신념을 같이한다면, 우리는 하나의 공통된 도덕체계를 가질 수 있고, 따라서 하나의 공통된 규범윤리학을 세울 수가 있다. 다시 말해서, 도덕에 관한 신념의 차이를 초래하는 것은 **전체로서의** 사회, 국가 또는 세계에 관한 이상의 불일치이며, 단순한 자기 개인의 목표에 관한 이상의 불일치는 여기서 직접적인 문제가 되지 않는다. 그러므로 결국, 이 점에 있어서 우리의 문제로 남는 것은 "인간적 성향의 차이가 전체로서의 인류의 목표에 관한 이상의 불일치를 불가피하게 할 정도로 큰 것이냐?" 하는 물음뿐이다. 왜냐하면, 자연과 인간 등 사실에 관한 지식이 모든 점에 있어서 완전한 합의를 본다는 것은 비록 어렵다 하더라도, 절대로 참된 지식은 한 가지밖에 없다는 것과, 이 참된 지식에 입각한 도덕의 원리만이 올바른 도덕체계의 기본이 될 수 있다는 점에는 이론의 여지가 없는 까닭에, 지식의 불일치에서 오는 도덕적 신념의 불일치가 하나의 **타당한** 도덕체계 또는 **타당한** 윤리설의 이론적 가능성을 박탈하지는 않기 때문이다.

전체로서의 인류의 이상을 제시하는 명제는 보편화 가능성 (universalizability)을 가진 명제로서, 즉 누구에게나 타당한 명제로서 주장된다. 그것은 발언자 또는 그밖의 어떤 일부 사람들의 특수한 이해관계를 초월한 공평무사한 명제로서 주장된다고 이해해야 한다. 예컨대, 어떤 독재자가 "약육강식의 사회가 가장 바람직하다"는 주장을 인류의 이상을 밝히는 명제로서 지지한다면, 그것은 자기만을 위한 주장이 아니라, 비록 자기가 약자의 위치로 전락할 경우에도 타당한 명제로서 주장되는 것으로 해석해야 한다. 그러므로, 전체로서의 인류의 이상을 제시하는 명제는 **모든 사람을 위한 명제로서**의 뜻을 가지며, 만약 그것이 타당성을 가지려면 모든 사람들의 소망과 권리를 공정하게 반영시켰다고 생각될 수 있어야 할 것이다. 이와 같이, 인류의 이상에 관한 명제가 보편화 가능성을 가져야 한다는 것은, '도덕의 원리'라는 개념 속에 내재한 분석적 제약이다. 그리고 이 분석적 제약은 인간의 성향과 인류의 이상에 관한 우리의 문제를 "사람들의 진정한 소망과 권리는 무엇이냐?" 하는 물음으로 집약시킨다.

사람들의 소망과 권리는 모든 인간에게 공통적인 것과 각 개인에게 특수한 것으로 나눌 수 있을 것이며, "모든 사람들의 소망과 권리를 공정하게 반영시킨 인류의 이상"을 문제삼는 우리들의 견지에서 볼 때, 저 공통적인 것에 더 큰 비중을 인정해야 할 것이다. 그리고, "모든 사람들에게 **공통된** 소망과 권리가 무엇이냐?"는 물음에 부딪친 우리들은, 인간성에 있어서 기본적이며 공통적인 것을 떠나서 이 물음에 접근할 수가 없다.

인간도 일종의 동물이며, 동물인 까닭에 생존, 성장, 생식 등의 기본적 욕구를 가졌다. 한편 인간은 이성(理性) 또는 지성(知性)으로 불리는 특수한 기능을 가진 동물이며, 이 특수성도 모든 인간에게 공통된 기본적 인간성의 요소로서 간주된다. 이성 또는 지성으로 불리는 특수한 기능으로 말미암아 인간은 인간만이 갖는 특수한 욕구를 품게 되었으니, 일반 동물들과 공통으로 나누어 가진 생물학적 욕구와 구별하여 '문화적 욕구'라는 이름으로 부를 수 있는 성질의 것이다.

우리들 누구나 가진 생물학적 욕구와 문화적 욕구를 아울러 충족시키는 것은 인류의 공통된 소망이요, 그 소망을 충족시킬 수 있는 기회를 균등하게 갖는 것은 인간이 타고난 권리라 하겠다. 우선 생존을 계속하지 않고서는 문화적 욕구의 충족이 있을 수 없으니, 생리적(生理的) 욕구를 어느 정도 충족시키는 일은 모든 사람에게 기본적인 요청이다. 그리고, 단순한 생존만으로는 도저히 만족할 수 없는 것이 인간인 까닭에, 문화적 욕구의 충족도 역시 소홀히 생각할 수가 없다. 그러나, 우리들이 가진 생리적 욕구를 남김없이 충족시키고 또 문화적 욕구도 전부 충족시킨다는 것은 현실적으로 불가능하다. 그러므로, 생리적 욕구가 여러 가지 있는 가운데 어느 것을 어느 정도 우선적으로 충족시켜야 할 것이며, 문화적 욕구도 여러 가지 있는 가운데 그 우선순위를 어떻게 정할 것인지, 그리고 생리적 욕구와 문화적 욕구가 서로 대립하는 관계를 보일 때 어떤 우선순위 또는 절충의 원리를 따라서 이 대립을 해결할 것인지, 이러한 물음들이 실천윤리의 근본문제로서 우리 앞에 나타난다.

개체의 생존과 종족의 유지를 위해서 필요한 최소한의 기본적 욕구가 우선적으로 충족되어야 한다는 것은 명백한 듯이 보인다. 그러나 그 다음부터는 문제가 어려워지며, 사람들의 의견은 여러 갈래로 나누어져 대립한다. 우리의 문제를 어렵게 만드는 요인으로 두 가지를 생각할 수 있다. 하나는 인간의 생리적 욕구가 문화적 욕구와 복잡하게 융합되어 있다는 사실이며, 또 하나는 가장 바람직한 문화에 대해서 사람들은 다양한 견해를 가지고 있는데, 이 견해의 대립을 극복하기에 충분한 객관적 기준을 세우기 어렵다는 사실이다.

의식주를 비롯한 기본생활이 누구에게나 보장되어야 한다는 데는 아무도 반대하지 않는다. 그러나, 누구에게나 보장되어야 할 그 '기본생활'의 범위와 양상에 대해서는 사람들의 생각이 엄밀한 일치점에 도달하기 어렵다. 생존을 희구하는 원초적 욕구가 의식주를 비롯한 기본생활의 양식에 대한 문화적 욕구와 혼연일체가 되어 융합되어 있으며, 기본생활의 양식에 대한 문화적 욕구가 다양하고 변동적인 까닭에, 만인에게 보장되어야 할 '기본생활'의 수준과 양상에 대한 사람들의 신념도 다양하고 변동적인 것이다. 그리고, 이와 같이 다양하고 변동적인 사람들의 신념을 교정하고 종합하여 하나의 통일된 '기본생활'의 개념을 확립한다는 것은 결코 쉬운 일이 아니다.

다음에, "가장 바람직한 문화에 대한 견해의 대립에서 오는 어려움"이라고 한 것은 학문, 예술, 종교 등 개별적 문화 영역에 있어서 하나의 통일된 객관적 평가기준을 세우기가 어렵다는 사실을 가리키는 것이 아니라, 넓은 의미의 문화적 가치 전체 체계에 포함되는 여러 가지 가치들의 우선순위 또는 적절한 비중 안배에 관한 대립된 견해들을 화해시킬 수 있는 객관적 기준을 세우기가 어렵다는 사실을 지적하는 것이다. 예컨대, 자유와 평등 또는 자유와 경제 성장 사이에 양립을 허락하지 않는 상호 배척의 관계가 있을 때, 혹은 민주주의의 이념과 정치적 안정 내지 국가의 안보 사이의 대립관계로 인하여 딜레마에 빠졌을 때, 어떠한 우선순위 또는 비중 안배의 원칙을 따라서 이 대립을 지양할 것인지를 결정하는 것은 결코 쉬운 일이 아니다. 한 계단 낮은 차원에서 예를 든다면, 예산과 인적 자원의 제한으로 말미암아 전통문화의 보존과 새 문화의 창조활동 사이에 대립의 관계가 생길 때, 또는 학문과 예술 사이에 견제와 대립의 관계가 생길 때, 어떠한 우선순위 또는 비중 안배의 원칙을 따라서 이 대립을 지양할 것인지를 원만하게 결정한다는 것은 매우 어려운 일이다.

이상의 고찰을 통해서 우리는 참된 인류의 이상에 관하여 일치된 견해에 도달한다는 것이 결코 쉬운 일이 아님을 보았다. 그러나, 이 문제는 일부의 논자들이 생각하듯이 그토록 비관적인 것은 아니다. 가장 올바른 인류의 이상에 대한 사람들의 생각은 피상적 관찰을 통해서 흔히 짐작하듯이 그토록 크게 서로 다른 것은 아니며, 현실적으로 존재하는 이상의 차이는 지식의 심화와 보급 그리고 지성적 대화의 방법을 통해서 많이 좁혀질 가능성이 있다.

올바른 인류의 이상에 관한 명제는 보편화 가능성을 주장하는 의미를 가졌다고 하였다. 따라서 인류의 이상에 관한 명제가 타당성을 갖기 위해서는 모든 사람들의 동의를 얻을 수 있도록 강한 설득력을 가져야 한다. 사람들은 누구나 자기의 행복을 염원하게 마련인 까닭에 자신의 행복의 가능성이 소외된 어떤 목표를 인류의 이상으로 받아들일 수는 없다. 그러므로 올바른 인류의 이상으로서 타당성을 가지려면 모든 사람들의 행복을 공평하게 존중하는 내용을 담아야 한다. 그런데, 인간도 일종의 동물인 까닭에 문화적 가치 내지 정신적 가치의 실현을 떠나서는 행복할 수가 없다. 결국, 모든 사람들의 기본생활이 보장되고, 그 기본생활의 토대 위에서 각자의 소질을 개발하여 모든 사람이 문화적 가치 내지 정신적 가치의 창조에 고루 참여할 수 있는 사회를 건설함이 인류의 이상이 아닐 수 없다는 결론을 얻게 된다. 다만, '기본생활'이라는 개념의 해석에 있어서 견해의 차이가 생길 수 있고, 또 문화적 가치의 바람직한 체계에 관해서도 여러 가지 의견이 대립할 여지가 있는 까닭에, 위에서 얻은 결론으로써 하나의 보편적인 도덕체계 또는 윤리학을 위한 근본원리가 확립되었다고 볼 수는 없다.

'기본생활'의 개념에 대한 해석의 차이 및 문화적 가치의 바람직한 체계에 대한 의견의 대립을 초래하는 원인의 가장 큰 것으로서 두 가지를 생각할 수가 있다. 첫째는 자연과 인간 및 그밖의 여러 가지 사실에 대한 인식 내지 소견의 불일치이다. 그리고 둘째는 논자들의 생활사의 배경을 이룬 사회가 문화적으로 각각 성질이 다르다는 사실이다. 그런데 이 두 가지 요인은 앞으로 점점 약화될 것으로 전망된다. 첫째, 삶과 관계되는 여러 가지 사실에 대한 인식 내지 소견의 차이는 과학의 발달을 따라서 점차로 줄어들 것으로 보인다. 둘째, 논자들의 문화적 배경의 다양성도 오늘날과 같이 세계가 점점 좁아지고 문화의 교류와 융합이 날로 더해 가는 추세가 계속되는 한, 점차로 해소될 것으로 보인다. 그러므로, '기본생활'의 개념과 문화적 가치의 바람직한 체계에 대한 의견이 하나의 일치된 신념을 향해서 꾸준히 성장할 수 있다는 희망을 갖게 된다.

그러나, '인류의 이상' 또는 '가장 바람직한 사회'에 대한 모든 사람들의 견해가 완전한 일치에 도달할 수 있다는 보장은 없다. 사람들의 기질 또는 성격의 차이와 문화의 지방적 특색은 앞으로도 오래 남아 있을 것이며, 그것이 남아 있는 한 최고의 선(善)에 대한 사람들의 신념에도 차이점이 계속 남아 있을 가능성이 크다. 우리가 기대할 수 있는 것은 지성적 대화아 반성 그리고 심호 실득을 통하여 서로의 견해 사이의 거리를 점점 좁히는 일일 따름이며, 그 거리를 완전히 없앨 수 있다는 이론적 보장은 없다.

최고의 선(善) 또는 가장 바람직한 인간사회에 대한 신념의 차이를 극복하지 못하고 두 진영이 대립할 경우에, 그 가운데 어느 편이 옳다는 것을 논리적으로 증명할 길도 없고 또 설득을 통해서 어느 한 쪽을 후퇴시킬 수 있다는 보장도 없다면 결국 어떻게 되는 것일까? 세계의 질서는 어떻게 되며, 윤리학의 처지는 어떻게 되는 것일까? 두 진영은 각각 자기네의 철학이 옳다는 것을 주장하며 동조자들의 범위를 확대해 갈 것이다. 각각 자기네의 철학이 옳다는 것을 밝히기 위하여 여러 가지 사실을 지적하며 이론을 전개할 것이다. 그러나 그러한 지적(知的) 노력이 어떤 가치철학의 타당성 내지 부당성을 **완전히 증명**할 수는 없으며, 여전히 두 개의 철학이 대립할 가능성은 남아 있다. 만약 세계의 인구가 두 진영으로 나누어져 각각 다른 가치철학 내지 이상을 신봉하는 상태로 맞선다면, 이 두 진영은 각각 다른 질서의 체계를 가질 것이며, 각각 자기네의 진영 내부에 있어서만 타당성과 권위를 갖는 윤리학을 세울 수 있을 것이다. 규범윤리학은 어떤 가치의 원리를 대전제로 삼고 성립하는 것이며, 이 대전제는 논리적 증명을 통해서 세워지는 것이 아니라, 인간 각자의 주체적 결단에 의해서 선택된다. 그리고 같은 원리 또는 같은 길을 선택한 사람들끼리 하나의 공통된 윤리학을 갖게 마련이며, 그 윤리학은 그 이론전개 과정에 있어서 그릇된 사실판단을 끌어들이거나 논리적 오류를 범하지 않는 한, 그 진영 내부에 있어서 타당성과 권위를 가질 것이다.

두 진영의 가치철학이 대립했을 경우, 상대편 진영의 존재가 우리 측의 안녕과 질서에 별다른 위협을 주지 않는 한, 우리는 그들의 신념을 존중하고 그들에게 간섭하지 않는 것이 옳을 것이다. 그러나, 만약 그들의 철학이 우리의 생존과 안녕을 위협한다면, 우리는 온갖 방법을 동원하여 그들의 침범을 막아야 할 것이다. 되도록 평화적 대결의 방법으로 충돌을 극복함이 바람직하나, 부득이하여 힘으로써 힘에 대항해야 할 경우도 생길 수 있다.

이상과 같은 견해가 필경 도덕의 권위와 규범윤리학의 가능성을 부정하는 결과를 가져오고 만다는 생각은 잘못이다. 우리가 스스로의 결단을 통해서 어떤 원리를 선택했을 때, 그 원리를 대전제로 삼고 전개된 도덕의 체계 내지 규범윤리학은 그 원리를 선택한 사람들에 대해서만 권위와 타당성을 가질 뿐 그밖의 사람들에 대해서는 구속력을 갖지 못한다. 만약 우리에게 어떠한 실천의 원리도 선택하지 않을 자유가 있다면, 다시 말해서 모든 원리를 물리칠 자유가 있다면, 우리가 아무런 실천의 원리도 선택하지 않는 동안, 어떠한 도덕의 체계도 우리에 대해서 권위 내지 타당성을 갖지 못할 것이다. 그러나, 인간이 살고 있는 동안 어떠한 실천의 원리도 선택하지 않을 수는 없다. 우리에게 주어진 것은 몇 가지 원리 가운데서 하나를 선택할 수 있는 자유이며, 하나의 원리도 선택하지 않을 수 있는 자유는 아니다. "무원칙하게 살겠다"는 태도를 견지하는 것조차도 하나의 길을 선택하는 것이니, 살아 있는 동안 그리고 모든 행동을 보류할 수 없는 한, 우리는 언제나 적어도 하나의 실천원칙은 선택해야 한다. 그리고 하나의 실천원칙만 서 있으면, 그것을 대전제로 삼는 실천의 체계가 전개될 수 있다. 그러므로, 모든 실천의 체계를 넓은 의미의 '도덕의 체계'라고 부를 수 있다면, 모든 사람은 언제나 반드시 어떤 도덕의 체계 아래서 살게 마련이라는 결론에 이르게 된다. 그리고 그 도덕의 체계는 그 아래 속해 있는 모든 사람들에 대해서 권위와 타당성을 갖게 되는 것이니, **모든 사람들은 각각 자기에 대해서 권위와 타당성을 가진 도덕의 체계를 하나는 가져야 한다**는 이야기가 된다. 그러므로, 우리는 결코 도덕의 권위와 규범윤리의 가능성을 부인하는 것이 아니며, 다만 사람들이 각각 자기네가 믿는 도덕의 체계만이 오직 권위와 타당성을 갖는다고 고집을 부리는 태도에 대해서 모종의 회의를 표명했을 뿐이다. 자기네의 도덕의 체계만이 절대로 옳다고 고집하는 태도와 자기네의 종교만이 절대로 옳다고 고집하는 태도는 근본적으로 비슷한 심리의 소산이다. 다만, 한 나라에 여러 가지 종교가 공존한다 해도 오늘날 큰 지장은 없으나, 한 나라에 여러 가지 도덕이 지배한다는 것은 아직도 큰 혼란을 의미하는 까닭에, 종교계가 관용을 미덕으로 삼는 현대에 있어서도, 도덕문제에 대해서는 같은 관용을 기대하기 어려울 따름이다.

[1974, 한국철학회, 『철학』(哲學), 제8집]

인간사회: 그 이상과 현실

1. 이상(理想)

우리는 우리의 삶이 뜻있고 보람되기를 염원한다. 삶에 대한 긍정 그리고 보람된 삶에 대한 염원, 이것은 우리의 논의의 출발점이다.

어떠한 삶이 가장 바람직한 것이냐 하는 물음에 대하여 여러 가지 대립된 철학적 내지 종교적 견해가 있을 수 있을 것이나, 우리는 이 물음을 둘러싼 끝없는 논쟁을 뛰어넘어서, 현대의 많은 지성인들이 수긍하는 하나의 상식적 견해 — 흔히 인본주의 (humanism)로 불리는 상식적 견해 — 를 우리의 견지로 채택하고자 한다. 인간을 인간 역사의 주체로 보는 이 견해는 현대의 과학적 세계관과 잘 조화될 뿐 아니라, 전 인류의 현실적인 소망을 가장 포괄적으로 반영한다고 믿기 때문이다.

"우리는 어떻게 살아야 할 것인가?" 하는 근본적인 물음에 대해서 인본주의자들은 "사람답게 살아야 한다"고 대답한다. 인본주의의 견지에서 볼 때, 인간의 욕망은 충족을 요청하는 결여의 상황이다. 그러나, 모든 욕망을 남김없이 충족시킨다는 것은 현실적으로 불가능한 일이며, 두 가지 이상의 욕망이 갈등을 일으켰을 경우에는 더 근본적이며 더 포괄적인 욕망을 우선적으로 충족시켜야 마땅하다는 것이 인간적 논리이다. 그리고 인간에 있어서 가장 근본적이며 가장 포괄적인 욕망을 우리는 일단 "인간답게 살고자 하는 욕망"이라는 말로 표현할 수 있을 것이다. 이상과 같은 심리와 논리를 근거로 삼고, 인본주의자들은 "인간은 인간답게 살아야 한다"는 명제를 당연한 전제로 앞세우게 되는 것이다.

그러나 "인간답게 산다"는 말은 가치언어를 포함한 표현으로서 그 뜻이 명백하지 않다. "어떻게 사는 것이 인간다운 삶인가?" 하는 물음이 제기되었을 때, 여러 가지 서로 다른 대답이 나올 여지가 있다. 그러므로, 여기서 우리는 '인간다운 삶'의 개념을 윤곽이나마 밝히고 넘어가야 한다.

"인간답게 산다"는 말은 인간이 일반 동물과는 차원이 다른 특수한 존재라는 관념을 전제로 삼은 것이며, "인간답게 살아야 한다"는 주장은 인간의 특수성이 충분히 발휘되도록 살아야 한다는 뜻으로 해석된다. 그러므로 '인간다운 삶'의 윤곽을 밝히고자 하는 우리들의 접근은 인간의 기본적 특성에 대한 물음으로부터 시작되어야 할 것이다.

인간의 기본적 특성은, 오랜 전통을 따라서, 역시 탁월한 정신적 능력에서 찾아야 할 것이다. 이성적 사고와 풍부한 상상력, 그리고 도덕적 판단력과 예술적 창조력은 인간을 다른 동물들과 구별되게 하는 기본적 특색이다. 생물학의 발달이 아무리 인간과 일반 동물과의 공통성을 강조하고 이성의 기원을 경험론적으로 밝힌다 하더라도, 이들 정신적 능력에 있어서 인간이 월등하게 앞서 있다는 사실을 부인하지는 못할 것이다. 인간은 그의 탁월한 정신적 능력으로 말미암아 인간이 되었고, 또 역사의 주역이 되었다.

단순한 생물학적 생존에 만족하지 못하고, "인간답게 살아야 한다"고 말할 때, 우리는 분명히 우리 스스로 자랑스럽게 여기는 인간의 특수성을 염두에 두고 있다. 다시 말해서, 우리는 탁월한 정신적 능력을 가진 이성적 존재로서 부끄러움이 없는 삶을 살아야 한다고 믿고 있다.

이성적 사고력과 도덕적 판단력 그리고 예술적 상상력을 소유하는 인간은 그 생활양식에 있어서 단순히 주어진 환경에 적응하는 데 그치지 않고, 스스로 능동적으로 삶의 길을 개척한다.

그는 미래를 내다보며 삶의 목표를 설정하고 그 목표에 따라서 스스로 삶의 과정을 설계한다. 그는 필요에 따라서 환경을 개조하며, 환경 개조에 필요한 갖가지 도구와 장치를 만들어낸다. 이와 같이, 밖으로부터 오는 힘에 단순히 밀려다니기를 거부하고, 스스로의 의사를 따라서 산다는 의미에 있어서, 적어도 인간답게 산다고 말할 수 있는 모든 사람은 우선 자기 자신의 주인공이다. 바꾸어 말하면, 인간은 그 본연의 모습에 있어서 자유의 주체이다. 그는 자기 자신의 삶을 가질 수 있다는 의미에서 자유를 가진 존재이다.

인간이 그 본연의 모습에 이어서 자유의 주체라 함은, 자유의 주체로서 살 때 비로소 인간다운 삶이 실현된다는 의미를 함유한다. 인간은 자기 자신의 소망과 소신을 따라서 스스로 값지고 옳다고 믿는 길을 걸어갈 때 비로소 인간다운 삶의 주인공이라고 불릴 수 있다.

인간이 자유의 주체로서 살 수 있는 것은 그가 탁월한 정신적 능력의 소유자이기 때문이다. 정상적인 사람이라면 누구나 자유의 주체로서 사람다운 삶을 누릴 수 있고 또 누려야 한다고 우리가 믿는 것은, 모든 정상적인 사람은 탁월한 정신적 능력의 소유자라고 믿기 때문이다. 그러나, 모든 사람이 날 때부터 현실적으로 고도의 이성을 발휘한다고 볼 수는 없으며, 비록 천재라 할지라도 처음부터 저절로 깊은 인식과 높은 도덕 또는 훌륭한 예술에 도달해 있는 것은 아니다. 정확하게 말해서, 누구나 가지고 있는 것은 탁월한 정신적 능력의 소유자로 성장할 수 있는 가능성이다. 그러므로, 한 개인이 사람답게 살아가는 생애는 그가 인간으로서 타고난 가능성 즉 소질을 연마하고 실현해 나가는 과정이기도 하다.

타고난 소질을 연마하여 탁월한 정신적 능력의 소유자 즉 성숙한 인격으로 성장하자면, 경험을 쌓고 교육을 받아가며 생존을 계속해야 한다. 다시 말해서, 자유의 주체로서 인간다운 삶을 향유하려면, 우선 생물학적 생존이 선행해야 한다. 그리고 현대사회에 있어서 생계를 유지하고 일정한 수준의 교육을 받을 수 있기 위해서는 기본생활을 보장할 수 있을 정도의 경제력이 있어야 한다. 기본생활이 위협을 받지 않을 정도의 경제력의 확보는 사람이 사람답게 살기 위해서 갖추어야 할 선행조건이다.

기본생활에 필요한 경제력은 오로지 정신 개발만을 위한 수단으로서 소중한 것은 물론 아니다. 지나치게 고생스럽지 않은 물질생활을 즐기는 것은 그 자체가 사람다운 삶의 일부이다. 사람은 본래 정신과 육체를 아울러 가지고 있는 존재이며, 이 두 측면은 불가분의 관계를 가진 것으로서, 그 어느 하나만을 인간의 전부로 볼 수는 없다. 물질생활을 떠난 정신생활을 생각할 수 없을 뿐 아니라, 전자는 단순히 후자를 위한 수단에 그치는 것도 아니다. 비록 정신생활의 가치에는 미치지 못한다 할지라도, 쾌적한 물질생활은 그 자체로도 값진 것이니, 사람다운 삶의 한 부분으로 보아야 할 것이다.

이상의 고찰로써 개인의 입장에서 본 사람다운 삶의 이상은 대략 그 윤곽이 드러난 셈이다. 사람은 누구나 상당한 수준에까지 발전할 수 있는 소질을 타고난다. 이 소질을 가능한 한 최대한도까지 발전시킬 때 개인적 자아가 실현되는 것이며, 자아의 인격을 최대한으로 실현하는 일은 각자의 삶의 목표에 해당한다. 그리고 이 목표로의 꾸준한 접근이 이루어질 때 우리의 삶은 보람을 찾는 것이며, 또 그러한 과정이 곧 사람다운 삶의 길이기도 하다.

육체와 정신 두 측면에 걸쳐서 한 개인이 타고나는 소질의 내용은 여러 가지 요소들의 복합이다. 그러나 이 여러 요소들을 모두 최대한으로 발전시킬 수는 없다. 우리는 누구나 대개 학자의 소질과 예술가의 소질, 운동가의 소질과 기술자의 소질, 정치가의 소질과 종교가의 소질 등 여러 가지 소질을 아울러 타고난다. 그러나, 실제에 있어서 이 모든 소질을 충분히 키울 수는 없는 것이며, 여러 소질을 비교하여 그 중의 어느 것은 취하여 연마하고 다른 어느 것은 아주 버리거나 일부만 키우는 것으로 만족해야 한다. 예컨대, 천부의 재질이 풍부하여 과학자로서 성장할 소질도 있고 소설가로서 성공할 가능성이 있을 뿐 아니라 정치가로 대성할 수 있는 잠재력도 아울러 가지고 있는 어린이가 있다고 하자. 이 경우, 그 어린이는 과학과 문학 그리고 정치의 세 가지 길 가운데서 하나를 택하여 주로 그 길을 닦음으로써 그 방면의 대가가 되는 동시에 다른 가능성은 거의 포기하거나, 또는 세 가지 소질을 고루 조금씩 연마함으로써 여러 개의 작은 열매를 거두는 대신 한 가지 큰 업적을 남기는 가능성은 포기하거나, 아니면 그 밖의 어떤 절충의 길을 선택해야 할 것이다.

자기의 소질을 고려하고 주어진 환경을 감안하여 목적의 체계를 선택하고 그 목적의 달성을 위한 삶의 설계를 꾸미는 일은 최종적으로 그 사람 본인이 결정할 문제이다. 인간을 자유의 주체로 보고, 사람다운 삶은 우선 자기 자신의 주인공이 되는 길에서 찾아야 한다고 믿는 것이 우리들의 입장이기 때문이다. 소질을 연마하여 자아를 실현하되, 그 자아실현의 설계와 추구의 과정에 있어서 항상 자주적으로 판단하고 자주적으로 행위할 때, 진실로 사람다운 삶의 실현이 가능하다고 보는 것이 우리의 소신이다.

삶의 보람은 생애의 결산으로서 성취될 업적에만 있는 것은 아니며, 이른바 정신적 업적의 달성만이 삶을 값지게 하는 것은 더욱 아니다. 스스로 작성한 설계를 따라서 목표를 향해 살아가는 그날그날의 생활과정 그 자체 안에서 인간적 가치는 매일같이 실현되는 것이며, 음식을 즐기고 노래하며 춤추는 여가의 생활 속에서도 삶의 보람의 일부는 실현된다. 비록 물질적인 생활이라 할지라도, 그것이 자유의 주체로서의 생활인 한, 그런 대로의 의의를 갖는다.

'사람다운 삶'을 논의할 때 우리는 자연히 정신생활의 비중을 강조하게 된다. 인간적 특색의 더 큰 비중이 그 정신적 능력에 있다고 보기 때문이다. 그러나, 물질생활의 가치를 무시하거나 또는 정신생활을 위한 수단적 가치에 불과한 것으로 보는 것은 우리의 본의가 아니다. 정신적 소질의 발휘를 위해서 필요한 조건일 뿐 아니라, 물질적 내지 생물학적 생활에도 그 나름의 고유한 의의가 있다고 보아야 할 것이다. 다만 우리가 강조하고자 하는 것은 물질생활에 대한 관심이 정신적 자아성장의 관심을 압도할 정도로 비대해서는 안 된다는 점이며, 고행 또는 고생 그 자체를 값진 것으로 여기는 따위의 금욕주의에 동조하고자 하는 것은 아니다. 다만, 자연자원의 부족을 극복하고 인류의 후손에게도 생존의 기회를 주기 위하여, 또는 다른 어떤 큰 목적을 위하여, 검소한 생활을 택하는 것이라면, 그것은 전혀 별개의 문제에 속하는 것으로 보아야 할 것이다.

이제까지 우리는 바람직한 삶 내지 사람다운 삶의 문제를 고찰하되 한 사람의 추상적인 개인을 가상하고 논의를 전개하였다. 다시 말해서, 개인이 그 속에 사는 사회의 존재는 고려하지 않고, 마치 개인 혼자서 제멋대로 살아갈 수 있는 것처럼 단순하게 생각한 것에 가까웠다. 그러나, 현실에 있어서 사람은 누구나 사회 안에서 다른 사람들과의 관계 속에 살고 있으며, 혼자 제멋대로 자아실현의 길을 걷는 사람은 없다. 인간은 본래부터 사회 안의 존재로서, 사회의 도움과 제약을 받아가며 각자의 삶의 길을 추구하게 마련이다. 사회가 개인생활에 미치는 영향은 거의 절대적이며, 개인들이 자아를 실현해 가며 사람다운 삶을 누릴 수 있기 위해서는, 그들이 사는 사회가 전체로서 건전하고 올바른 집단이라야 한다.

건전하고 올바른 사회가 입각해야 할 기본원리 및 그 원리를 실천에 옮길 갖가지 제도와 규범에 대해서는 여러 가지 학설과 사상의 대립이 있는 것으로 안다. 그러나, 올바른 사회가 지향해야 할 목표 내지 이상에 대해서는 동서 두 진영이 다같이 지지하는 정설이 있다. 자유와 평등 그리고 우애의 세 원리가 지배하는 사회를 건설하는 일은 프랑스혁명 당시 여러 계층의 호응을 받은 인본주의자들의 꿈이었고, 오늘도 여전히 우리 모두의 이상을 집약하는 개념으로서 살아 있는 것이다.1)

중세기적 봉건사회에 있어서는 많은 사람들이 여러 가지 억압을 감수하고 살았다. 신도들은 종교의 교리와 권위의 억압을 받았고, 다수의 국민은 소수의 위정자의 억압을 받았다. 이러한 억압의 부당성을 지적하고 이 부당한 억압으로부터의 해방을 외친 것이 근세 초기 자유주의자들의 기본사상이었다. 그들의 기본사상은 오늘도 민주사회의 근본이념으로 살아 있거니와, 현대의 인본

---

1) 19세기 초부터 오늘에 이르기까지 똑같은 의미의 자유와 평등 그리고 우애가 줄곧 인류의 목표로서 지속되었다는 뜻은 아니다. 시대에 따라서 그리고 사상가에 따라서, 자유와 평등과 우애의 개념에는 차이와 변동이 있었다. 그러나 그러한 차이와 변동에도 불구하고, 이 세 기본개념의 핵심에는 일관된 정신이 지속해 흘렀으며, 이 세 개념에 현대적으로 가장 바람직한 의미를 부여한다면, 오늘에 있어서도 우리가 지향해야 할 사회의 목표를 상징적으로 표현하기에 이 세 개념은 여전히 적합하다고 생각된다. Fraternité(fraternity)는 일본 학자들이 '박애'로 번역하였고, 우리나라에서도 주로 이 번역을 사용해 왔다. 그러나 이 번역어는 자비와 동정의 뜻을 강하게 풍김으로써 현대적인 이상사회를 상징하기에 부적합하다고 생각되어 '우애'로 바꾸었다. 프랑스혁명 당시에는 민족주의의 사조가 강하였으므로, fraternité의 구호에는 동포애로서의 함의가 컸고, 또 여러 민족 간의 친화의 심성으로써의 인류애의 뜻도 포함되었으리라고 생각된다. 필자는 여기서 '우애'라는 말을 인정(人情)과 인인애(隣人愛)까지도 포함하는 매우 넓은 의미로 사용하고 있다.

주의자들은 밖에서 오는 억압으로부터의 해방으로서의 소극적 자유뿐 아니라, 인간이 타고난 가능성의 현실화 즉 자아의 실현으로서의 적극적 자유까지도 이루어져야 한다고 믿는다. 사람이 사람을 억압하는 불합리한 일이 없을 뿐 아니라, 모든 성원들이 잠재한 소질이 유감없이 발휘되어 각각 사람다운 삶의 행복을 누릴수 있도록 길을 열고 도와주는 것이 현대의 인본주의자들이 바라는 건전하고 정당한 사회가 갖추어야 할 조건의 하나이다.

전근대적 사회에 있어서 인간이 인간을 공공연하게 억압할 수 있었던 것은 불평등한 신분제도 때문이었다. 인간을 상하 또는 귀천의 계급으로 구별하는 신분제도는 아래 계급에 대한 위 계급의 억압을 당연한 것으로 용인하였고, 약자에 대한 강자의 억압은 신분의 격차를 더욱 벌어지게 하였다. 전근대적 사회에 있어서의 억압과 불평등은 불가분의 관계를 가지고 서로 조장했던 것이다.

근세에 이르러 인간에 대한 인간의 억압을 부당한 것으로서 거부했을 때, 그것은 동시에 인간의 불평등에 대한 항거이기도 하였다.[2] 근세의 인본주의자들이 모든 인간은 날 때부터 자유라고 선

---

[2] 프랑스혁명의 사상적 배경이 되었던 초기의 자유주의는 약자의 자유를 목표로 삼은 혁신의 이념이었으며, 따라서 그것은 동시에 평등주의를 포함하고 있었다. 현대 자본주의 사회에 있어서 자유의 이념과 평등의 이념 사이에 갈등을 보게 된 것은 자유주의의 본질이 바뀌었기 때문이다. 본래 자유주의는 주로 상공계급을 위한 이데올로기로서의 성격을 띠고 발전했거니와, 상공계급이 약자의 위치에서 억압을 받던 근세 초기에는 혁신사상으로서의 성격이 강했으나, 프랑스혁명을 비롯한 수차의 시민혁명을 거쳐서 상공계급이 지배계급으로 부상한 뒤에는 그들의 자유주의는 도리어 강자의 자의(恣意)를 옹호하는 보수의 이념으로서의 성격이 강하게 되었다. 자유의 초점이 강자에게로 옮겨질 때, 자유의 강조는 현실적으로 사회불균형을 조장하는 결과를 초래하므로, 자유와 평등 사이에 갈등이 생기게

언했을 때, 그들은 동시에 모든 인간은 존엄성과 권력에 있어서 평등하다는 것도 아울러 주장했던 것이다. 자유의 주체로서 지이를 실현해 가며 살 수 있는 가능성과 자격은 누구에게나 있다고 본 것이며, 특권을 누리는 소수만이 아니라 모든 사람이 사람답게 살 권리가 있다고 믿었던 것이다. 이러한 믿음은 시대의 흐름을 따라서 점점 더 강화되고 일반화되어 오늘에 있어서는 거의 전 세계인의 상식으로 굳어져 가고 있다. 그러므로, 각자의 타고난 소질을 개발해 가며 사람다운 삶을 실현하기에 필요한 기회와 수단을 분배함에 있어서 불공평함이 없도록 해야 한다는 것이 현대인의 공통된 신념이며, 그 공평을 보장할 수 있는 제도와 질서를 확립하는 것은 우리가 바라는 건전하고 정당한 사회가 지향해야 할 또 하나의 목표이다.[3]

건전하고 정당한 사회 즉 이상적이라고 부를 수 있는 사회가 갖추어야 할 또 하나의 조건은 인정(人情) 즉 넓은 의미의 사랑이 풍부하여 사회 전체에 화기(和氣)가 충만하는 일이다. 아무도 남의 자유를 침범함이 없고 또 모든 권익이 공평의 원칙에 맞도록 보장된다 하더라도, 만약 인정이 메마르고 화기가 부족하다면, 그런 사회는 공정하고 질서 있는 사회라고는 할 수 있을 것이나 참으로 건전한 사회라고는 보기 어렵다. 본래 사회적 존재로서의 인

된 것이다.

3) 체력과 지능 그밖의 타고난 소질에 있어서 개인차가 심한 까닭에 완전한 평등을 지향할 수 없는 것이 인간의 현실이다. 이제 평등의 이념이 현실적으로 요구하는 것이 무엇이며, 구체적으로 기회와 수단을 어떻게 분배하는 것이 진실로 공정한 처사인가 하는 문제는 또 하나의 어려운 문제로 제기되며 이에 대해서는 여러 학설의 대립이 있다.

간은 서로의 적극적인 협조와 친화를 필요로 한다. 개인들이 소질을 발휘하여 자아를 실현하기 위해서도 그것이 필요하고, 행복의 주관적 요소로서의 깊은 만족감을 위해서도 그것이 필요하다.

자유와 평등과 우애가 실현된 사회를 건설한다는 것은 그 자체가 본질적으로(intrinsically) 값진 일이며, 단순히 개인들의 자아실현을 위한 수단으로서 중요한 데 그치는 것은 아니다. 개인들이 건전하고 정당한 사회를 건설함에 있어서 결정적인 구실을 할 주역이기는 하나 그 수단으로 볼 성질의 존재가 아니듯이, 사회도 개인들이 그 안에서 자아를 실현하는 공동체이기는 하나 개인들을 돕기 위한 단순한 수단은 아니다. 개인들을 떠나서 사회가 따로 있는 것이 아니라, 개인들이 모여서 사회를 형성한다. 개인들이 자아를 실현하고 행복한 삶을 누린다는 것과 건전하고 정당한 사회가 건설된다는 것은 같은 사실의 두 측면이다. 떼어서 보면 개인들의 자아실현이요, 묶어서 보면 사회건설이다. 본래 사회적 존재인 인간은 여럿이 서로 협동하는 가운데 자아를 실현하게 마련이며, 원만한 협동관계를 맺고 있는 개인들의 조직이 곧 건전한 사회에 해당한다.

2. 현실(現實)

모든 성원들이 그 안에서 자아를 실현해 가며 사람다운 삶을 누리게 되는 자유와 평등과 우애의 사회를 건설하는 일은, 근세 이래 인류가 함께 추구해 온 공동의 목표였다. 그리고 역사의 진전을 따라서, 저 목표로 접근함에 부분적인 성공을 거두기도 하였다. 세계의 많은 지역의 사람들이 종교의 횡포 또는 폭군의 학정으로부터 해방되었고, 많은 천민들이 세습적 구속을 벗으니 자유시민으로서의 신분을 회복했으며, 여자의 인권도 여러 나라에 있어서 크게 신장하였다. 소질의 개발에 필요한 교육의 기회와 능력을 따라서 직업을 택할 수 있는 길이 널리 공개되었다. 생산성의 상승으로 대중의 생활수준도 높아졌으며, 능률적인 기계의 발명으로 원시적인 노동의 고역이 크게 감소되고, 의학의 발달로 인간의 평균연령은 현저하게 증가하였다.

그러나 오늘의 인간의 현실을 전체로서 바라볼 때, 건전하고 정당한 사회를 지향하는 인류의 이상이 순조롭게 실현되어 가고 있는 것으로 판단하기는 어려운 상황이다. 문명비평가들에 의하여 누누이 지적되어 왔듯이, 현대 산업사회는 여러 가지 새로운 문제에 부딪치게 되었으며, 아직 산업화에 이르지 못한 나라들의 경우에도 또 그들 나름의 어려운 문제에 봉착하고 있는 실정이다. 논자들 가운데는 오늘의 인류가 과거 어느 때보다도 심각한 위기를 맞이하고 있다고 경고하는 사람들도 있다.

현대가 당면한 심각한 문제의 하나로서 일찍부터 널리 지적되고 있는 것은, 산업사회의 물질문명 속에 있어서 일어나는 인간의 자기 상실 현상이다. 산업사회 속에 사는 현대의 이른바 자유민(自由民)은, 타인이 의도적으로 가하는 억압으로부터는 많이 풀려났다고도 볼 수 있을지 모르나, 스스로 자청한 새로운 종류의 억압에 얽매여 살고 있다. 흔히 사용되고 있는 표현을 빌리면, 오늘의 인간은 자기의 생활에 도움이 되도록 사용하기 위하여 자기가 만들어낸 것에 의하여 도리어 지배를 당하고 있다. 인간은 '문명의 이기'로 불리는 온갖 기계를 만들어냈거니와, 지금은 그 기계들에 대한 지배력을 상실하고 도리어 그것들에 의하여 제약과 위협을 받고 있다. 자본주의 사회에 있어서 많은 사람들이 홍수처럼 쏟아지는 상품과 그 광고에 얽매이고 있다. 그리고, 돈이 수단이기보다도 그 자체가 목적으로서 추구되는 가치풍토 속에서 사람들은 돈의 노예가 되어 가고 있다. 그밖에, 본래는 사회생활을 원활하게 하기 위하여 사람들이 고안한 조직, 그리고 올바른 여론의 형성을 위하여 이바지해야 할 대중매체도 이제는 사람 위에 군림하는 추세를 보이기에 이르렀다. 한마디로 말해서, 현대인은 자기가 만들어낸 여러 가지 사물의 숲속에 파묻히고 그 홍수에 떠내려가는 가운데, 자기 본연의 모습을 상실하고 자신에 대한 주인의 자리에서 밀려나게 되고 있는 것이다.

뿐만 아니라, 오늘날 민주주의를 표방하지 않는 나라는 거의 없으나, 현실에 있어서는 아직도 세계 여러 나라에 있어서 많은 국민들이 지능적인 전제정권에 의한 자유의 박탈과 인권의 유린을 감수하고 있다. 제 2 차 세계대전 이후 세계는 동서 두 진영의 대립과 냉전에서 오는 긴장과 전쟁 위협 속에 살아 왔으며, 점점 더해 가는 긴장 상태를 배경으로 삼고 몇몇 공산국가와 여러 후진 국가에서 전제주의적 정치가들이 정권을 장악하였다. 그들은 긴장 상태와 전쟁 위협을 그들의 전제정권 정당화의 구실로 이용하였고, 그들이 고취한 긴장 상태는 다시 전쟁 위협을 가속화하는 악순환을 초래하였다. 여기에 인종의 차별에서 오는 인권의 유린 및 종교적 교리에 근거를 둔 자유의 제한까지 남아 있어서, 오늘도 세계 인구의 과반수가 아직 지배층의 억압을 제대로 벗어나지 못하고 있는 실정이다.

자유의 목표를 실현함에 성공하지 못한 현대인은 평등의 문제에 있어서도 아직 많은 과제를 남기고 있다. 현대 산업사회의 두드러진 현상으로서 치열한 생존경쟁과 끝없는 소비성향을 경험하게 되었거니와, 이 두 가지 현상은 상승작용을 통하여 평등의 문제에 많은 어려움을 더하고 있는 것이다. 과학기술에 바탕을 둔 산업사회가 빚어낸 물질문명은 금전과 권력 그리고 향락 등의 외면적 가치를 절대적 가치의 위치로 올려놓는 가치체계 전도(顚倒)의 현상을 초래하였다. 다시 말해서, 가치체계의 하위에 머물러 있어야 마땅한 금전과 권력 또는 향락이 최고의 절대적 가치인양 추구되는 가치풍토의 병리학적 현상이 일어난 것이며, 이들 외면적 가치는 모두 경쟁성이 몹시 강한 까닭에, 이들에 대한 광적인 추구는 사람들의 사회경쟁과 소비성향을 가속화하는 결과를 초래하였다. 그리고, 이 과열된 생존경쟁과 지나친 소비성향은 사회불균형을 더욱 심하게 만들어, 평등의 이념에 역행하는 현상을 초래한 사례가 많다. 더욱이, 사회의 하층에 머물러 불리한 처지에 놓인 사람들의 인권의식과 기대의 수준이 매우 높은 까닭에, 사회불균형에 연유하는 사회문제는 과거 어느 때보다도 한층 심각하다고 보아야 할 것이다.4)

셋째로, 인정과 우애에 가득 찬 사회의 건설을 염원했던 인간의 희망은 어느 모로 보나 별로 달성되지 않았을 뿐 아니라, 일반적으로 말해서 사회 인심은 옛날에 비하여 도리어 악화했다고 보는

---

4) 사회 불균형의 문제는 오직 경제적 가치의 분배에 국한된 문제로서 다룰 성질의 것이 아니다. 그러므로, 일부 공산주의 국가에 있어서 경제적 불균형을 시정하는 데 어느 정도의 성과를 거두었다 하더라도, 여러 가지 사회 참여와 교육의 기회를 허용함에 관하여 정치성을 띤 불평등이 감행되었다면, 평등의 이념을 실천에 옮기는 일에 있어서 큰 전진을 이룩했다고 보기는 어려울 것이다.

편이 옳을 것이다. 현대 산업사회와 물질문명의 여러 가지 여건은 개인주의적 자아의식과 합리주의적 사고방식을 조장했으며, 인간 가족 및 자연에 대한 깊은 애정은 크게 함양되지 못하고, 증오감 또는 시기심과 같은 좋지 못한 정념(情念)이 앞서는 인품을 비교적 많이 배출하였다.

　현대사회의 인심(人心)을 각박하게 만든 원인의 하나로 인구의 폭발적 증가와 도시화 현상을 들 수 있을 것이다. 과학기술의 발달은 공업 및 상업으로 하여금 산업의 주종을 이루게 하였고, 상공업의 발달은 인구의 급격한 증가와 합세하여 여러 나라에 있어서 국토의 도시화를 촉진하였다. 상공업에 종사하는 사람들의 의식구조는 농민이나 어민에 비하여 개인주의적이며 이해타산적이게 마련이거니와, 그들이 사는 도시의 환경은 사회 인심을 각박하고 비정한 방향으로 몰고 가는 추세를 보였다. 본래 농경시대와 농촌을 배경으로 삼고 형성되었던 순박하고 온후한 인심이 공업화와 도시화 속에서 점점 사라져가는 것은 오늘날 세계적인 추세라고 할 것이다.

　현재 사회의 인심을 각박하고 비정한 방향으로 몰고 간 또 하나의 원인은 금전과 권력 등 외면적 가치를 최고의 가치인양 숭상하는 전도된 가치풍토와 이에 따르는 과열된 사회경쟁에서 찾을 수 있을 것이다. 앞에서도 언급했듯이, 금전과 권력 또는 향락과 같은 외면적 가치는 동일한 것을 여럿이 동시에 소유하기가 어려워 치열한 경쟁의 대상이 되며, 따라서 여러 사람들의 공동의 목표가 되기 어렵다. 무릇, 넓은 의미의 우애는 공동의 목표를 향하여 힘을 합해 일하는 가운데 커가는 것인데, 사람들의 생활 관심이 사회 전체의 향상을 위한 공동 목표보다 각자의 이기적 목표로 쏠리게 되니, 자연히 인심은 냉담하고 비정한 방향으로 흐르게 된다.

'ㅇ공업의 발달과 도시화 그리고 금전만능의 풍조는 상품 문화의 사회를 초래하였고, 상품 문화 속에 사는 사람들은, 그들이 어떤 직업에 종사하든 간에, 상인 기질의 사고방식을 갖게 되었다. 상인 기질의 첫째 특색은 이윤의 추구와 이해의 타산에 있는 까닭에, 그것은 이해관계를 초월하는 우애나 남을 돕는 가운데 보람을 발견하는 애타주의와는 거리가 멀다. 그러므로 산업사회에 사는 현대인에게 일반적으로 상인 기질이 강하다는 것은 다정하고 후덕한 인심이 쇠퇴해 감을 의미하게 된다.[5]

건전하고 정당한 사회를 건설하고자 하는 인간적인 염원을 실현함에 있어서 세계 전체가 성공적 발전을 이룩했다고 보기 어려운 현대의 일반적 상황 속에서, 우리 한국은 우리에게 주어진 여러 가지 불리한 여건으로 말미암아 더욱 많은 과제를 남기고 있다. 제2차 세계대전의 종식을 계기로, 민주주의를 표방하며 희망에 찬 출발을 한 지 오랜 시간이 지났으나, 국토의 분단이라는 결정적 불행을 극복하지 못한 채, 많은 시행착오를 거듭하고 있는 실정이다.

일제(日帝)가 물러감으로써 우리 민족은 '해방'을 맞이했으나, 이 민족 해방이 즉시 자동적으로 개인적 자유를 초래하는 것은 아니었다. 국민 모두에게 개인적 자유가 실현되기 위해서는 참된

---

5) 공산국가의 경우에는 상인 기질이 일반화되었다는 주장을 적용하기 어려울 것이다. 그러나, 그들의 경우에는 정치 권력과 당적(党的) 지위를 둘러싼 사회 경쟁 및 조직 속에서의 상호 감시 등으로 인하여, 각박하고 비정한 풍토를 조성한 사례가 많은 것으로 안다.

민주주의가 이루어져야 하는데, 자생적 기반이 약했던 우리나라의 민주주의가 내실을 갖추는 데는 많은 어려움이 수반하였다. 민주주의가 제 궤도에 오르기 위해서는 우선 사람들의 의식구조 내지 사고방식이 민주주의에 적합해야 하는데, 우리에게는 그 심성의 준비가 부족하였다. 전체로 볼 때 이성적(理性的) 사유의 전통이 약한 편이었고, 일부 특권층에게는 구시대의 유물인 관존민비(官尊民卑)의 관념이 짙게 남아 있었다. 위정자와 관료들 가운데는 자기들만이 국가의 주인이라는 생각을 가지고 국민들 위에 군림하는 사람들이 많았고, 일반 국민들 가운데도 국가와 정부를 동일시하는 경향이 있었다.

민주주의의 발전을 저해해 온 가장 큰 요인은 국토의 분단에서 오는 불안과 긴장 상태였다. 6·25 전쟁이 일단 수습된 뒤에도 전쟁의 불씨는 늘 남아 있었고, 전쟁의 재발을 막기 위해서는 모든 국민의 단결과 협동이 요망되었다. 정국의 안정과 국론(國論)의 통일이 바람직했음에 틀림이 없었고, 이러한 안보적 요청은 전제정치를 정당화하는 근거로 악용되었다. 위기의식이 필요 이상으로 강조되었고, 비민주적 탄압을 '강력한 영도력(領導力)'으로 오인하기도 하고 또 자화자찬하기도 하였다. 언론과 비판의 자유는 민주주의 발전을 위한 기본 조건의 하나이지만, 집권층에게는 정론(正論)을 수용할 만한 아량이 없었고, 지식층에게는 위험을 무릅쓸 만한 용기가 부족하였다. 반공법이 왕왕 비판자 탄압의 방편으로 악용되었고, 한때 정론을 펴던 지성인이 매수되어 어용(御用)의 누명을 자초하기도 하였다.

해방을 계기로 미국의 물질문명이 조수처럼 밀려왔고, 1960년대부터는 근대화가 당면의 목표로 추구되었다. 금전만능의 가치관과 향락주의의 생활태도는 산업화의 실적을 앞지르는 경향을 품미하게 되었고, 따라서 정신적 가치기 상대적으로 후퇴하는 가운데, 사람들은 자유의 주체로서의 본연의 모습을 잃어가는 경향을 보였다. 이리하여 우리는 정치의 후진성에 유래하는 자유의 문제와 인간성의 상실에서 오는 자유의 문제를 아울러 갖게 되었다.

평등의 이념을 구현하는 문제는 자유의 이념의 경우보다도 더욱 절실한 과제로서 표면화되고 있다. 국민의 대다수를 차지하는 대중의 견지에서 볼 때, 자유의 제한에서 오는 불만보다도 사회적 불균형에 대한 불만이 훨씬 강하게 느껴지기 때문이다. 우리의 경우에도 평등의 이념에 부합되도록 사회의 불균형을 시정하는 것이 바람직하다는 주장이 하나의 정론(正論)으로 널리 받아들여지고 있다. 그러나 사회의 현실은 반드시 이 여론을 따라서 개선되지 않았다.

균등한 사회를 요망하는 여론에도 불구하고 실천이 뒤따르지 못하는 이유의 하나로서, 한국 경제의 현 단계가 평등한 분배에 역점을 두기 어려운 상황에 있다는 약점이 흔히 지적된다. 수출의 증대를 통하여 국제수지(國際收支)를 개선해야 할 당면 과제를 위해서는 수출산업의 국제경쟁력을 강화해야 하거니와, 자연자원이 부족하고 과학기술이 뒤떨어진 한국으로서 국제경쟁력을 높이는 길은 노동자의 임금을 낮은 수준에 묶어두는 방향에서 찾을 수밖에 없다는 것이다.

이 극히 상식적인 논리를 일단 받아들인다 하더라도, 사회적 불균형에 관한 우리나라의 현실을 오로지 저 논리 하나만으로 정당화할 수는 없을 것이다. 국제경쟁력의 강화를 위하여 국민의 일시적 희생이 필요하다면, 그 희생은 각계 각층이 고루 분담해야 할 것이며, 또 그 희생을 통하여 축적된 우리의 자본은 전액이 새로운 생산을 위해서 재투자되어야 마땅할 것이다. 그러나, 이 점에 있어서 우리 현실은 당위의 요구를 크게 배반해 온 것이다. 저임금의 원칙이 모든 봉급 생활자에게 고루 적용된 것은 아니며, 국민 전체가 절약과 내핍 생활을 강요당한 것도 아니다. 직종과 직급에 따른 봉급의 격차는 정당한 선을 멀리 벗어났으며, 일부 부유층의 사치와 낭비는 용서할 수 없을 정도로 높은 수준에 이르렀다. 노동자의 저임금 덕택으로 얻은 이윤은 반드시 전부가 생산에 재투자되었다고 보기 어려우며, 대기업은 비업무용 토지를 대량 매입했을 뿐 아니라, 일부 재벌의 재산 해외 유출설까지 서민들의 신경을 자극하고 있는 실정이다.

우애와 인정이 가득한 사회를 희구하는 관점에서 볼 때에도 우리 한국은 서구 사회의 전철을 밟게 되지 않을까 하는 염려가 적지 않다. 한국은 본래 같은 민족끼리 한 부락을 형성하는 경우가 많은 농업국가로서 발전한 나라이므로, 순박하고 후덕한 인심을 자랑으로 삼아 왔다. 지금도 이러한 전통의 여운이 남아 있어서, 다른 나라들과 비교할 때, 인정(人情)의 나라다운 일면이 살아 있다. 그러나, 서구의 물질문명이 급격하게 들어오면서 상공업의 발달과 도시화 현상 그리고 인구의 이동과 치열한 사회경쟁 등의 영향을 받고 우리나라의 인심도 이제는 점점 각박하고 살벌한 편으로 변화해 가는 추세를 보이고 있다. 특히 종교적 신앙심이 물러간 자리를 메울 만한 새로운 철학의 형성이 없어서, 피상적(皮相的) 친교(親交)의 기풍은 살아 있을지 모르나, 같은 운명을 가진 유한자(有限者) 인간으로서 서로 아끼고 동정하는 인간애적 정서는 대체로 미약한 편이다.

해방 이후 우리나라의 인심이 악화(惡化)의 방향으로 기울었다는 것을 가장 알기 쉽게 드러내는 것은, 사회생활 거의 모든 국면에서 발견되는 불신풍조이다. 정직하고 성실한 사람보다는 속임수에 능한 사람이 득세하는 사례가 많았던 혼란기를 배경으로 삼고 기만과 불신의 풍조가 일어났는데, 이러한 풍조는 그 자체가 인심의 타락을 의미하는 것이며, 사람과 사람의 친화를 근본적으로 방해하는 장애로서 작용하는 악순환의 요인이기도 하다. 인간적 신뢰의 바탕이 무너지면 우애와 인정은 그 뿌리를 잃고 시들어버린다.

3. 우리의 장래

　인류의 미래에 대한 지나친 비관론으로 좌절감에 빠지는 것은 좋지 않을 것이다. 그러나 근거가 박약한 관념론에 기대어 "설마 어떻게 되겠지" 하는 막연하고 안이한 자세로 세월을 보내는 가운데 돌이킬 수 없는 파국에 이르는 일이 없도록, 우리들의 지혜를 동원하여 냉철한 대책을 강구함에 게으름이 있어서는 안 될 것이다. 계속 증가하는 인구, 절대량이 크게 부족한 자연자원, 공업의 발달에 따르는 심각한 환경오염, 지나치게 이기주의 방향으로 굳어가는 현대인의 심성, 그리고 인류의 멸망을 재촉하는 전쟁의 위협 등을 고려할 때, 오늘날 인류가 큰 위기에 처해 있다는 식자들의 경고는 결코 공연한 기우에 불과한 것으로 볼 성질의 것이 아니다. 여러 국가들은 각각 자기 나라의 특수성에 맞는 계획과 대책이 있어야 할 것이고, 세계 전체로서는 국제적 차원의 협동과 대책이 있어야 할 것이다. 싸움과 약육강식으로써 우리들의 문제가 원만한 해결을 보리라고 보기는 어려운 것이 오늘의 상황이며, 슬기로운 계획과 이성적 협동만이 우리 자손들에게까지 삶의 기회를 남겨줄 수 있는 유일한 길이 아닐까 한다.

숲과 산의 모습을 전체로서 조감하는 원대한 안목이 오늘처럼 절실하게 요청된 적은 없었다. 싸움판이 벌어지면 조만간 승부가 나고, 패자는 망하지만 승자는 번영을 누리게 된다는 단순한 논리는, 이젠 좁은 시야 안에서만 타당성을 가질 것이다. 승리의 기쁨은 길지 않을 것이며, 결국은 함께 멸망할 공산이 큰 것이 오늘의 상황이다. 개인적인 문제에 있어서나 국제적인 문제에 있어서나, 우선 추구해야 할 것은 평화와 친화의 관계이며, 다음에 할 일은 공동목표를 향한 협동일 것이다.

개인의 이기심을 누르고 전체를 위한 합리적 계획을 꾸준히 밀고나갈 수 있을 정도의 강력하고 권위있는 정권의 탄생 내지 유지가 바람직할 것이다. 그러나, 국가의 주인은 국민이며 정부는 오직 국민을 위해서 존재한다는 민주주의의 원칙이 침범을 당하는 일은 결코 없어야 한다. 어떠한 형태의 것이든 독재정치는 긴 안목으로 볼 때 정도(正道)로 인정될 수 없을 것이며, 정권에 대한 평화적 교체의 길은 항상 열려 있어야 할 것이다.

개인의 부당한 이기심이 억제되어야 하듯이 국가나 민족의 부당한 이기주의도 억제되어야 할 것이다. 특히 강대국의 횡포나 침략을 막기 위하여 약소국들은 굳은 단결로 대처해야 한다. 국제적 분쟁을 조정하여 해결할 수 있도록 강력하고 권위있는 세계 기구를 갖지 못한 것은 인류의 불행이다. 그러나, 국제적 분쟁의 평화적 해결을 위한 지성(知性)의 노력은 중단됨이 없어야 할 것이며,

약소국가들의 자주적 결속은 국제사회의 정의(正義)를 실현하기에 도움이 될 것이다.

그러나 인류와 세계의 문제를 하나의 청사진을 따라서 일괄적으로 해결하는 이성(理性)의 길은, 먼 장래를 위한 옳은 방향임에 틀림이 없으나, 아직은 실현성이 희박한 한갓 희망에 지나지 않는다. 현 단계에 있어서 더 현실적인 길은, 우선 각 국가 단위로 건전하고 정당한 사회를 건설하는 일에 최선을 다하는 길일 것이다. 특히 우리 한국의 경우는 인류와 세계의 문제를 걱정하기에 앞서서, 먼저 대처해야 할 가까운 문제들이 산적해 있다.

한국의 지성(知性)은 지금 여러 가지 점에서 딜레마에 빠지기 쉬운 상황에 놓여 있다. 상식적으로 생각할 때, 서로 충돌하여 함께 달성하기 어려운 상반된 목표를 동시에 추구해야 하기 때문이다. 첫째로, 우리는 국민생활의 경제적 안정을 위하여 산업화를 서둘러야 한다. 그러나 공업화가 인간의 비인간화를 초래한 선진국의 전철을 밟아서는 안 되며, 생활을 근본적으로 위협하는 환경의 오염을 용납할 수도 없다. 산업화는 서두르되 그것에 따르게 마련인 폐단은 막아야 한다는 것이니, 어려운 과제가 아닐 수 없다. 둘째로, 우리나라의 현실은 한편으로는 밖으로부터의 침공에 대비하여 국토를 지키고, 다른 한편으로는 국가발전의 종합적 계획을 수행하기에 손색이 없는 강력한 정권을 요청한다. 그러나, 국민의 인권이 정치권력이나 관료들에 의하여 유린당하는 일은 용납될 수 없으며, 자유의 주체로서 국민 각자의 자아실현에 차질이 있어서도 안 된다. 셋째로, 우리는 나라 전체의 경제 성장을 위하여 기업의 육성을 꾀해야 한다. 그러나, 공정한 분배를 통하여 사회의 불균형을 시정하는 일도 우리들의 중대한 과제의 하나이다. 여기도 기업의 육성과 근로자의 보호 사이에 갈등이 생길 요인이 있다. 넷째로, 국토의 평화적 통일은 우리 민족의 절실한 과제요 염원이다. 평화적 통일은 대화를 통해 이루어져야 하고, 그 대화는 공정하고 성실해야 한다. 그러나 우리의 현실은 잠시도 방심할 수 없는 상황이어서, 우리는 항상 경계하고 국방력을 강화해야 하며, 때로는 국민에게 동족(同族)에 대한 적개심을 고취해야 한다. 다섯째, 날로 발전하고 날로 좁아지는 세계 속에서, 우리는 외국문화의 좋은 점을 너그럽게 받아들여야 한다. 그러나, 오랜 전통을 가진 우리 민족문화가 외래문화의 그늘 속에 시드는 일이 있어서는 안 되며, 전통문화의 뿌리를 살려 새로운 민족문화를 창조하는 가운데 국민 각자의 자아가 실현되어야 할 것이다. 여기에도 외래문화의 수용과 전통문화에 대한 애착 사이에 갈등이 예상된다.

대립된 두 가지 요청 가운데 하나를 버리고 하나를 취함으로써 딜레마를 벗어나는 길도 논리적으로는 생각할 수 있을 것이다. 그러나, 실제에 있어서 그 길은 비현실적이거나 바람직하지 않다. 삶의 궁극적 목적에 가까운 길을 버리고 수단에 가까운 길을 택할 수는 없을 것이며, 목적을 취하고 수단을 버리면 결국은 목적마저 버리는 결과가 될 것이기 때문이다. 결국 우리는 두 길을 종합하는 방향으로 해결을 모색해야 할 것이며, 그 종합의 기본원리는 삶의 궁극 목적 내지 이상(理想)에서 찾을 수밖에 없을 것이다.

우리가 산업화를 서둘러 경제 건설에 안간힘을 쓰는 것도 결국은 사람다운 삶의 실현을 위해서 경제적 기반이 불가결하다고 믿기 때문이다. 그러므로, 인간의 비인간화 또는 환경의 치명적 오염을 대가로 치르는 산업화는 의미가 없을 뿐 아니라 극히 어리석은 짓이다. 여기서 우리가 부딪치는 것은, 인간의 비인간화와 극심한 오염을 동반하지 않는 산업화가 과연 가능한가 하는 문제이다. 산업화가 인간의 비인간화와 환경의 오염을 몰고 온 근본원인은 사람다운 삶을 위한 수단으로서 산업화를 추구하지 않고 돈벌이를 위한 수단으로서 그것을 추구한 잘못에 있을 것이다. 다시 말해서, 돈을 최고의 가치로서 착각한 가치관의 전도가 아니었다면, 산업화가 반드시 불행한 결과를 동반하지는 않았을 것이다. 그러므로, 만약 건전한 가치관만 회복될 수 있다면, 인간의 비인간화와 환경의 오염을 초래하지 않고도 산업화를 성취할 수가 있을 것이다.

그러나, 건전한 가치관을 회복한다는 것은 아주 오랜 시일이 걸리는 일이다. 정치적 세뇌(洗腦)와 구별되는 훌륭한 가치관 교육이 실시되어야 하며, 이 교육이 충분한 성과를 거두기 위해서는 많은 시간이 필요한 것이다. 따라서 전 국민의 가치관을 바로잡은 다음에 폐단 없는 산업화를 꾀한다는 순서를 따른다면 일이 너무 늦어질 것이다. 가치관을 바로잡는 교육의 과제와 산업화를 추구하는 경제의 과제는 동시에 추진되어야 한다. 이는 국민생활의 질적 향상을 목표로 삼는 종합적 계획을 따라서 산업화가 질서 있게 추진되어야 한다는 것을 의미하며, 이 길을 실천할 수 있는 진실로 역량이 큰 민주정부가 전제되어야 한다는 것을 의미한다.

국가 발전의 종합적 계획을 수행하기에 부족함이 없는 강력한 정권은 전제주의에 의해서만 가능하다는 생각을 가진 사람들이 적지 않은 것은 불행한 일이다. 국가 권력의 근원은 국민 각자의 인권에 있는 것이며, 국민 전체의 지지에 힘입어 강한 정권이 탄생하는 것이 가장 사리(事理)에 합당할 것이다. 여러 선진국에 있어서 독재자가 국민의 인권을 찬탈함으로써 스스로 강자가 되는 사례를 흔히 보나, 이는 한갓 역사적 불행에 속하는 것이며, 결코 불가피한 현상은 아니다. 자유의 주체로서의 국민 각자의 권익을 옹호하고 그 자아실현을 돕는다는 본래의 사명을 완수하는 일과 국토를 방위하고 국가 발전의 종합적 계획을 수행하는 일은 같은 사업의 두 측면이어야 한다. 그리고 이 두 측면을 아울러 달성할 수 있는 것은 전 국민의 자발적 지지에 의하여 강하게 된 민주적 정부이다. 결국 문제를 해결하는 궁극적 관건은 국민의 의식수준에 달려 있으며, 오직 위대한 국민만이 위대한 정부를 가질 수 있다는 평범한 상식으로 귀착한다.

셋째로, 기업의 육성과 공정한 분배를 양립시키는 일도 본래 근본적으로 불가능한 과제라고는 생각되지 않는다. 기업 육성의 목적이 국민생활 전체를 고루 향상시킴에 있다는 기본 원칙만 충실하게 지킨다면 문제 해결의 실마리는 풀릴 것이다. 내일의 국민경제를 위해서 모든 국민이 다같이 내핍생활을 한다면, 근로 대중도 기꺼이 고생을 참을 것이다. 근로 대중에게 적게 분배한 대신 그 여분이 모두 내일을 위한 생산에 다시 투자된다면, 대중은 불평 없이 협력할 것이다. 대중의 분노를 자극하는 것은 오늘의 가난한 살림이 아니라 일부 특권층의 불필요한 사치와 낭비, 재벌의 재산 해외 유출설, 그리고 비업무용 토지의 대량 매입 등 불합리한 처사들이다. "기업의 육성을 위해서"라는 명분을 내세워 국민을 기만함이 없이, 기업과 정부가 성실한 자세로 일관한다면, 우리 한국은 한결 명랑하고 풍요로운 사회로 발전하게 될 것이다.

우리 남한만이라도 우선 명랑하고 풍요로운 사회로 발전시키는 일에 성공한다면, 그것은 평화적 국토 통일을 위한 큰 기반이 될 것이다. 끊임없는 국력의 배양과 속임수 아닌 성실한 대회가 지속되는 가운데 국토 통일의 기회는 조만간 올 것으로 믿어진다.

끝으로 민족문화 창달의 문제는 우리 전통문화와 서구적인 외래문화를 비교하고 그 어느 편을 택하느냐 하는 각도에서 다룰 문제가 아니다. 현대의 한국문화는 현대 한국인의 자아를 표현하는 것이어야 하고 또 그것으로 족하다. 한국의 전통문화는 그것이 우리들의 생활공간의 산물이라는 점에서 우리 자신의 것이요, 그것이 지나간 시대에 속하는 한에 있어서 남의 것이다. 서구의 현대문화는 그것이 외국에 근원을 두었다는 점에서 남의 것이요, 우리 시대의 상황을 반영하고 있는 한에서 우리의 것이다. 현대의 한국인의 자아 속에는 한국의 전통성에서 유래한 요인들도 있고 세계의 현대성에서 유래한 요인들도 있다 이 모든 요인들을 살려서 우리들에게 잠재해 있는 가능성을 최대한으로 발휘할 때 개인으로서는 자아의 실현을 얻을 것이요, 민족으로서는 문화의 발전을 얻을 것이다.

생존에서 자유에 이르는 여러 가지 문제들을 안고 있는 인간의 장래가 어떻게 될 것인가 하는 문제는 필경 인간이 어느 길을 선택하는가에 — 다시 말해서 인간이 어떤 가치관을 체득하는가에 — 달려 있다. 그리고, 그 선택을 좌우하는 것은 어느 순간의 작용이 아니라 우리들의 사람됨 전체이다. 여기서 우리는 넓은 의미의 교육의 중요성을 상기하는 동시에 자기 교육(自己敎育)을 포함한 인간 교육의 문제에 더 많은 관심이 쏠려야 한다는 반성에 도달한다.

[1980, 한국철학회, 『철학』(哲學), 제14집]

존 롤즈의 사회정의론

— 그 방법론에 대한 비판적 고찰 —

1. 롤즈의 '사회정의론'이 동시에 해결하고자 한 두 가지 근본문제

　존 롤즈(John Rawls)의 『정의론』(*A Theory of Justice*)이 출판된 지 벌써 오랜 시간이 지났고, 이 야심작을 소개 또는 비판하기 위하여 씌어진 논문과 단행본이 무수히 쏟아져 나온 지금, 새삼스럽게 그의 학설을 들추는 것은 좀 때늦은 느낌이 있다. 롤즈에 대하여 한국말로 씌어진 논문이 적다는 우리의 뒤떨어진 실정을 지적할 수도 있을 것이나, 스스로의 게으름과 무능함을 고백하는 데지나지 않을 것이다. 플라톤이나 아리스토텔레스 같은 옛 철인들의 학설이 아직도 연구의 대상이 되고 있다는 사실에 대해 언급할 수도 있을 것이나, 롤즈가 과연 그토록 고전적인 인물이냐는 물음은 접어둔다 치더라도, 필경 무슨 새로운 말을 할 수 있느냐가 문제라 하겠다.

롤즈의 『정의론』을 전반적으로 검토하고 비판한 연구로는 울프(R. P. Wolff), 배리(Brian Barry), 헥사르(Vinit Haksar) 등의 단행본이 있다.[1] 그리고 '원초적 입장'(original position), '최악 최선의 원칙'(maximin principle), '기본적 가치'(primary goods) 등 롤즈의 기본개념 내지 주요 가설 및 그의 추리 과정의 논리 등에 대한 부분적인 분석과 비판에 역점을 둔 논문들은 이루 헤아릴 수 없을 정도로 수없이 발표되었다. 그러한 연구들을 소개하고 대조해 가면서, 롤즈의 학설의 큰 줄거리를 고찰해 보는 것도 한국적 상황에서는 전혀 무의미하지는 않을 것이다. 그러나, 필자가 이 글의 목표로 삼는 것은, 롤즈의 학설의 줄거리를 밝히거나 그의 학설의 어떤 부분에 대하여 새로운 말을 하고자 함에 있기보다는, 현대 윤리학이 안고 있는 전체적인 과제와 관련하여, 특히 그 방법론적인 문제와 관련하여 롤즈의 학설이 어떠한 함축된 의미(implication)를 가지고 있는가를 살펴보고자 함에 있다.

20세기 후반기에 접어들면서 현대 윤리학은 두 가지의 매우 큰 과제와 정면으로 대결해야 할 처지에 놓이게 되었다. 그 과제의 하나는 윤리적 회의론(ethical skepticism)을 말끔히 극복함으로써 도덕판단의 시비를 가릴 수 있는 확고부동한 기준이 존재함을 밝히는 일이요, 또 하나는 본래 실천을 위한 철학이었던 윤리학이, 메타 윤리학이라는 논리와 언어분석의 늪을 벗어나서, 사회 현실

---

1) Robert Paul Wolff, *Understanding Rawls*, Princeton, 1977; Brian Barry, *The Liberal Theory of Justice*, Oxford, 1975; Vint Haksar, *Equality, Liberty, and Perfectionism*, Oxford, 1979.

의 문제에 대답하는 본연의 구실을 회복하는 일이었다. 1920년대에서 30년대에 걸쳐 학계의 주목을 끌었던 논리실증주의자들(logical positivists)의 투철한 이모티비즘(hardboiled emotivism)의 주장에 지나침이 컸다는 반성론이 대두하면서, 윤리적 추리에도 객관적 근거와 이성적 요소가 존재한다는 것을 역설한 학자들이 많이 나타나기도 했으나, 아직도 사실(is)과 당위(ought) 사이의 논리적 간격을 튼튼하게 메울 수 있는 확고한 근거를 보여준 사람은 없었다. 따라서 정치와 경제 그리고 사회 일반에 있어서 심각하고 복잡한 문제들이 끊임없이 일어나고 있는 시대에 살고 있음에도 불구하고, 현실문제에 대한 해결의 원리를 제시할 책임을 가진 윤리학자들이, 그 소임을 다하기 어려운 실정이었다.

사회정의의 원리를 확립하는 일을 일차적 과제로 삼은 롤즈가 위에 말한 윤리학의 두 가지 과제를 어느 정도 의식했는지는 확언하기 어렵다. 그러나 그가 만약 사회정의의 원리를 이론적으로 확립하기에 성공했다면, 거의 자동적으로 위의 두 가지 과제를 해결하는 결과를 가져왔다고 볼 수 있을 것이다. 왜냐하면, 롤즈가 제시한 '정의의 두 원리'는 사회 윤리 전반에 걸쳐서 적용될 수 있는 도덕판단의 기본원리로서의 성격을 띠고 있기 때문이다. 롤즈가 제시한 '정의의 두 원리'가 의심의 여지없이 확립된 원리로서 인정된다면, 우리는 사회 윤리 전반에 걸쳐서 시비(是非)를 판단할 수 있는 근본원리를 얻은 셈이 될 것이다. 그리고 사회 윤리를 위한 객관적 판단의 기준이 사실상 확립되었다면, 굳이 메타 윤리학적 분석의 증명을 거치지 않고서도, 우리는 윤리적 회의론을 이미 극복하고 있다는 사실을 알 수 있을 것이기 때문이다. 뿐만 아니라, 롤즈의 사회정의론은 본래 현실문제에 대답하는 규범

윤리설로서 출발한 것인 까닭에, 다시 말하면 메타 윤리학의 늪에는 처음부터 빠지지 않았던 까닭에, 두 번째 과제도 동시에 애설한 결과가 될 것이다.

롤즈는 메타 윤리학에 있어서 제기되는 문제들을 먼저 해결하고 그 다음에 규범 윤리학의 문제로 넘어가는 순서를 밟지 않았다. 그는 일찍부터 규범 윤리학의 기본문제의 하나인 사회정의의 문제와 정면으로 대결하기 시작했다. 다만, 그 사회정의의 문제를 해결해 가는 과정에 있어서, 형이상학적 전제나 직각론적 원리에 호소함이 없이 경험적 사실과 치밀한 논리에 의거함으로써, 메타 윤리학적 견지에서 제기할 수 있는 문제점을 미리 제거하기를 시도하였다. 바꾸어 말하면, 롤즈는 분석철학의 빈틈없는 수법을 고려해 가며 실천철학의 문제를 해결하고자 꾀한 셈이다. 그가 만약 이 시도에서 성공하여 사회정의의 원리를 이론의 여지가 없는 확고한 원리로서 확립하기에 이르렀다면, 그는 앞에서 말한 윤리학의 두 가지 과제를 해결할 수 있는 길을 **사실상** 연 셈이 될 것이다. 그렇다면 과연 롤즈의 사회정의론은 논리적으로 완벽하다고 볼 수 있는 것일까?

2. 개인들의 이상과 바람직한 사회

개인을 위하여 이상적인 삶이 모든 사람들에 있어서 동일하다면, 즉 모든 사람들에게 공통된 **하나의 참된** 삶의 목표가 존재한다면, 그 참된 삶의 목표가 도덕판단을 위한 보편적 기준이 될 수 있을 것이다. 전통적으로 목적론자로 알려진 윤리학자들 가운데는, 참된 삶의 목표는 만인에게 공통될 것이라는 가정에서 출발한 사람이 많았다. 따라서 그들에게 있어서 가장 중요한 문제는, 모든 사람이 목표로 삼아야 할 이상적 인간상(人間像)이 무엇인가 하는 물음이었다. 인간상을 한 집단으로서 파악하고 이상적 사회 또는 이상적 국가를 문제삼은 철학자들도 있었으나, 더 많은 경우 개인으로서의 이상적 인간상이 추구의 대상이 되었다.

그러나, 인간을 개인으로서 파악하고 모든 사람들에게 보편적으로 타당한 이상형(理想型)을 찾아낸다는 것은 성공할 가능성이 거의 없는 모색에 불과한 것으로 보인다. 왜냐하면, 경험적 세계에 존재했거나 존재하는 사람들이 다양하게 추구했거나 추구하는 이상을 초월하여, 선천적으로 주어진 이상적 인간상이 존재한다는 가정은 이렇다 할 근거가 없는 가정에 불과하며, 경험적 인간이 현실적으로 추구하는 다양한 개인적 이상을 종합하여 하나의 '참된 이상적 인간상'을 추출해 낸다는 것도 성공할 가망성이 희박한 시도이기 때문이다.

사람들이 현실적으로 추구하는 개인의 이상과 인생 설계는 매우 다양하다. 예술, 학문, 종교, 도덕, 향락 등 여러 가지 영역 가운데 어느 것을 가장 소중하게 생각하는가에 따라서, 그리고 자기의 소질과 사회적 조건이 어느 영역에 적합하다고 판단하는가에 따라서, 사람들은 각각 자신의 길을 정하고 그 길에 맞추어서 인생을 설계한다. 뿐만 아니라, 같은 영역을 택한 사람들 가운데도 그들의 영역에 대한 견해에 개인차가 생기게 마련이어서, 개인적 이상의 설계도는 실로 백인백색이다. 그리고 개인적 인생 목표의 다양성은 인생과 문화를 풍부한 것으로 만드는 근원이므로 일단 긍정적으로 받아들여야 할 것이다. 무수하게 다양한 인생 목표들 가운데서 어느 하나만을 '참되고 옳은 것'으로 선정할 수 없을 뿐 아니라, 그 여러 가지 목표의 좋은 점을 살려서 히니의 종합직 내지 고차원적 목표를 구상한다는 것도 생각하기 어렵다. 철 따라 피고 지는 무수한 종류의 꽃들 가운데 한 가지만을 골라 지구를 장식하고자 하는 생각은 어리석은 생각이며, 여러 가지 꽃들의 장점을 모두 갖춘 종합적이며 차원 높은 새로운 화초로 대체하고자 하는 생각도 어림없는 생각이다.

사람에 따라서 다양한 인생 목표를 하나의 추상적 개념으로 묶을 수는 있을 것이다. 예컨대, "각자의 소질을 최대한으로 발휘하도록 사는 것이 옳은 삶의 길이다" 또는 "가능한 한 최대의 가치를 실현하도록 사는 것이 옳은 삶의 길이다" 하는 등의 명제로써 하나로 통일된 길을 제시할 수는 있을 것 같은 생각이 든다. 그러나 이러한 해결책은 말장난의 속임수에 불과한 것이며, 실질적인 문제 해결에는 별로 도움이 되지 않는다. 왜냐하면, 예시한 첫 번째 명제는, 인간의 소질이 단일한 요소로서 있는 것이 아니라 여러 가지 요소들의 복합인 까닭에, 그리고 '소질을 최대한으로 발휘함'이라는 말은 몰가치적 기술언어(記述言語)가 아니라 평가를 포함한 언어인 까닭에, '각자의 소질을 최대한으로 발휘하는 길'이 여러 갈래로 나누어질 수밖에 없다는 치명적 결함을 가졌다. 그리고 둘째 명제는 어떠한 일들을 했을 때 '가능한 한 최대의 가치가 실현될' 것인지에 관해서 하나의 일치된 대답을 얻을 수가 없는 까닭에 별로 쓸모가 없다.

여기서 우리는 "개인을 위해서 가장 바람직한 삶은 사람마다 다르다고 보아야 하며, 모든 사람들이 동일한 인간상을 목표로 삼아야 할 이유가 없다"는 전제로부터 다시 출발하는 길을 생각하지 않을 수 없다. 이러한 전제는 개인의 자유와 개성을 중요시하는 현대인의 생각과도 잘 조화를 이룬다. 그리고, 개인은 각자의 개성을 따라서 자유롭게 자기의 인생 목표를 선택할 수 있다는 것을 하나의 원칙으로 받아들일 때, 윤리학의 문제는 개인에서 사회로 그 중심을 옮기게 될 것이다.

개인에게 자신의 소망을 따라서 인생 목표를 마음대로 추구할 자유가 있다는 것을 원칙으로서 인정한다 하더라도, 그 자유가 무제한의 자유일 수는 없다. 사회적 존재로서 여러 사람들과 관계를 맺어 가며 집단생활을 하게 마련인 인간이 각각 제멋대로의 목표를 정하고 그 목표로 접근해 감에 있어서 아무런 자제(自制)도 가하지 않는다면, 사람들의 의도와 실천은 어지럽게 충돌할 것이며, 집단 전체가 질서를 잃고 파멸하게 될 것이다. 따라서 개인이 스스로 선택한 삶의 목표를 달성하자면 우선 그가 속해 있는 집단이 질서를 유지할 필요가 있으며, 그 집단을 구성하는 개인들은 집단의 질서 유지와 발전을 위하여 필요한 행위의 규범을 지킬 필요가 있다. 사회의 유지와 발전을 위해서 필요한 규범을 지키도록 자제하는 것이 결국 나도 위하고 남도 위하는 현명한 길이 될 것이다.

사회의 유지와 발전을 위한 규범은 적절하고 공정해야 할 것이다. 그것은 사회를 유지하고 발전시키고자 하는 목적에 적합해야 할 것이며, 개인들의 행위를 불필요하게 제약함이 없어야 할 것이다. 규범의 내용 자체가 우선 공정해야 할 것이며, 규범은 모든 성원들에게 한결같이 적용되어야 할 것이다. 그렇다면, 노내세 이떠한 사회규범이 적절하고 공정한 규범에 해당하는 것일까? 현실적으로 모든 사회에는 이미 도덕 또는 법의 이름을 가진 사회규범이 존재하고 있으나, 현존하는 규범들이 모두 적절하고 공정하다고 보기는 어렵다. 적절하고 공정한 규범은 발견 내지 정립하는 일은 사회문제를 다루는 학자들의 공동과제이며, 특히 규범들을 위한 기초가 될 기본원리를 발견 내지 정립하는 일은 윤리학자들의 과제라 하겠다. 이와 같은 방식으로 생각할 때, 윤리학에 있어서 가장 기본적인 문제는 개인을 위해서 바람직한 삶의 목표가 무엇인가라기보다도, 정당하고 바람직한 사회를 위하여 요구되는 규범의 원리는 무엇인가 하는 것이 될 것이다.2)

"정의로운 사회를 위해서 가장 올바른 규범의 원리는 어떠한 것일까?" 다시 말해서 모든 사람들에게 보편적 타당성을 가진 정의의 원리(principles of justice)는 무엇일까? 이 물음이 바로 롤즈가 윤리학에 있어서 가장 근본적인 문제로 보고 그 해결을 위해서 오랜 세월을 두고 심혈을 기울인 문제이다.

---

2) 이때 윤리학의 문제가 개인에서 사회로 옮겨가는 동시에, 윤리의 기본원리를 탐구하는 관점은 목적론적 견지를 버리고 법칙론적 견지를 취하게 된다. 그러나 여기서 윤리 문제의 중심은 개인으로부터 사회로 옮기되, 윤리의 기본원리를 탐구하는 관점은 여전히 목적론적 견지를 고수할 수도 있으며, 또 실제로 그러한 견지를 취한 학자들이 있다. 즉, "우리가 목표로 삼아야 할 이상적 개인의 상(像)이 어떤 것인가?" 하는 물음 대신에 "우리가 목표로 삼아야 할 이상적 사회상이 어떤 것인가?" 하는 물음을 제기하고, 사회 그 자체에 추구해야 할 목적이 있다는 전제로부터 출발할 수도 있다. 이러한 전제로부터의 접근은 그 나름의 많은 난점을 가지고 있는데, 롤즈의 사회정의론을 다룸에 있어서 반드시 짚고 넘어가야 할 이유가 없으므로, 이 글에서는 사회적 목적론의 문제는 지나치기로 한다.

3. 롤즈가 세우고자 한 '정의의 원리들'

보편적 타당성을 가진 정의의 원리가, 만유인력의 원리가 존재하듯이 이미 주어져 있다고 보기는 어렵다. 그것은 인간이 합의(agreement)를 통하여 스스로 세워야 할 과제라고 보는 것이 롤즈의 출발점이다. 정의의 원리는 "각자의 이익을 추구하는 자유롭고 합리적인 사람들이 최초의 평등한 입장에서 그들의 공동체에 관한 기본적 약정(約定)으로서 받아들이게 될 원리이다."3) 만약 공동체의 성원 모두가 찬동하는 어떤 원리를 찾아낼 수만 있다면, 그 원리는 성원들 자신의 선택한 원리인 까닭에 모든 성원들에 대한 구속력 즉 타당성을 갖게 될 것이다. 그러나 정의롭고 바람직한 사회를 위한 규범의 원리가 무엇인지에 관하여 과연 모든 사람들이 의견의 일치를 볼 수 있는가가 문제이다.

대개의 국가에는 입법기관이 있어서 국민들이 지켜야 할 법률을 정한다. 입법기관을 위한 대표를 선출하고 또 그들이 법률을 제정하는 절차는 나라에 따라서 차이가 있겠으나, 결과로 얻어진 법률이 국민 전체의 동의(同意)로써 이루어진 것으로 볼 수 있는 경우는 드물다. 다수의 견해 또는 우세한 집단의 이익을 결정적으로 반영하는 반면에 소수의 견해 또는 약자들의 이익은 억압하는 내용의 법률이 제정되는 경우가 많다. 의견과 이해관계를 달리하는 사람들이 모여서 만장일치의 의결에 도달한다는 것은 일반적으로 어려운 일이다. 이 어려움은 사회정의의 원리를 계약론적 방법으로 정립하고자 하는 롤즈에게도 따른다고 보아야 할 것이다.

---

3) John Rawls, *A Theory of Justice*, Harvard University Press, 1971, p.11.

공동의 관심사에 대한 해결책을 모색하기 위하여 모인 사람들의 의견이 서로 엇갈리는 것은, 모인 당사자들이 입장이 시로 나르기 때문이다. 가령 사회의 기본구조에 관한 원칙을 대화와 계약으로 결정하기 위하여 각계각층의 대표자들이 모였다고 하자. 이때 여러 대표자들의 이해관계와 사고방식에 차이가 있는 것이 보통이며, 따라서 그들은 서로 엇갈리는 주장을 하게 되고, 만장일치의 합의를 보기가 힘들 것이다. 그러나 만약 대표자들이 서로다른 이해관계와 사고방식으로 인한 영향을 받지 않는다면, 합리적 사고에 입각한 대화를 통하여 만장일치의 합의에 도달할 수있는 길이 그들에게 열리게 될 것이다. 바로 이 점에 롤즈는 착안했던 것이며, 그의 정의론에 있어서 중요한 위치를 차지하는 '원초적 입장'(original position)이 만장일치의 합의에 도달하기 위한가상적 상황으로서 그가 생각해 낸 장치라는 것은 널리 알려진사실이다.

롤즈의 '원초적 입장'에 따르면 사회의 기본구조를 정의롭게 형성하기 위한 근본원리 즉 '정의의 원리'(principles of justice)를제정할 목적으로 참석한 대표자들은 다음과 같은 조건들의 제약을 받고 계약 당사자로서의 임무를 수행한다. 첫째로, 그들은 세계와 사회와 인간에 관한 일반적 지식은 가지고 있으되, 자기의개인적 특수사정 또는 자기가 사는 시대와 사회의 특수사정은 전혀 모르도록 '무지의 장막'(veil of ignorance)으로 가려져 있다. 둘째로, 그들은 기본적 가치(primary good)의 자기 자신의 몫에대해서만 관심을 국한하고 타인의 문제에 대해서는 서로 무관심하다. 셋째로, 그들은 시기심을 갖지 않았으며, 자기의 목적을 달성하기 위하여 가장 효과적인 방법을 택하는 합리성(rationality)을 가졌다. 넷째로, 그들은 안전을 꾀하고 모험을 싫어하는 경향을 가지고 있으며, 따라서 '불충분한 이유의 원리'(the principles of insufficient reason)를 적용하기를 원치 않는다.4)

이상과 같은 심리적 제약 이외에, 원초적 입장의 대표자들은 다시 '형식적 조건의 제약'을 받고 정의의 원리를 선택해야 한다. 모든 윤리의 원리는 그것이 윤리의 원리가 될 수 있기 위해서 만족시켜야 할 최소한의 형식적 조건(formal constraints)이 있는 것이며, '정의의 원리'도 그 형식적 조건을 어길 수 없기 때문이다. 그러한 형식적 조건으로서 롤즈는 다음의 다섯 가지를 열거한다.

첫째로, 원리는 일반적(general)이라야 한다. 즉, 원리를 공식화함에 있어서 고유명사를 사용해서는 안 되며, 원리의 진술은 일반적 성질 내지 일반적 관계만을 서술해야 한다. 둘째로, 원리는 만인에게 보편적으로 적용될 수 있어야 한다. 그것은 모든 사람이 이해할 수 있어야 하고 모든 사람이 몸소 적용할 수 있어야 한다. 셋째로, 공지성(公知性, publicity)의 조건이 첨가되어야 한다. 즉 원리의 내용이 모든 사람들에게 널리 알려질 것을 전제로 삼아야 한다. 계약 당사자에게 계약의 내용을 알리는 것은 당연한 일이므로, 이 조건은 계약론의 입장에서 정의의 원리를 이해하는 이상 응당 따르게 마련이다. 넷째로, 원리들이 요구하는 것들 사이에 충돌이 생겼을 경우에 하나의 결정을 내릴 수 있도록 우선순위에 관한 규정이 마련되어야 한다. 다섯째로, 궁극성(finality)의 조건이 하나 더 첨가되어야 한다. 즉, 정의의 원리는 실천적인 윤리 문제의 해결을 위해서 우리가 의지할 수 있는 최고의 규범으로서

---

4) *Ibid.*, pp.136-150 참조.

의 권위를 가져야 한다.5)

위에서 열거한 바와 같은 심리적 크기 및 형식적 소선의 제약을 전제로 삼았을 경우에, 최초의 상황에서 정의의 원칙을 선정하기 위하여 참석한 대표자들은, "사회의 기본구조를 올바른 것으로 만들기 위하여 우리가 의존해야 할 근본원리는 무엇인가?"라는 물음에 대답할 수 있는 원리를 결정함에 있어서 만장일치의 합의에 도달할 수 있을 것이라고 롤즈는 주장한다. 이러한 절차를 밟음으로써 모든 대표자들의 동의를 얻을 수 있을 것으로 기대되는 원리로서 롤즈가 제시한 원칙이 곧 그의 '정의의 두 가지 원리'이며, 그것들은 다음과 같은 표현으로 정식화된다.

(1) 각 개인은 모든 사람들의 비슷한 계통의 자유(similar system of liberty)와 양립할 수 있는 기본적 자유의 가장 광범위한 전 체계에 대하여 동등한 권리를 갖는다.6)

(2) 사회적 불평등 내지 경제적 불평등은, ① 최소 수혜자(the least advantaged)에게 최대의 이익을 보장하는 동시에, 후세를 위한 절약의 원칙에 위배됨이 없도록 조정되어야 하며, ② 그 불평등의 계기가 되는 직위(office)와 지위(positions)는 공정한 기회균등의 원칙에 따라서 모든 사람에게 공개되어야 한다.7)

롤즈의 정의의 원리는 두 가지로 나누어져 있고, 또 그 둘째 원

---

5) *Ibid.*, pp.130-136 참조.

6) *Ibid.*, p.250, p.302.

7) *Ibid.*, p.83, p.302.

리는 다시 두 항목으로 나누어진다. 따라서 그의 원리들이 요구하는 것들이 서로 충돌할 경우가 생길 수 있으므로, 여기 우선순위의 규칙(priority rule)으로써 보완할 필요가 생긴다. 롤즈가 제시한 우선순위의 규칙은 다음과 같다.

(1) 평등한 자유에 관한 첫째 원리는 사회적·경제적 가치의 분배에 관한 둘째 원칙보다 절대적으로 우선한다. 따라서 자유의 제한은 오직 더 큰 자유를 위해서만 허용될 수 있다.

(2) 두 번째 정의의 원리는 효율성의 원리(the principle of efficiency) 또는 이익의 극대화의 원리보다 절대적으로 우선한다. 그리고 기회균등의 원칙은 차등의 원칙(difference principle)보다 우선한다.[8]

4. 롤즈는 정의의 원리들을 확립하는 데 성공했는가

객관적 타당성을 주장할 수 있는 확고부동한 정의의 이론을 세우는 것이 롤즈의 포부요 의도였다. 롤즈의 야심에 찬 의도가 성공했다고 인정되기 위해서는 다음과 같은 조건들이 만족되어야 할 것이다.

(1) 최초의 상황에 있어서의 대표자들의 원리 선택을 유도하기 위하여 롤즈가 전제한 원초적 입장의 여러 조건들은 모두 객관적

---

8) *Ibid.*, pp.302-303 참조.

타당성을 가진 제약(constraint)의 조건들이다.

(2) '무지의 장막'을 위시한 원초적 입장이 여러 조건들을 전제로 삼을 때, 롤즈의 두 정의의 원리가 만장일치의 합의로써 선정될 것임에 의심의 여지가 없다.

(3) 롤즈가 제시한 우선순위의 규칙에도 이론(異論)의 여지가 없다.

우선 롤즈가 전제한 원초적 입장의 여러 조건들의 객관적 타당성의 문제부터 살펴보기로 하자. 앞에서 우리는 원초적 입장에서의 대표자들에게 제약을 가할 조건들을 심리적인 것과 형식적인 것으로 나누어서 소개한 바 있는데, 이 가운데 형식적 제약의 조건은 모든 윤리의 규범이 만족시켜야 할 일반적 원칙에 해당하므로 별로 문제가 되지 않을 것이다. 따라서, 여기서는 '무지의 장막'을 비롯한 심리적 조건들만을 고찰의 대상으로 삼고자 한다.

개별적 사실에 대한 무지, 상호 무관심, 시기심의 결여 등 원초적 상황에서의 당사자들의 심리적 조건들은 롤즈가 필요에 따라서 마음대로 정한 것들이다. 다시 말하면, 롤즈 자신이 원하는 결론을 얻기 위해서, 필요한 조건들을 자유롭게 집어넣음으로써 그의 '원초적 입장'을 규정지은 것이다. 객관적 사실과 필연적 논리에 의하여 원초적 입장의 조건들이 먼저 결정되고, 그 다음에 그 원초적 입장의 개념으로부터 롤즈의 두 원리가 도출된 것이 아니라, 오히려 두 원리에 대한 롤즈의 신념이 먼저 생겼고, 그 신념을 정당화하기 위한 장치로서 '원초적 입장'의 개념을 창출해 낸 것이다.9)

그렇다면 롤즈는 무엇에 의하여 그의 '원초적 입장'의 개념을 정당화하는 것일까? 여기서 롤즈가 힘을 빌린 것은 일종의 직각론 (intuitionism)이라고 볼 수 있다. 우선 원초적 입장을 규정하는 몇 가지 조건들은, 정의의 원리를 선정하는 상황을 위한 조건으로서 합리적(reasonable)이라는 것을 우리들의 숙고된 판단(considered judgments)은 부인하지 않을 것이라고 롤즈는 생각하고 있다. 그리고, 그가 규정한 원초적 입장의 제약에 힘입어 선정된 두 정의의 원리 및 그 원리들에 입각해서 도출되는 여러 가지 원칙들도 우리들의 숙고된 판단과 잘 부합된다는 것이다.[10) 요컨대, 롤즈는 그의 계약론적 방법과 라이언스(Lyons)의 이른바 정합론적 논의 (coherence argument)를 상호 보완적으로 겸용함으로써 그의 학설의 타당성을 밝히려 하는 것인데, 여기에는 상당한 문제점이 도사리고 있는 것으로 보인다.

정합론적 논의가 결정적 논증의 방법이 될 수 없다는 것은 롤즈 자신도 인정하고 있는 것으로 보인다. 왜냐하면 아무리 숙고 (熟考)를 거듭한 끝에 도달한 판단이고 또 틀림없이 옳은 것처럼 느껴지는 판단이라 하더라도, 그것이 추호의 틀림도 없는 절대적 타당성을 가진 것으로 단정할 수는 없다는 것을 롤즈도 인정하기 때문이다.[11) 윤리 문제에 관해서는 어떠한 숙고 판단도 절대적으로 옳다고 장담할 수는 없는 까닭에, 원초적 입장에 관한 롤즈의 가상 조건과 그 조건들에 입각하여 도출된 정의의 원리가 우리들

---

9) 롤즈는 그의 '원초적 입장'에 관해서 "나는 내가 원하는 결론을 얻기 위해서 원초적 입장의 조건을 정하고자 한다"고 분명히 말하고 있다. *Ibid.*, p.141.

10) *Ibid.*, p.19 이하, p.120, p.579 이하 참조.

11) *Ibid.*, p.20 참조.

의 숙고 판단과 일치한다 치더라도, 그 조건들 또는 원리의 객관적 타당성이 입증되었다고 볼 수는 없다. 여기서 롤즈가 끌어들인 것이 '숙고의 평형 상태'(reflective equilibrium)라는 개념이다. 계약을 위한 최초의 상황의 조건들은 일단 일상적 숙고 판단에 의거하여 잠정적으로 규정하되, 원초적 입장을 바탕으로 삼고 도출된 원리들에 비추어서 우리들의 숙고 판단에 수정을 가하고, 수정된 숙고 판단에 비추어서 다시 원리와 원초적 입장의 조건들을 조정하여 …, 이러한 방식으로 왔다갔다하면서 더 고칠 필요가 없는 상태 즉 '숙고의 평형 상태'에 이르러서 멈춘다는 것이다.[12]

라이언스도 지적하고 있듯이, 롤즈가 사용한 정합론적 논의에는 순환 논리(circular reasoning)의 요소가 들어 있다. 기본원리의 타당성은 일상적 도덕판단에 의해서 뒷받침하고, 일상적 도덕판단의 타당성은 기본원리의 힘을 빌어 뒷받침하는 순환논법이 깃들어 있는 것이다.[13] 따라서 정합론적 논의는 롤즈의 원초적 입장을 규정한 조건들을 정당화함에 있어서 결정적인 구실을 하기 어렵다.

윤리 문제에 있어서 정합론적 논의의 적용을 어렵게 하는 또 한 가지 난점은 우리들의 숙고된 판단들 사이에도 상당한 불일치가 생긴다는 사실이다. 롤즈는 자기의 숙고 판단에 비추어서 정의의 원리와 원초적 입장의 조건들을 선정했으며, 그의 모든 독자들의 숙고 판단도 롤즈의 그것과 결국은 일치하리라는 희망을 전제

---

12) *Ibid.*, pp.20-21 참조.

13) David Lyons, "Nature and Soundness of the Contract and Coherent Argument", *Reading Rawls*, Norman Daniels ed., Oxford, 1975, pp.146-147 참조.

로 삼지 않는 한, 롤즈의 정의의 원리가 만장일치의 합의로써 확립되기는 어렵다. 그러나 모든 사람들의 숙고 판단이 결국은 일치하리라는 가정은 경험적 뒷받침이 약한 너무나 큰 가정인 것이다.

롤즈의 독자들 가운데 롤즈와 숙고 판단을 달리하는 철학자들이 실제로 나타나고 있다. 예컨대, 네이글(Thomas Nagel)은 원초적 입장에서 계약 당사자들에게 그들의 고유한 가치관(particular conception of the good)에까지 무지의 장막을 강요하는 것은 부당하다고 믿고 있다. 정의의 원리를 선정할 때, 대표들이 자신의 가치관에 입각하는 것은 당연한 일이며, 사회에 있어서 자기가 차지하는 위치를 모르는 이상, 자신의 가치관에 입각해서 원리를 선택하는 것은 결코 불공정하지 않다는 것이다. 자기의 가치관에 대한 지식을 박탈당한 상태에서, 그 무지로 말미암아, 장차 자기의 가장 깊은 신념으로서의 자기의 가치관에 맞지 않을 가능성이 있는 정의의 원리를 선택하고 그 선택에 대한 책임을 지도록 강요하는 것이 도리어 불합리하다고 네이글은 주장한다.14)

이러한 반론에 대하여 롤즈는 그의 '얇은 가치관'(thin theory of good) 즉 모든 사람들의 다양한 가치관의 공분모(公分母)의 구실을 하게 될 기본적 가치들(primary goods)에만 국한된 최소한의 가치관의 개념으로써 응답할 것이다. 롤즈의 이러한 답변은 그의 '얇은 가치관'의 개념이 완전히 중립적이라는 것을 전제로 삼는 것인데, 과연 그의 '기본적 가치'의 선정이 엄정하게 중립적인지 하는 점에 의문의 여지가 있는 것으로 보인다.

롤즈는 어떠한 인생설계를 가진 사람이라도 합리적인(rational)

---

14) Thomas Nagel, "Rawls on Justice", *Reading Rawls*, pp.7-10 참조.

사람이라면, 누구나 원할 것임에 틀림이 없는 기본적 가치들 가운데서, 건강과 원기 또는 지능과 같은 자연적 가치(natural goods)는 일단 접어두고, '사회적 기본 가치들'(social primary goods)만을 원초적 입장의 소관으로 문제삼는다. 그리고 그가 열거한 사회적 기본 가치들은 권리와 자유, 권능(power)과 기회, 수입과 재산 및 자존감(self-respect)이다. 이들 기본적 가치 가운데 가장 핵심적인 것으로 롤즈는 자존감의 중요성을 강조한다.15)

이상과 같은 '기본적 가치'의 조건을 포함하고 있는 원초적 입장에 대하여, 네이글은 "중립적 가치관(a neutral theory of good)을 전제로 한 것이 아니라, 자유주의적 가치관을 전제로 한 것으로 보인다"고 비판하고 있다.16) 필자가 보기에도 롤즈가 모든 가치관의 공분모로서 제시한 '기본적 가치'의 개념이 엄밀하게 중립적이라고 말하기는 어려울 것 같다. '자존감'을 기본적 가치들 가운데서 핵심적인 것으로 본 점에 있어서, 그리고 수입이나 재산보다도 자유와 권리를 우선적 가치로 본 점에 있어서, 우리는 롤즈의 '얇은 가치관'에도 그 나름의 색채가 있음을 발견할 수가 있다.

배리(Brian Barry)도 롤즈의 '기본적 가치'에 관한 견해의 중립성을 의심하고 있다. 그는 롤즈의 '기본적 가치' 대신 욕구의 충족, 쾌락, 정신적 내지 육체적 안녕(well-being) 등을 기본으로 삼고 정의 원리를 선정할 수도 있다고 주장한다. 롤즈가 기본적 가치로서 열거한 권능, 기회, 수입, 재산 등도 결국은 욕구의 충족 또는 심신의 안녕을 위한 수단으로 볼 수도 있으므로, 배리의 비판은

---

15) John Rawls, *A Theory of Justice*, p.62, p.178 이하, p.397 이하 참조.

16) Thomas Nagel, "Rawls on Justice", *Reading Rawls*, p.10.

말씨름에 불과하다는 인상을 줄지도 모른다. 그러나 엄밀하게 따질 때, 롤즈의 '기본적 가치'를 정의의 원리 선정의 기본으로 삼는 것과 배리의 욕구의 충족(want-satisfaction) 기타를 기본으로 삼는 것은 실질적으로 차이가 있다. 왜냐하면 배리가 지적하고 있듯이, 욕구의 충족 또는 심신의 안녕을 위해서 필요한 수단은 사람을 따라서 차이가 있는 것인데, 롤즈에 따르면 일정한 금액의 돈은 모든 사람들에게 같은 가치가 있는 것처럼 계산되기 때문이다.17)

울프(Robert Wolff)는 기본적 가치들 사이의 서열(ordering) 또는 상대적 비중의 문제에 관해서 난점이 있음을 지적하고 있다. 즉 롤즈가 열거한 기본적 가치들을 되도록 많이 얻고자 함에 있어서는 모든 사람들의 태도가 일치하리라고 볼 수 있을 것이나, 그것들 가운데서 어떤 것을 더 중요시하느냐 하는 문제에 대해서는 개략적인 의견의 일치에 도달하기도 어려울 것이라고 비판한다. "이 문제에 대해서 롤즈는 주로 '기본적 가치의 지수(index)'를 언급함으로써 교묘하게 빠져나가려 하지만, … 그 지수를 확정할 수 있는 명확한 방도가 없다"고 울프는 추궁한다.18)

5. 롤즈의 방법론이 포함된 증명되지 않은 가설

롤즈는 자기가 제시한 두 가지 정의의 원리가 사회의 기본구조를 결정함에 있어서 적용되어야 마땅한 윤리의 원칙이라고 믿었

---

17) Brian Barry, *The Liberal Theory of Justice*, pp.54-56 참조.

18) R. P. Wolff, *Understanding Rawls*, pp.134-135 참조.

으며, 그의 이 같은 믿음의 객관적 타당성을 입증하기 위하여 계약론적 방법을 사용하였다. 즉, 원초적 입장의 대표기들은 롤즈가 세시안 누 원칙을 정의의 원리로서 선정하는 데 만장일치의 합의를 볼 것임에 틀림없다는 것을 밝힘으로써 자기의 두 원리를 보편타당한 원리로 확립하고자 하였다.

원초적 입장이라는 가상적 상황에서 정의의 원리를 제정할 임무를 띤 대표자들은 자기네 마음대로 정의의 원리의 대안들(alternatives)을 제출하고 또 개의(改議)도 해가면서 마지막 합의에 도달하는 것은 아니다. 총회의 집행부가 통과를 원하는 안건의 원안(原案)을 미리 준비해 가지고 나오듯이, 롤즈도 자기가 옳다고 믿는 두 원칙을 미리 제시하고 그 제시된 원칙에 대하여 원초적 입장의 대표자들이 찬동하는 결과를 가져오도록 유도한다. 다만, 자신의 두 원리만을 제시하고 찬반을 묻는 것이 아니라, 그밖의 몇 가지 대안들을 들러리로 세우고, 그 들러리 대안들과의 비교를 거쳐서 끝으로 롤즈의 두 원리가 선택되는 결과에 이르는 형식을 취한다. 롤즈가 들러리로 세운 대안들은 고전적 공리주의(classical utilitarianism)의 원칙, 평균 공리주의(average utilitarianism)의 원칙, 완전주의(perfectionism)의 원칙, 직각론(intuitionism)의 원칙, 이기주의(egoism)의 원칙 등 대체로 사상사적 근거를 가지고 있는 것들이다.[19]

19) 원초적 입장에서의 선택지(選擇肢)에 관한 전체의 목록은 롤즈의 *A Theory of Justice*, p.124에 보인다. 여기에 고전적 사회사상이 거의 모두 반영되었으나, 사회주의의 경우는 드러내지 않고 있다. 사회주의의 중요한 개념들까지도 자기 자신의 두 원리가 포섭할 수 있다고 롤즈는 변명할지 모르나, 사회주의 사상가를 포함한 일부 학자들은 롤즈의 학설을 보수주의적 주관에 바탕을 두었다고 비판하고 있다. (Milton Fisk, Benjamin

롤즈는 들러리 대안들이 모두 결함을 가지고 있음을 지적하여 원초적 입장에서 그것들이 선택될 가능성은 없음을 시사한다. 다만, 그 가운데서 평균 공리주의는 약간 상대가 될 만한 경쟁자임을 인정하고, 이것과 자기의 두 원리의 우열을 비교적 상세하게 다룬다. 평균 공리주의와의 대결에 있어서도 결국은 롤즈 자신의 원안이 우월함을 밝힘으로써 정의의 원리를 확정하고자 하는 것인데, 여기에도 문제점은 있는 것으로 보인다.

첫째로, 롤즈는 계약 당사자인 대표자들에게 창의적 대안을 제출할 기회를 주지 않고 오직 자기가 제시한 선택지의 목록 가운데서 하나를 선택하게 함으로써, 자기의 정의의 원리로 하여금 상대적 원리 이상의 것이 될 수 있게 하였다. 롤즈보다도 더욱 지혜롭고 창의적인 학자가 나올 수 있는 가능성을 배제할 이유는 없으며, 그러한 학자가 나타나서 더욱 합리적인 대안을 제시할 경우에는 이 새로운 대안이 채택되리라고 보아야 할 것이다. 따라서, 롤즈의 정의 원리가 사회의 기본구조를 결정하기 위한 원칙으로서 일단 합의를 볼 것이라고 인정한다 하더라도 그의 원리들이 갖는 타당성은 잠정적임을 면하지 못한다.[20]

둘째로, 롤즈의 제2 원리에 포함된 '최소 수혜자의 이익 극대화'의 원칙을 도출하도록 함에 있어서 결정적인 구실을 한 '최악 최선의 규칙'(maximin rule)의 적용에 관련하여 여러 학자들의 비판이 있었으며, 이들 비판에 대해서도 롤즈의 입장에서 만족스러

Barbet, Richard Miller 등의 이에 관련된 논문들이 *Reading Rawls*에 실려 있다.)
20) 이 점에 관해서는 李仁鐸이 그의 석사논문 "J. Rawls의 정의론에서 정의 원칙 도출의 전개과정"(1981, 3장, 1절)에서 이미 좋은 지적을 한 바 있다.

운 답변을 하기는 어려울 것으로 보인다. 바꾸어 말하면, 롤즈로 하여금 평균 공리주의를 물리치고 그의 두 원리를 도출할 수 있게 한 것은 '불충분한 이유(insufficient reason)의 원리'를 거부하고 '최악 최선의 규칙'을 적용했기 때문인데, 왜 반드시 최악 최선의 규칙을 적용해야 하는지 그 당위성에 대한 설명이 부족한 것이다.

타인에 대해서는 서로 무관심하고 시기심도 없는 사람들이 각각 자기의 이익을 극대화하고자 하는 동기를 가졌다고 전제할 때, 만약 기본적 가치에 대한 차등 분배가 자기의 몫의 절대치를 높여줄 가능성이 크다면, 당사자들은 그 차등 분배에 찬성할 이유를 가질 것이다. 즉 차등 분배가 그 집단 전체의 생산성과 부(富)를 증대시켜 준다는 전제 아래서 그 늘어난 가치의 혜택이 자기에게도 돌아오리라고 기대될 때, 사람들은 그 차등 분배에 찬성할 것이다. 이때 차등 분배의 기준을 무엇에 두느냐 하는 문제가 생기며, 계약 당사자들은 장차 일어날 수 있는 가능한 경우들에 대한 확률을 알지 못하는 상태에서 그 기준을 정해야 하는 것이 원초적 입장의 조건이었다. 이 경우에 우리는 불충분한 이유의 원리에 의거해서 그 기준을 도출할 수도 있고, 최악 최선의 규칙에 의거하여 그것을 도출할 수도 있는데, 전자에 의거하면 평균 공리주의의 원칙을 기준으로 얻게 되고 후자에 의거하면 롤즈의 차등 원칙을 결론으로 얻게 된다.[21] 장차 일어날 사태에 관한 확률을 잘 모르는 상태에서 위험 부담이 큰 불충분한 이유의 원리를 적용하는 것은 불합리하다는 것이 롤즈의 주장인데, 그것이 불합리하다

---

21) John Rawls, *A Theory of Justice*, pp.152-157 참조.

는 점에 대하여 의문을 제기할 수 있는 것이다.

최악 최선의 규칙을 적용하는 것이 도리어 불합리하다고 생각되는 경우가 있다는 반례(反例)를 여러 가지로 들 수 있다. 배리가 제시한 레인코트에 관한 반례도 그 대표적인 것의 하나이다. 만약 최악의 경우에 대비하는 것이 마땅하다는 방침을 따라야 한다면, 다소라도 비가 올 가능성이 있는 지역에 사는 사람들은 항상 레인코트나 우산을 들고 다녀야 할 것이다. 그러나 비가 올 확률이 낮을 경우에까지 우비를 들고 다니는 것이 합리적이라고 생각하기는 어렵다는 것이 배리의 요점이다.[22]

최악의 경우를 최선으로 하도록 배려함이 언제나 합리적일 수 없다는 것을 밝히는 반례가 롤즈에게 치명적 타격을 주리라고는 생각되지 않는다. 모든 경우에 있어서 최악 최선의 규칙을 적용해야 한다는 것을 롤즈가 주장한 것은 아니기 때문이다. 롤즈는 후손들에게까지도 막대한 영향을 미칠 사회 기본구조의 원칙을 마련하기 위한 원초적 상황에 있어서, 계약 당사자들이 취해야 할 합리적 태도는 최악 최선의 전략이라고 주장했을 뿐이다. 따라서, 최악의 경우를 지나치게 염려하는 것이 도리어 불합리한 사태도 있을 수 있다는 것이 롤즈에게 큰 타격을 준다고 속단하기는 어렵다. 다만, 원초적 입장에 놓인 대표자들이 '최악 최선의 전략' (maximin strategy)을 택해야 한다는 것을 **적극적으로** 밝힐 책임이 롤즈에게 있다는 사실에 비추어볼 때, 과연 그의 논의가 만족스러우냐 하는 것이 문제이다.

롤즈는 최악 최선의 규칙을 적용함이 합리적인 것은 다음과 같

---

22) Brian Barry, *The Liberal Theory of Justice*, p.89 참조.

은 세 가지 특징을 갖춘 상황이라고 주장한다. 첫째로, 어떤 사태가 일어날 수 있는 확률이 알려져 있지 않아야 하나. 둘째로, 계약 당사기는 최악 최선의 전략이 보장해 주는 최소의 혜택 이상의 것에 대해서는 별로 욕심을 내지 않는 가치관을 가져야 한다. 셋째로, 최악 최선의 전략 이외의 다른 전략을 취했을 경우에는 견딜 수 없을 정도의 불행한 결과가 야기되리라는 예견이 서야 한다. 그리고 롤즈의 원초적 입장의 상황은 이 세 가지 조건을 갖추었으므로 바로 최악 최선의 규칙을 적용해야 마땅하다는 것이다.[23]

롤즈의 이상과 같은 주장에 대하여, 헤어(R. M. Hare)는 다음과 같이 비판하고 있다. ① 객관적 확률을 계산할 수 있는 모든 지식을 박탈한 것은 자의적(arbitrary)이다. ② 두 번째 특징을 인정하는 것은 원초적 입장의 당사자들로 하여금 자기네의 가치관을 모르도록 마련한 본래의 가정과 모순된다. ③ 견딜 수 없는 불행한 결과가 예견된다는 셋째 조건은, 극대화(maximizing) 작전이 아니라, 보험 작전(insurance strategy)을 정당화한다.[24]

객관적 확률에 지식을 박탈한 것은 자의적(恣意的)이라고 말한 헤어의 첫째 지적은, 롤즈가 마련한 무지의 장막이 필요 이상으로 두텁다는 그의 견해를 말하는 것으로 보이는데, 이 비판은 롤즈에게 별로 타격을 주지 않을 것 같다. 롤즈는 본래 자기가 원하는 결론이 도출되도록 원초적 입장의 조건들을 자의적으로 정했음을 자인했던 것이며, 그 자의적 설정에 어떤 불합리한 점이 없는 한

---

23) John Rawls, *A Theory of Justice*, pp.154-156 참조.

24) R. M. Hare, "Rawls' Theory of Justice", *Reading Rawls*, p.106 참조.

나무랄 수가 없다. 헤어의 세 번째 지적도 롤즈에게 큰 충격을 주지는 못할 것으로 보인다. 왜냐하면, 원초적 상황에 있어서는 최악의 경우를 최선으로 하는 전략과 '보험 전략'은 결국 같은 내용으로 귀착할 것이기 때문이다. 그러나, 헤어의 두 번째 지적에 대해서는 롤즈의 입장에서 되받아 넘기기가 어려울 것 같다. 롤즈는 그의 저술 첫머리에서, 계약 당사자들의 "특정한 성격이나 포부 또는 가치관이 원리 선택에 영향을 주는 일이 없도록 보장해야 한다"고 분명히 말해 놓고, 이제 와서 그들에게 "최소의 혜택 이상의 것에 대하여 별로 욕심을 내지 않는다"는 가치관이 필요하다고 주장하는 것은 분명한 자기모순이 아닐 수 없다.25)

더 큰 자유를 위해서 작은 자유를 희생할 수는 있으나, 수입 또는 재산의 증대를 대가로 자유나 권리를 양보할 수 없다는 롤즈의 우선순위의 원칙에 대하여도 많은 비판이 제기되었다.26) 롤즈 자신도, 모든 경우에 자유의 절대우선을 고집했을 때 곤란한 문제가 생긴다는 것을 알았던 까닭에, 경제생활이 어느 정도의 수준에 이르기 전에는 기본생활의 안정을 위해서 자유를 양보할 수도 있다는 단서를 미리 알았다.27) 그러나 자유가 절대적 우선권을 갖는 것이 정확하게 어떤 경제 수준부터인가 하는 문제를 떠나서도, 그러한 단서(但書)만으로 문제가 완전히 해결되지는 않을 것으로

---

25) John Rawls, *A Theory of Justice*, p.18과 p.154 비교.

26) 예컨대, H. L. A. Hart의 "Rawls on Liberty and its Priority", *University of Chicago Law Review*, Vol. 40, No. 3(1973)는 그 대표적인 것이다. 그리고 B. Barry는 *Liberal Theory of Justice*, 7장에서, R. P. Wolff는 *Understanding Rawls*, 9장에서 각각 롤즈의 자유우선(自由優先)의 원칙에 문제점이 있음을 지적하고 있다.

27) John Rawls, *A Theory of Justice*, p.254 참조.

보인다.

자유에도 여러 가지 종류가 있다. 모든 종류의 자유를 남김없이 누린다는 것은 현실적으로 불가능한 일이며, 자유들 사이에 갈등이 생길 경우에는 더 큰 자유를 살림으로써, 현실적으로 누리는 자유의 전 체계가 가장 광범위하게 되도록 해야 한다는 것이 롤즈의 생각이다. 여기서 필요한 것이 여러 가지 자유들의 결합으로서의 자유의 체계들 가운데서 어느 것이 가장 광범위한가를 비교할 수 있는 방법이다. 그 비교가 가능하기 위해서는 여러 가지 종류의 자유들을 같은 단위로 환산할 수 있는 지수(指數) 같은 것을 만들어야 하는 것인데, 하트(H. L. A. Hart)와 울프(R. P. Wolff)가 입을 모아 지적하듯이 그것은 매우 어려운 것이다.[28]

그러나 더욱 근본적인 문제는, 경제적 가치에 대한 자유 및 권리의 절대적 우위를 인정하는 원칙에 대하여 과연 모든 계약 대상자들이 동의하겠느냐 하는 문제이다. 울프가 지적한 바와 같이 어떤 종류의 정치적 권리는 단순한 수단에 불과한 것으로 보는 인생관도 있을 수 있는 일이며, 그러한 인생관을 가진 사람의 입장에서 볼 때는 투표권 또는 입후보권을 포기하는 대가로 큰 재산을 얻을 수 있다면, 그러한 거래는 별로 불합리할 것이 없을 것이다.[29]

자기의 정의 이론의 정당성을 밝히고자 하는 전 과정을 통하여 어려운 고비를 만날 때마다 롤즈가 내세우고 의지한 것은 '합리

---

28) H. L. A. Hart의 "Rawls on Liberty and its Priority", *University of Chicago Law Review*, p.139 이하 및 R. P. Wolff, *Understanding Rawls*, p.90 참조.

29) R. P. Wolff, *Understanding Rawls*, p.93 참조.

적'(reasonable)이라는 개념이다. 정의의 원리의 기본개념으로서의 '사회적 기본 가치'에 관한 '얇은 가치관'(thin theory of good)을 옹호할 때도 그렇게 하였고, 그의 '최악 최선의 전략'(maximin strategy)을 옹호할 때도 그랬으며, 그의 원칙 상호간의 우선순위 (priority)를 정당화할 때도 그렇게 하였다. 그리고 자기의 주장이 합리적이라는 것을 보증해 주는 것은 언제나 롤즈 자신의 직관 (intuition)이었다.

"반드시 합리적인 길을 택해야 할 이유가 있는가?"라는 반문을 여기서 제기할 수도 있을 것이다. 그러나, '이유'(reason)를 묻는 것 자체가 이미 합리성의 추구를 전제로 하는 것이며, 모든 이론적 탐구는 합리적인 길을 숭상한다는 묵약을 바탕으로 삼고 출발한다고 볼 수 있으므로 이 반문은 롤즈에게 큰 지장을 주지는 않을 것이다.

문제는 '합리적'인 것과 '불합리적'인 것을 구별하는 객관적 기준을 어떻게 세우느냐에 있는 것으로 보인다. 롤즈는 자신의 직관을 그 기준으로 삼은 셈이며, 그의 직관은 그가 존중하는 '숙고 판단'(considered judgments)의 핵심이기도 한다. 롤즈는 모든 사람들의 숙고 판단이 자기의 직관에 동의해 줄 것을 기대하면서 자신의 정의 이론의 정당성이 인정되기를 바라는 터인데, 롤즈와는 다른 직관 또는 숙고 판단을 가진 사람들도 있을 수 있다는 사실로 말미암아 롤즈의 이론이 난관에 부딪치게 된 것이다. 다니엘스(Norman Daniels)를 비롯한 여러 평자들이 지적하고 있듯이, 롤즈의 정의 이론은 '평등적 자유주의'(equalitarian liberalism)라고 부를 수 있는 일종의 사회사상을 배경으로 삼고 있는 것이며, 일정한 사회사상을 바탕에 깔고 있다는 뜻에서, 그것은 역시 주관

론(subjectivism)의 차원을 벗어나지 못했다는 비판을 받을 여지가 있는 것이다

6. 롤즈의 공적과 그 한계

이상의 고찰을 요약할 때, 경험적 사실과 엄정한 논리에 의하여 뒷받침된 객관적 정의의 원리를 정립하고자 한 롤즈의 의도는, 크게 성공을 거두지 못했다는 결론을 우리는 얻게 될 것이다. 그러나, 그의 야심적 의도가 큰 성공을 거두지 못했다 함은, 그의 연구가 아주 실패했다는 뜻은 물론 아니다. 더욱 보완함으로써 그의 본래 의도를 살릴 수 있는 가능성도 전혀 배제할 수 없을 것이며, 비록 그의 기본적 의도가 뜻대로 성공되지 않았다 하더라도, 그의 애쓴 연구가 윤리학의 근본문제들에 대하여 많은 시사를 던져주는 공헌을 할 수도 있다고 보아야 할 것이다.

롤즈의 경우에 있어서도, 윤리 문제의 해결을 위한 마지막 발판이 되는 것은 이성(reason)이다. 이성에 맞는(reasonable) 정의의 원리가 올바른 도덕의 원리로서의 권위를 인정받는다. 롤즈는 이성에 맞는다고 생각되는 정의의 원리를 공식화하여 제시하고, 그두 가지 원리가 이성에 맞는다는 것을 밝히기 위하여 계약론적 방법을 원용했던 것이다. 그는 모든 사람들이 같은 본질의 이성을 소유한다고 전제하고, 순수하게 이성적인 입장에서 이성적으로 논의한다면, 누구나 자기가 제시한 두 가지 정의의 원리에 찬동하리라는 것을 여러 가지 장치의 힘을 빌어서 입증해 보려고 했다. 앞에서 "롤즈의 의도가 크게 성공을 거두지 못했다"고 말한 것은,

롤즈가 제시한 정의의 두 원리에 모든 이성자(理性者)가 동의하리라는 주장을 만족스러운 논의로써 뒷받침하지 못했다는 뜻이다.

정의 내지 윤리의 근본원리의 마지막 발판을 이성에서 구해야 한다는 견해는 윤리학의 역사가 시작될 때부터 주장되어 온 오랜 사상이며, 모든 사람들이 소유하는 이성의 본질이 같다는 신념도 오랜 전통을 가지고 있다. 만약 모든 사람들의 이성이 그 본질에 있어서 같다는 가정만 받아들인다면, 롤즈의 방법을 좀더 발전시킴으로써, 만인의 동의가 기대되는 정의의 원리를 창출해 낼 수 있다는 희망은 살아남을 것이다. 비록 현재까지의 경험적 인간들이 소유한 이성에 개인차가 있음을 부인하지 못한다 하더라도, 고도로 발전한 단계에 이르렀을 때의 이성은 누구의 것이든 같은 판단을 하게 된다는 가설을 세움으로써, 보편적 이성에 근거를 두고 보편적 타당성을 갖는 윤리의 원리를 탐구하는 노력을 계속할 수 있을 것이다.

만약 이성도 경험의 영향을 받고 발달하는 것이며, 특히 실천적 이성의 경우에 있어서는 문화적 배경의 차이에 따라서 그 사고방식에도 차이가 생긴다면, 어떻게 될 것인가? 그럴 경우에는 같은 문화권을 배경으로 삼고 같은 사고방식의 실천이성을 공유하는 사람들의 세계 범위 안에서만 일반적 타당성을 갖는 윤리의 원리를 정립할 수 있는 길이 남을 것이다. 그리고, 역사의 추세를 따라서 언젠가 먼 장래에 지구가 하나의 문화권으로 통합되는 날, 전 인류에게 통용될 수 있는 하나의 윤리 체계를 정립할 수 있는 가능성이 열리게 될 것이다.

스티븐슨(C. L. Stevenson)의 견지에서 본다면, 롤즈의 정의개념(conception of justice)도 일종의 설득 정의(persuasive definition)라고 말할 수 있을 것이다. 그것을 일종의 설득 정의로 볼 때, 그 설득력은 적어도 자유주의 사회에 있어서는 상당히 강하리라고 평가된다. 롤즈의 정의 이론에 논리적인 결함이 있다고 비판한 대부분의 사람들도, 그의 정의론의 규범적 측면에 대해서는 대체로 찬동할 가능성이 많다. 다시 말해서, 롤즈의 정의관을 자유주의 사회의 보수적 정의 개념 또는 공리주의적 정의 개념에 대한 수정안으로 볼 때, 상당히 높게 평가될 수 있을 것이다. 다만, 그러한 관점에서 볼 경우에도 롤즈의 정의론은 경제 수준이 상당히 높은 경지에 이른 사회에서만 설득력을 가질 수 있을 뿐, 사회 정의의 문제가 가장 심각한 많은 현대 국가들에 있어서 적용될 수 있는 학설은 못된다는 점에 그 한계성이 있다고 평가해야 할 것이다.

롤즈의 정의 이론에 포함된 그의 방법론이 윤리학에 기여한 공헌도 과소평가해서는 안 될 것이다. 그의 방법론에 대한 공헌으로서 우선 인정해야 할 것은, 오랫동안 평행선을 긋고 대립해 왔던 목적론(teleology)과 법칙론(deontology)을 화해 내지 조화시킬 수 있는 길을 열었다는 사실이다. 롤즈는 계약론적 방법을 채택함으로써 표면상 법칙론의 진영에 가담한 듯한 첫인상을 주기도 하나, 그의 정의 이론에는 목적론의 장점을 살릴 수 있는 여지가 크게 남아 있다. 롤즈는 개인의 인생 설계(plan of life)가 정의의 원리를 지키는 범위 안에서 이루어져야 한다고 전제함으로써, 법칙론적 개념으로서의 정의의 원리에 우위를 인정하고 있지만, 원초적 입장에서 계약 당사자들이 정의의 원리를 정립하고자 하는 기본 동기는 개인 각자의 생활을 만족스러운 경지로 끌어올림에 있다는 것을 그의 학설 바탕에 깔고 있다. 다시 말하면, 정의로운 사회의 실현을 통하여 성취되어야 할 목적으로서, 개인의 자아실현 내지 행복을 은연중 전제하고 있는 것이다. 따라서 사회정의의 실현은, 그 자체가 목적인 동시에, 개인의 자아실현 내지 행복이라는 다른 목적을 위한 수단으로서의 측면을 가졌다는 뜻에서, 롤즈의 정의론에는 목적론적 윤리설을 포섭할 수 있는 여지가 남아 있다고 보는 것이다.

윤리학 방법론에 관련된 롤즈의 또 한 가지 공헌으로서 지적할 수 있는 것은, 개인 윤리와 사회 윤리의 경계선과 관계를 명확하게 드러내는 데 그의 정의 이론이 큰 도움을 준다는 사실이다. 일상생활 또는 학문적 논의를 통하여, 우리는 흔히 '개인 윤리'니 '사회 윤리'니 하는 말을 사용하지만, 반드시 그 한계가 명확한 것은 아니며, 그 두 가지 개념의 관계를 만족스럽게 설명해 주는 이론은 만나기 어렵다. '윤리'라는 것은 엄밀하게 따지자면 본래 사회적이라는 관점에서, "과연 '개인 윤리'라는 것이 존재하는가?"라는 물음이 제기되었을 때에도 명백한 해결을 얻지 못하는 경우가 많았다. 그런데 롤즈의 정의 이론은 이러한 문제에 대해서 매우 귀중한 시사를 던져주는 것이다.

롤즈의 『정의론』의 제1부와 제2부가 전적으로 사회 윤리의 영역에 속하는 문제들을 다루고 있으며, 윤리학에서 다루는 규범적 문제들의 대부분이 사회 윤리에 속하는 문제라는 상식에 반대하는 사람은 별로 없을 것이다. 따라서, 우리에게 남은 것은, "사회 윤리가 아닌 개인 윤리의 문제로서 어떠한 것이 있는가?"라는 물음에 대답하는 일뿐이다. 그리고, 롤즈의 정의 이론에 입각할 때, 이 물음에 대한 해답은 비교적 명백하게 도출될 수 있을 것으로 보인다. 즉, 개인이 자기의 가치관을 설정하고, 그 가치관을 바탕으로 개인적 인생 목표를 결정하는 문제, 그리고 그 개인적 목표달성에 적합하도록 행위하는 문제 등은, 개인 윤리의 문제라고 한계를 지을 수가 있을 것이다. 롤즈는, 사회정의의 원리가 허용하는 테두리 안에서, 마음대로 자기의 인생을 설계하고 그 설계를 따라서 마음대로 살 수 있는 개인적 자유를 인정하고 있는데, 바로 이 개인적 자유의 영역이 개인 윤리의 영역으로 남게 되는 것이다. 그리고, 롤즈의 방법론적 입장에서 볼 때, 사회 윤리의 문제가 주로 법칙론적으로 다루어져야 할 문제들임에 비하여, 개인 윤리의 문제는 주로 목적론적으로 다루어져야 할 문제라는 대조(對照)도 따르게 된다.

개인의 가치관을 설정하고 개인의 인생을 설계하는 문제가 완전히 개인의 자유에 맡겨질 문제라면, 거기에 무슨 윤리의 문제가 생기느냐는 의문을 갖는 사람이 있을지도 모른다. 그러나, 각자의 개성과 여건을 따라서 가치관을 정하고 인생을 설계함에 있어서도 합리적인 결정과 불합리한 결정의 구별은 생길 것이다. 그리고 사회 윤리의 문제를 다룸에 있어서 우리가 궁극적 발판을 이성(reason)에서 찾았다면, 우리는 같은 논리를 연장시켜 개인 윤리의 문제에까지도 이성의 원리를 적용해야 할 것으로 보인다.

[1982, 한국철학회, 『철학』(哲學), 제16집]

한국의 미래상과 한국인의 가치관

1. 우리들의 문제 상황

1) 사회의 구조와 개인의 심성

의식구조와 사회구조 사이에 불가분의 관계가 있으며, 그 관계
는 일방적 결정의 관계가 아니라 상호작용의 관계라는 것은 이제
고전적 상식이라고 보아도 좋을 것이다. 기존의 사회구조가 그 사
회를 구성하는 사람들의 의식구조에 결정적 영향력을 미친다는
것은 의심의 여지없는 사실이며, 우리가 우리 사회구조를 평가적
으로 반성하고 이상(理想)에 더 가까운 사회를 건설하고저 할 때,
우리들의 의식구조의 현실과 개조를 고려함이 없이 사회구조의
개조에 성공하기 어렵다는 것도 사실이다.

남의 나라에 대해서라면, 우리는 가치중립적 관점에서 그 나라의 현재를 관찰하고 미래를 예상할 수도 있을 것이다. 그 나라는 현재 어떠한 상황에 놓여 있으며, 앞으로 30년 뒤에는 어떻게 변화할 것이라는 것을 단순한 방관자의 견지에서 기술(記述)하고 예견할 수 있을 것이다. 그러나 우리 자신의 나라에 대해서는 특별한 경우가 아니면 그렇게 하기 어렵다. 우리 자신의 현재와 미래에 대해서 가치중립적 방관자의 견지를 고수하기는 어려운 일이며, 우리 현실의 어떤 점에 결함이 있으니 앞으로 어떻게 고쳐야 하겠다는 생각을 어렴풋이나마 가져보는 것이 삶에 대하여 애착을 가진 사람들의 자연스러운 태도일 것이다.

옛날 동양의 사상가들이 인간의 사는 모습을 평가적 시각에서 성찰했을 때, 그들은 주로 사람들의 심성(心性)을 고찰하고 도야하는 일에 초점을 두었다. 사람들의 심성만 바로잡으면 나라는 저절로 잘 다스려질 것이라고 믿었던 것이다. 이런 뜻에서 동양의 고전적 윤리사상은 개인의 심성에 대한 성찰 내지 연구였다고 볼 수 있다.

고대 그리스의 철학자들은 일찍부터 인간의 집단적 측면 또는 정치적 측면에 깊이 주목하면서, 동시에 개인의 심성에 대해서도 응분의 관심을 기울였다. 플라톤의 윤리학이 국가론과 교육론을 주축으로 삼고 형성되었으며, 아리스토텔레스가 윤리학을 정치학의 한 부분으로 보았다는 것은 널리 알려진 사실이다. 기독교 사상이 서양철학의 대세를 좌우했던 중세에는, 현세의 사회구조나 정치의 문제에 대한 관심은 신의 섭리에 대한 믿음 앞에서 위축되는 경향이 있었고, 사상가들의 윤리학적 관심은 주로 신에 대한 믿음과 사랑 속에서 구원을 받아야 할 개인들의 심성의 측면으로

쏠렸다.

그러나 르네상스를 거쳐서 근세에 이른 뒤에는 또다시 개인의 심성의 문제와 사회구조의 문제 또는 정치·경제의 문제가 다같이 서양의 철학자들의 깊은 관심을 끌기 시작하였다. 칸트(Kant)나 흄(Hume)처럼 주로 개인의 심성과 행위의 문제에 중점을 둔 학자도 있고, 루소(Rousseau)나 로크(Locke)처럼 주로 제도와 정치의 문제에 중점을 둔 사람도 있었으며, 스미스(A. Smith)와 밀(J. S. Mill)이 그랬듯이 개인의 심성 내지 행위의 문제와 정치·경제의 문제를 아울러 탐구한 사상가도 있었다. 다만, 플라톤의 모범을 따라서, 사회제도의 문제와 개인의 심성 내지 행위의 문제를 깊이 연관시켜서 바람직한 사회상(社會相)과 그 이상(理想)을 실현하기에 적합한 개인적 인간상의 문제를 종합적으로 다룬 철학자는 거의 없었던 것으로 보인다.

2) 한국의 근대화: 얻은 것과 잃은 것

제2차 세계대전이 끝나고 남한에 미군이 진주하면서 미국의 문물이 조수처럼 밀려왔을 때, 이를 부정과 저항의 시선으로 바라본 것은 일찍이 좌익 진영에 가담한 소수의 사람들뿐이었으며, 대부분의 남한 사람들은 이 변화의 신호를 크게 환영하였다. 한국의 미래에 대하여 어떤 뚜렷한 전망이 있었던 것은 아니나, 일제(日帝)로부터의 해방과 미국이 자랑하는 물질적 풍요의 목격만으로도 남한 사람들의 대부분이 희망과 선망을 아울러 느끼기에 충분하였다.

미군의 주둔과 동시에 미군정이 이 나라에 실시되었고, 1948년에 수립된 이승만 정권도 미국의 후원을 업고서 탄생한 것이었다. 헌법을 위시해서 정치와 경제 그리고 교육 등 사회제도의 내부분이 미국의 그것을 본받고 새로운 출발을 하였을 때, '국대안(國大案) 반대'와 같은 약간의 저항도 있기는 했으나, 모든 것은 대세에 밀렸고, 미국은 우리가 본받아야 할 선진국의 모범이라는 생각이 널리 퍼져갔다.

미국을 모범으로 삼는 '민주주의', '경제 발전', '근대화'는 우리 한국이 지향해야 할 국가 목표를 상징하는 언어로서의 자리를 굳히게 되었고, 그것들은 진리의 척도와도 같은 권위를 가진 말로 통용되었다. 미국 문화의 껍데기와 잔가지만을 잘못 들여와서는 안 된다는 반성은 일찍부터 있었으나, 미국 문화의 본질에 대해서 의문을 갖는 사람은 적어도 1960년대까지는 별로 없었다. 필자 자신도 그 당시 미국을 '선생 나라'로서의 자격이 충분하다고 믿었던 사람의 하나이다.

그러나 미국에 대한 무분별한 모방에는 처음부터 많은 문제점이 있었고, 그 문제점에 대한 반성도 차차 일어나게 되었다. 한국과 미국은 자연 조건과 역사에도 많은 차이점이 있고 문화 전통에도 큰 차이점이 있는 까닭에, 한국이 미국의 모델을 그대로 따라가서 미국이 얻은 것을 한국도 얻는다는 것은 애당초 기대하기 어려운 일이었다. 또 설령 미국을 모방하는 일에 성공한다 하더라도, 그것이 과연 한국을 위해서 바람직한 길이냐 하는 것도 깊이 생각해야 할 문제로 제기되었다. 이러한 비판적 견해는 일찍부터 일부 민족주의자들 사이에 있었던 것으로 생각되나, 그것이 여론에 반영될 정도로 공감대를 형성하기 시작한 것은 1960년대 후반 또는 1970년대 초였다고 기억한다.

국제간의 교류와 협력이 광범위하게 요청되고 있으며, 인류가 크게 뭉쳐서 하나뿐인 지구를 지켜야 할 현대의 상황에서, 폐쇄적인 민족주의를 고집하는 것은 옳다고 보기 어려울 것이다. 그러나 미국을 포함한 여러 강대국들이 여전히 각각 자기 나라의 이익을 우선적으로 추구하고 있으며 '우방'(友邦)이라는 관계도 서로의 이해관계가 일치할 경우에만 성립할 수 있다는 냉혹한 현실을 감안할 때, 아직은 약소국가의 범주를 벗어나지 못한 우리 한국이 자위(自衛)를 위해서 민족을 의식하고 민족의 단결을 꾀하는 것은 당연한 태도가 아닐 수 없다.

설령 여러 나라들이 하나의 지구를 지키기 위해서 대국적으로 협동하는 국제시대가 도래한다 하더라도, 우리는 한국의 지리적 특수성과 역사의 고유성을 무시하고 우리와 사정이 다른 남의 나라의 유형을 그대로 모방해서는 안 될 것이다. 세계가 하나의 정부 산하에 통합된다 하더라도 지역적 특색과 문화 전통의 특수성을 무시해서는 안 되겠거늘, 아직 국경선이 엄연한 현시점에서 어느 '선진국'의 제도나 문화를 분별 없이 모방함으로써 국가 발전을 꾀한다는 것은 어리석은 짓일 것이다.

더욱 중요한 것은 미국이 대표한다고 볼 수 있는 서구의 '선진국'들이 이룩한 사회가 그 자체로 볼 때 과연 우리의 귀감이 되기에 손색이 없을 정도로 만족스러운 것인가 하는 문제이다. '자유 민주주의'의 이름으로 불리는 미국을 비롯한 서구 산업사회에 지니친 물질주의, 심한 사회 불균형, 인간의 비인간화, 이기주의적 인간관계, 생활환경의 오염 등 심각한 폐단이 적지 않게 나타나고 있다는 것은 널리 알려진 사실이다. 이미 많은 폐단과 결함이 수반하는 것으로 드러난 선진 산업사회의 제도와 생활양식을 그대로 모방한다는 것은 한국을 위해서 결코 바람직한 길이 될 수 없다.

미국 내지 서구의 산업국들을 선진(先進)의 거울로 삼은 한국의 근대화를 위한 노력이 모든 면에서 실패했다고는 생각되지 않는다. 전근대적 낙후성으로 인하여 심한 빈곤에 허덕이던 1950년대 이전에 비하면, 오늘의 한국은 경제적으로 상당한 발전을 이룩했고 국제사회에서의 위치도 크게 상승한 것이 사실이다. 그리고 정치와 경제에 있어서 진정한 의미의 민주주의가 실현되기까지에는 아직 요원한 길이 남아 있기는 하나, 그러나 많은 사람들이 자유와 방종을 혼동하고 막걸리 한 잔에 매수당하여 주권을 아무렇게나 행사하던 건국 초기에 비하면, 국민의 의식수준도 괄목할 만한 진전을 이룩하였다고 보아야 할 것이다.

그렇기는 하지만 전체로 볼 때 우리나라 현실에 해결해야 할 많은 문제가 쌓여 있다는 것은 부인하기 어려운 사실이다. 40여 년 전에 있었던 문제가 아직 풀리지 않은 채 남아 있는 것도 있고, 옛날에는 없었던 문제가 새로 생기게 된 것도 적지 않다. 모든 시대의 모든 나라가 많은 문제를 안고 있는 것이 인간사회의 보편적 현실인 가운데, 역사적 전환기에 처해 있는 우리나라의 경우는 일반적인 경우보다도 더욱 많은 문제에 부딪치고 있다 하여도 과장이 아닐 것이다.

우리나라가 부딪치고 있는 문제들 가운데서 중요한 것의 대부분은 사회적 갈등 내지 인간적 갈등의 문제에 속한다고 볼 수 있는 성질의 것들이다. 사람이 모여서 사는 곳에서는 어디에나 갈등이 생기게 마련이라고 볼 수 있을 것이나, 현대 우리 사회의 경우는 그 갈등의 양상이 자못 심각하고 복잡한 편이다. 우리나라를 밝고 살기 좋은 나라로 만들기 위하여 무엇보다도 중요한 조건은 사회적 갈등을 해결 내지 극소화하는 일이라고 필자는 생각한다.

갈등의 양상은 사회적 제도와도 불가분의 관계를 가졌고 사람들의 심성 내지 가치관과도 깊은 관계를 가졌다. 오늘날 한국 사회의 인간적 갈등이 보통 이상으로 심각하다는 사실은, 우리나라의 여러 가지 제도와 한국인의 심성 내지 가치관에 문제점이 많다는 것을 의미한다. 그리고 사회의 제도 내지 구조와 사람들의 심성 내지 가치관 사이에 밀접한 상관관계가 있음을 상기할 때, 사회의 제도 내지 구조를 개선하는 문제와 사람들의 심성 내지 가치관을 바로잡는 문제도 역시 밀접한 연관성을 가진 문제로서 다루어져야 할 것이다.

지금 우리 앞에 놓인 문제는 매우 거창한 문제이다. 이 거창한 문제를 한 편의 작은 논문에서 한꺼번에 다루고자 한다면 무모한 시도가 될 것이다. 이 글에서 필자는 우선 한국인의 심성 내지 가치관의 큰 줄거리를 살펴보고, 그러한 줄거리 또는 경향에 어떠한 문제점이 있는가를 살펴보고자 한다. 그리고 그 다음에 우리들의 심성 내지 가치관이 안고 있는 문제를 우리가 바람직하다고 생각하는 한국의 미래상과 관련시켜서 예비적 고찰을 시도하고자 한다. 이 예비적 고찰은 장차 우리가 실현하고자 하는 내일의 한국을 위하여 사회적 제도의 문제와 개인들의 심성의 문제를 종합적으로 연구하는 데 다소간 기초의 구실을 할 수 있을 것으로 기대한다.

2. 한국인의 심성(心性)과 생활태도에 대한 여러 가지 견해

1) 선인들이 본 한국인의 민족성

역사학자 최남선은 조선의 민족성의 좋은 점으로서 낙천성과 결벽성 그리고 어려움을 견디어내는 인내력과 적과 싸움에 있어서 용맹함을 들었다. 한편 나쁜 점으로는 형식에 대한 지나친 치중과 조직력 및 단합심이 부족함을 지적하고 있다. 그리고 우리 민족에게는 진취성이 부족하고 근본적 해결보다도 고식적(姑息的) 대책으로 안일한 태도를 취하는 결함도 있다고 말하였다.[1] 최남선의 주장 가운데 진취성이 부족하다는 비판은 오늘의 한국인에게는 잘 들어맞지 않는다고 생각된다. 그러나 그밖의 주장은 대체로 오늘의 한국인의 경우에도 적중한다고 볼 수 있을 것이다.

이광수는 그의 『민족개조론』에서 우리 민족의 기본적 성격을 다음과 같이 서술하였다. 첫째, 우리 민족은 마음이 어질고 착하여 타인에 대해서 너그럽다. 둘째, 우리 민족은 인정이 많고 예의를 존중한다. 셋째, 우리 민족은 청렴결백하고 자존심이 강하다. 넷째, 우리 민족은 성품이 쾌활하고 농담과 장난을 좋아한다. 다섯째, 우리 민족은 낙천적이다.[2]

한국인의 성격에 관한 이광수의 서술은 주로 그의 개인적 관찰과 직관에 근거를 둔 것으로 보인다. 그의 말이 모두 현대 한국인에게 일반적으로 적중한다고 볼 수 있을지는 의문이다. 다만, 우

---

1) 崔南善, 『朝鮮常識問答』, 『六堂 崔南善 全集』, 제3권, 1973, p.52.

2) 李光洙의 『民族改造論』의 이 부분은 金在恩이 그의 『한국인의 의식과 행동양식』(1987)에 소개한 것을 필자가 다시 요약하였다.

리 민족이 대체로 착하고 인정이 많다는 것과 자존심이 강하며 낙천적이라는 것은 현대 한국인의 경우에도 일반적 경향으로 간주할 수 있을 것이다.

이광수는 또 조선인의 성격적 결함으로서 성취(致富之術)가 졸렬하고 상공업이 뒤떨어졌다고 지적하였다. 그리고 개인들의 자존심이 지나치게 강하여 지도자를 중심으로 조직적 단결을 어렵게 한다고도 비판하였다. 성취에 대한 야심이 부족하여 치부의 기술이 부족하고 상공업의 발달도 뒤떨어졌다는 말은 현대 한국인에게는 적합하지 않을 것이다. 그리고 조직적 단결력이 약하다는 결함은 현대의 한국인에게도 남아 있다고 생각되나, 그 원인이 주로 '자존심'에 있다고 보는 것보다는 자존심에 관련된 아집(我執)에 있다고 보는 편이 옳지 않을까 생각한다. 자존심이 높은 경지에 이르면 아집을 극복할 수 있고, 아집만 없으면 자존심이 강한 사람들도 조직적으로 단결할 수 있을 것이다.

이광수는 우리 민족의 또 하나의 단점으로서 숙명론적 인생관을 강조하였다.

> 실로 근세의 조선인의 인생관을 지배하여 온 것은 이 숙명론이외다. 그리하여 이 숙명론적 인생관은 태내(胎內)에서부터 전 생활을 통하여 묘문(墓門)에 이르기까지 조선인을 지배한다.[3]

이광수가 살았던 시대만 하더라도 강자의 힘에 눌려 살던 조선인들에게 숙명론적 인생관은 일반적으로 강했을 것이다. 오늘의

---

3) 李光洙, "宿命論的 人生觀에서 自力論的 人生觀", p.47. (金在恩의 『한국인의 의식과 행동양식』, p.26에서 다시 인용.)

한국인들에게도 사주와 관상 등 복술을 선호하는 사람들이 많은 현상 가운데 숙명론적 인생관의 잔재가 남아 있디고 볼 수 있는 측면이 있다. 그러나 오늘의 한국인이 전체적으로 숙명론적이라고 보기는 어려울 것이다. 오늘의 한국인 가운데는 자기의 힘과 노력으로 삶의 길을 개척하고자 하는 진취의 기상이 강하다.

최현배는 1930년에 출판한 『조선민족(朝鮮民族) 갱생(更生)의 도(道)』라는 책에서 우리 민족의 성격적 폐단을 다음과 같은 아홉 가지로 나열하였다.4)

(1) 조선인은 의지가 박약하다. 무슨 일이든 처음 시작할 때는 태산이라도 옮길 듯이 열기가 대단하지만, 얼마 안 가서 곧 열이 식어버려서 용두사미(龍頭蛇尾)가 되고 만다. 의지가 박약한 까닭에 행동에 일관성이 없고, 기분에 따라서 이랬다저랬다 한다. 우리 민족 가운데는 시종일관하여 한 가지 일에 오랫동안 열중하는 사람을 찾아보기 어렵다.

(2) 우리 민족에게는 용기가 부족하다. 분투성(奮鬪性)도 없고 모험성도 없으며, 반항심도 없다. 생활력이 쇠잔한 것이다. 용기가 없는 까닭에 치욕을 치욕으로 여기지 않고, 부끄러움을 부끄러운 줄 모른다. 외적의 침입을 받았을 때는 용감하게 맞서 싸울 생각은 하지 않고 피난갈 궁리부터 한다. 우리 조선 사람은 적의 총검의 아래서 살 줄은 알았으되, 치욕의 앞에서 죽을 줄은 몰랐다.

(3) 우리 민족에게는 활동력이 부족하다. 활동력이 결핍한 까닭에 우리 조선 사람이 다른 것은 하나 남보다 나은 것이 없으되,

---

4) 崔鉉培, 『朝鮮民族 更生의 道』, 정음사, 1971, pp.21-38 참조.

게으르기 하나는 세계에서도 둘째가라면 서러워할 지경이다. 우리나라 사람들은 노동일 하는 것을 수치로 여기는 경향이 있으니, 상공업이 발달하지 못했음은 당연한 결과이다. 일용품 하나도 제 손으로 만들지 않고 외국에서 들여온 것을 비싼 값을 치르고 사용하게 되니, 필경은 삼천리 강산의 양전옥답의 태반이나 저 근면한 시종군(外國人)의 손으로 다 들어가 버리고 말았다. 몸으로 하는 일만을 기피할 뿐만 아니라 정신적 노작(勞作)까지도 게을리하므로, 신라시대와 고려시대 그리고 조선 초기까지 그토록 찬란하던 우리의 문화는 이제 먼 옛날의 과거사로만 남아 있고, 이제는 그것을 연구할 생각조차 하지 않는다. 우리 조선 민족의 심전(心田)은 진실로 황폐하였다.

(4) 조선 동포에게는 의뢰심이 많다. 자신의 부지런한 노력으로 살 생각은 하지 않고, 좀 잘사는 친척이나 친지에게 의지하려는 버릇이 강하다는 것이다. 죽은 조상의 상제(喪祭)를 위하여 분수 밖의 낭비를 하고 가산을 탕진하여 명당자리 묘지를 구하기에 골몰한 것도, 타계한 조상의 덕을 보자는 의뢰심에서 나온 행위일 경우가 많다. 우리 민족의 의뢰심은 급기야 남의 나라의 힘에 의존하는 어리석음에까지 이르게 되어, 결국은 나라 전체를 잃는 치욕을 자초하게 되었다.

(5) 조선 사람들에게는 저축심이 부족하다. 부지런히 일하는 활동성이 부족한 까닭에 대개는 저축할 만한 여유가 없기도 하지만, 다소의 수입이 있는 사람들도 저축은 하지 않고 유흥과 사치로 세월을 보낸다. 조상으로부터 물려받은 땅을 야금야금 일본인에게 팔아가며 사치와 낭비를 일삼는 사람조차 있다.

(6) 조선 사람들은 성질이 음울하여 밝은 희망으로 앞을 내다보

지 못하고, 주로 지나간 과거사에 애착을 갖는다. 노인들은 과거에 대하여 자랑하기를 좋아하며, 자손의 교육보다도 조상의 제사를 더 소중히 여기는 가풍이 있다. 요컨대, 조선 사람들은 생활이 진취적이 못되고 과거지향적이라는 것이다.

(7) 우리 민족에게는 자신감이 부족하다. 자신에 대한 신뢰감이 부족할 뿐 아니라 타인에 대한 믿음까지도 희박하다. 남을 믿지 않는 까닭에 서로 의심하고 시기하게 되며, 민족적으로 단결하는 힘이 약하다.

(8) 개항(開港)과 더불어 외세의 침입을 받고 급기야 국권까지 빼앗긴 뒤로, 우리 민족은 자존심도 잃게 되었다. 우리는 본래 자존심이 강한 민족이었으나, 국력이 쇠진하고 국민의 원기가 쇠약하게 되자 그것도 사라지고 말았다는 것이다.

(9) 공공(公共)에 대한 도덕심이 타락하였다. 허위의 도덕, 형식의 도덕만 무성하고 공동체를 위하는 진정한 도덕은 행하여지지 않고 있다는 것이다. 조상들이 남긴 민족의 유산을 팔아먹고 심지어는 기아에 우는 동포까지도 팔아먹는 자가 있다.

최현배에 따르면, 우리 한민족은 본래 지·정·의(知情意) 세 측면에 있어서 매우 탁월한 심성(心性)을 가진 겨레였으나 조선의 악정과 외세의 침입으로 인하여 정신적으로 깊이 병들어 있다는 것이다. 이 질병을 고쳐서 민족의 생기를 되찾아야 한다는 것이 최현배가 주장하고자 하는 요점이다. 민족의 정신적 질병을 진단하고자 하는 의도가 앞섰으므로 최현배는 주로 우리 민족성의 나쁜 점을 강조한 인상이 강하나, 조선 말기와 일제강점기에 관한 관찰로서는 어느 정도 근거가 있는 주장이라고 생각된다.

그러나 오늘의 한국인에 대해서는 최현배의 주장은 사실과 거의 부합하지 않는다. 상호간에 믿지 않는 풍조가 있고 민족 전체가 하나로 뭉치는 단결력이 약하며, 공덕심(公德心)이 부족하다는 지적은 현대 한국인에 대해서도 적중한다고 볼 수 있을 것이다. 그러나 의지가 박약하고 용기가 없다거나 활동력이 부족하여 게으르다는 주장은 오늘의 한국인과는 너무나 거리가 멀다. 그리고 타인에 대한 의뢰심이 강하고 저축심이 부족하다는 것도 이제는 옛날이야기에 가까우며, 내일에 대한 희망을 잃고 과거에 대한 회상을 일삼는다는 것도 오늘의 한국인상이 아니다.

1945년 이후에 한국의 사회상에 급격한 변화가 있었고, 한국인의 심성 내지 생활태도에도 현격한 변화가 생겼다. 그 변화에는 좋은 측면도 있고 좋지 않은 측면도 있는데, 사회상과 인간상의 변화는 앞으로도 계속 일어난다고 보아야 할 것이다. 앞으로 일어날 변화를 자연의 추세에 맡길 것이 아니라 바람직한 방향으로 유도하도록 애써 노력함이 우리들 모두의 임무이다.

2) 근래에 이루어진 한국인의 의식구조 연구

현존하는 학자들에 의한 한국인의 심성 내지 생활태도에 관한 연구는 주로 1960년대부터 활기를 띠기 시작하여 지금까지 상당한 분량의 논문과 단행본이 발표되었다. 일찍부터 이 분야 연구에 손을 댄 홍승직, 윤태림을 비롯하여 이동식, 최재석, 차재호 등 여러 학자들의 업적에도 주목할 만한 것이 적지 않으나, 여기서는 이부영(李符永)의 "한국인 성격의 심리학적 고찰"(1983)과 김재은(金在恩)의 『한국인의 의식과 행동양식』(1987)에 나타난 중요한 내용만을 간추려보기로 한다. 이부영의 논문을 특별히 선택한 것은 그가 이 논문에서 그 이전에 반표된 다른 사람들의 연구를 나각적으로 검토하고, 다시 비판적 고찰과 자신의 견해를 추가함으로써 하나의 종합을 이룩했기 때문이며, 김재은의 저술을 선택한 것은, 그 이전에 통계학적 사회조사의 방법을 사용한 다른 사람들의 연구 결과를 종합적으로 참고하고, 김재은 자신이 실시한 방대한 사회조사의 결과를 분석한 보고가 이 책에 담겨 있기 때문이다.

이부영은 김두헌, 임동권, 윤태림, 정한택, 이규태, 라이트(E. R. Wright), 라트(Richard Rutt), 차재호 등의 견해를 차례로 검토한 다음에 그들에 있어서 발견되는 공통된 점을 다음과 같이 요약하였다.

요약하면, 한국인은 평화 애호 민족으로서 창조적이고 진취적이고 개방적이며, 가족적·순종적이고, 현실적이고 낙천적이며, 소박하며 인간적이고, 인내심 있고 유연하며 예의바르지만, 다른 한편 잔인하고 거짓말 잘하고 질투심이 많고 의존적이며, 공사(公私) 구분을 못하고 격정적이며, 자학(自虐)·가학적(加虐的)이며, 치밀하지 못하고 성급하고 게으로고 미적 감각이 결여되어 있고, 체면 차리고 편협하고 파벌을 형성, 배타적이며 윤리의식이 약하다는 말이 된다. 어느 학자도 한국인이 정직하고 대인관계의 경우가 밝아, 공사를 잘 가린다는 점을 한국인의 장점으로 지적한 사람이 없는 것은 특징적이며, 개성이 강하다든지 개인의 자각이 잘되어 있어 자립자조(自立自助)의 정신에 투철하다고 말한 사람도 없다는 것 또한 유의할 점이다.[5]

5) 李符永, "韓國人 性格의 心理學的 考察", 『韓國人의 價値觀』, 정신

특히 외국인의 한국관 가운데 옛날이나 지금이나 변하지 않고 남아 있는 한국인의 특징으로서 열거된 것의 중요한 것으로 다음과 같은 것들이 있다.

(1) 어린이에 대한 지나친 보호
(2) 아버지는 엄하고 어머니만이 애정을 주는 경향
(3) 명분을 존중하고 체면에 집착함
(4) 공(公)과 사(私)의 구분이 미약함
(5) '우리' 의식이 강함
(6) 현세주의적 경향
(7) 융통성 없는 사고와 추리력 부족
(8) 솔직하고 직접적인 감정표현 억제
(9) 인내력이 강함
(10) 감정이 풍부함
(11) 남의 의사를 무시함
(12) 지위, 돈, 정(情)의 가치, 학문, 아들, 권력을 존중함[6]

여러 사람들에게 공통된 견해라고 해서 모두가 객관적으로 타당하다고 단정하기는 어려울 것이다. 그러나 소수의 견해보다는 다수의 견해가 타당성을 가질 확률이 높다는 것은 인정해도 좋을 것이다. 그리고 외국 사람들의 관찰에도 주관과 편견이 작용할 가능성은 얼마든지 있다. 다만, 일시적 여행객이 아니라 장기간 한

문화연구원, 1983, p.239.
6) 같은 책, pp.242-243 참조.

국에 머물러 산 외국인들의 공통된 견해 가운데는 빗나가지 않은 것이 많을 공산이 비교적 크다고 볼 수 있을 것이다.

이부영은 다른 사람들의 주장을 개관한 뒤에 자기 자신의 견해를 피력하고 있다. 이제 그 자신의 견해 가운데서 주목되는 대목을 간추려보기로 하자. 그의 견해 가운데서 첫째로 우리의 주목을 끄는 것은 해방 전 세대와 해방 후 세대를 비교한 대목이다.

이부영에 따르면, 한국의 해방 전 세대는 일본의 군국주의 교육과 유교적 보수주의 교육을 받은 사람들로서, 그 교육의 영향에서 해방 후에도 벗어나지 못했다. 해방 전 세대 가운데도 미국으로 유학을 하거나 미군 기관에 종사하여 새로운 외래문화의 영향을 받은 사람들이 많으나, 이미 어릴 때에 받은 동양문화의 영향을 송두리째 벗어나지는 못했다. 한편 해방 후 세대는 일찍부터 서양의 자유민주체제 아래서 비교적 자유롭게 자랐으며, 특히 1960년대 후반부터는 물질문명의 혜택을 받아온 결과로서 남녀의 평들 사상을 배웠고 해방 전 세대처럼 체면과 겸양지덕에 집착하지 않으며, 남보다도 '나'를 내세우는 자기중심적 성향이 강하다 해방 전 세대에 비하여 해방 후 세대는 미국의 문화를 수용함에 있어서 훨씬 저항을 느끼지 않았다. 그러나 젊은 세대가 받아들인 미국문화는 근면, 검소, 정직 등 건전한 측면보다는 경박, 허영, 실리주의 등 불건전한 측면에 가까웠다.[7]

이부영이 강조한 것 가운데서 둘째로 주목되는 견해는, 한국인의 심성 가운데서 한(恨)이 차지하는 비중이 크다는 그것이다. 한국인은 노여움을 잘 타고 남을 원망하며, 원망에 사무친 나머지

---

7) 같은 책, p.244 참조.

여러 가지 형태의 복수가 시도된다. 따라서 사람들은 남의 노여움의 피해를 두려워하고 비이성적 방법으로 이를 풀어주고자 하는 노력을 하는 가운데 도리어 서로 한의 생산을 도와준다는 것이다. 이런 풍토에서는 자신의 불행을 다른 사람의 탓으로 돌리게 되고 자주자립적 인간의 형성에도 어려움이 있으므로, 한은 청산해야 할 심리임에도 불구하고 한국인은 이를 통속적 영화와 신문 사회면 등에서 "미화하고 반추하면서 자학적 쾌락의 수단"으로 삼는 경향이 있다고 하였다.[8]

이부영이 강조한 의견 가운데서 셋째로 주목되는 것은, 한국에 서구적 합리주의와 개인주의가 들어왔으나 아직 제대로 토착화하지 못했다는 주장이다. 한국인은 '나'와 '너'의 구별이 없는 '우리'의 세계 속에 살고 있으며, 따라서 공과 사의 구별을 잘하지 못한다. 한국인은 너와 나의 한계가 불분명하므로 남의 감정이나 남의 권리를 침해하는 경우가 많으며, 공과 사의 구별을 잘 못하므로 '정실'에 약하다고 하였다.[9]

이부영의 진술 가운데서 주목을 끄는 넷째 부분은 그가 한국인의 심성의 양면성을 부각시킨 부분이다. 누구의 경우에 있어서나 사람에게는 장점 즉 긍정적 측면과 단점 즉 부정적 측면이 있게 마련인데, 한국인의 경우에는 있어서 이 두 측면이 밀접한 관계에 있음을 강조하고, 한국인의 심성의 결함을 고치기 위해서는 이 두 측면의 관계를 심도 있게 분석하고 다시 종합적으로 고찰할 필요가 있음을 이부영은 시사하고 있는 것이다.[10]

---

8) 같은 책, pp.258-259 참조.
9) 같은 책, p.259 참조.

예컨대, 한국인에게는 가족주의적 '우리' 의식이 강하여 집단적 자아를 앞세우는 경향이 있는데, 아낌을 받는 '우리'이 범위기 좁은 까닭에 그것이 도리어 지방색 또는 파벌 등을 조장하여 배타적 이기주의를 초래한다. 또 한국인에게는 사물을 포괄적으로 파악하고자 하며 포부를 크게 갖는 좋은 면이 있으나, 이 경향이 도리어 감당할 수 없는 일에까지 욕심을 내거나 치밀한 분석적 단계를 밟지 않고 일거에 큰 결과로 비약하려는 허황된 태도를 낳는 경우가 많다. 한국인에게 인정이 많고 정분(情分)을 소중히 여기는 경향이 있는 것은 그 자체로서는 좋은 일이나, 지나친 인정주의는 도리어 이성적 판단을 흐리게 하고 공사(公私)를 혼동하는 폐단을 부르기도 한다.[11]

김재은의 노작(勞作) 『한국인의 의식과 행동양식』의 제3부에 해당하는 「실증적 조사연구」는 저자 자신의 사회조사를 정리한 것으로서 이 책의 중심부에 해당한다. 지면의 분량으로도 책 전체의 태반이 넘는 방대한 보고서이므로 그 내용을 여기 자세히 옮기기는 어렵다. 다만 김재은 자신의 분석과 해석을 따라서 내린 한국인의 심성과 행동양식에 대한 종합적 결론 부분만을 여기에 간추려보기로 한다.

김재은의 연구 결과에 따르면, 한국인은 질서의식이 매우 강한 것으로 나타났다. 일반적으로 한국인에게는 질서의식과 질서행동이 매우 결여된 것으로 알려져 있었으나, "이 조사의 전형적인 대상인 30대 고졸 및 대학 중퇴자의 수준에서는 질서의 의식과 행

---

10) 같은 책, pp.265-266 참조.
11) 같은 책, pp.264-265 참조.

동이 확립되어 있음을" 보았다.12)

김재은이 한국인에게서 발견한 둘째 특성은, 가까운 사람들의 사생활에 자기가 꼭 관여해야 한다고 생각하는 경향이 강하다는 것이다. 자기의 사생활에 대해서 남이 참견하는 것은 꺼리면서도, 자기의 관심 영역 안의 사람과 사건에 대해서는 자기가 참여하기를 원하는 경향이 강하다는 것이다. 이러한 경향은 자기중심적 태도로서 권위주의적 사고방식과 깊은 관계가 있을 것이라고 그는 분석하고 있다.13)

한국인의 세 번째 두드러진 특성으로서 김재은이 발견한 것은 '동조성'(同調性)이다. 한국인에게는 자기가 속한 집단 또는 다수 구성원의 행동 기준에 동조하는 경향이 강하다는 것이다. 이 동조성의 경향에는 양보의 미덕과 권위주의 또는 타율적 생활태도로 흐를 염려가 아울러 있다고 그는 지적하고 있다.14)

김재은의 연구 결과에 따르면, 넷째로 이제까지 한국인의 특성으로 여겨져 왔던 것이 사실은 그렇지 않은 경우가 많다는 것으로 밝혀졌다. 예컨대, 한국은 샤머니즘 문화권에 속한 나라로서 미신을 숭상하는 경향이 강한 것으로 알려져 왔으나, 사실은 미신을 믿는 경향이 미약한 것으로 나타났다. 그리고 한국인은 이기적이고 공격적이라는 의견이 우세한 편이나, 김재은이 얻은 통계숫자는 그 의견을 뒷받침해 주지 않는다. 또 한국인에게는 형식을 존중하는 경향과 강한 경쟁의식이 있다는 일반적 견해도 신빙성

---

12) 金在恩,『韓國人의 意識과 行動樣式』, 이화여대 출판부, 1987, p.190.

13) 같은 책, pp.190-191 참조.

14) 같은 책, p.191 참조.

이 적은 것으로 나타났다.[15)]

김재은이 얻은 결론 가운데서 다섯째로 우리의 주목을 끄는 것은, 위에서 말한 것 이외에도, 대체로 말해서 한국인의 심성과 행동양식에는 우리가 보통 바람직하다고 생각하는 것이 많다는 사실이다. 이 점에 있어서 김재은의 연구 결과는 한국인의 심성에 있어서 주로 부정적 측면을 부각시킨 이부영의 논문과 매우 대조적이다. 질서의식이 강하고 질서를 지키는 행동에 힘쓴다는 것을 한국인의 의식 내지 행동양식의 가장 두드러진 특색이라고 거듭 강조한 다음에, 김재은이 열거한 한국인의 좋은 점들 가운데는 다음과 같은 것들이 포함된다.

한국인에게는 '신의'(信義)를 존중하는 마음이 강하다. 한국인은 강한 책임의식을 가지고 있으며, "사리판단에 있어서도 이치에 맞게 결정한다." 한국인은 성격이 낙천적이어서 미래를 밝게 내다보며, "매일 매일의 생활에서도 즐겁게 사는 현실감각을 가지고 있다." 한국인은 돈독한 인정을 가졌을 뿐 아니라, 매사에 신중을 기하며, 인내심도 강하다.[16)]

구체적 상황에서의 행동양식에 관해서도 한국인에게는 나무랄 점이 별로 없다. 예컨대, 한국인은 유명인사나 권위자의 말을 믿고 물건을 사지 않으며, 손아래 사람을 하대하지 않는다. 자기의 이익을 위해서 남을 희생시키지 않는 경향이 있으며, 다른 사람과의 인간관계를 순조롭게 유지하도록 노력한다. 또 한국인은 남에게 돋보이기 위해서 무리하게 돈을 쓰거나 잔치를 성대하게 치르

---

15) 같은 책, p.191 참조.

16) 같은 책, p.192 참조.

는 어리석음을 범하지 않는다. 한국인은 "수돗물 같은 공공시설에 관심을 가지고 있으며, 거리의 교통 신호도 잘 지킨다. 화장실도 깨끗하게 해야 한다 생각하며, 순서나 시간을 참고 기다린다."[17]

한국인은 부적 등을 지니고 다니는 것을 부당하게 생각하며 사고를 방지하기 위해서 항상 조심한다. 한국인은 "다른 사람의 수고를 꼭 돈으로만 따지지 않는다. 한국인은 자녀의 교육을 부모의 가장 큰 도리라고 생각한다. 한국인은 예의를 잘 지킬 뿐 아니라 약속도 잘 지킨다. 한국인은 외국인에게 우리나라를 비방하지 않는다."[18]

김재은이 얻은 결론에는 대견하고 고무적인 이야기가 많이 있다. 김재은의 연구뿐 아니라 '질문서' 또는 '면접'을 통하여 자료를 구하고 이를 통계학적으로 처리하는 방법을 사용한 학자들의 연구가 얻은 결론은 대체로 고무적이고 희망적이다. 역사나 문학작품 또는 체험적 관찰에 근거를 둔 연구에 부정적인 견해가 많은 것과 매우 대조적이다. 때로는 모순적이기조차 하다. 이러한 대조 내지 모순을 우리는 어떻게 해석할 것인가?

역사나 문학작품을 분석할 때 또는 개인의 체험이나 인상을 근거로 삼을 때는 연구자의 주관이 작용할 여지가 많은 반면에, 사회조사의 통계는 결과가 숫자로 나오는 까닭에, 후자의 방법에 의존한 연구가 더 객관적이고 따라서 믿음직하다는 의견이 있다. 그러나 이 의견은 일견 그럴듯하기도 하나 실은 극히 피상적인 논리의 산물이다. 우리는 통계숫자의 마력(魔力)에 현혹되기에 앞서

---

17) 같은 책, p.192 참조.
18) 같은 책, p.192 참조.

서, 그 통계자료가 된 조사 대상자들의 응답 속에 포함된 주관성에 대하여 깊이 생각해야 할 것이다. 짧게 말해서, 사회조사의 방법이 안고 있는 문제점에 대해서 충분히 고찰할 필요가 있다.

사람들의 심성 또는 생활태도를 연구하기 위하여 우리나라에서 사용되고 있는 사회조사의 방법은 주로 질문서(質問書)와 면접에 의존하는 것이다. 그런데 우리가 질문서 또는 면접을 통하여 어떤 사람에 대해서 알 수 있는 것은 그 사람의 심성 또는 행동양식의 진상(眞相)이 아니라 그 사람의 가치의식의 피상(皮相)일 경우가 많다. 그런데 많은 통계학적 연구가들은 그 피상을 진상으로 오인한다. 구체적인 예를 들어서 생각해 보기로 하자.

예컨대, "늙으신 부모가 아들인 당신과 함께 살기를 원하신다면 당신은 그 소원대로 하시겠습니까?"라는 물음을 주었을 때, 대부분의 아들들은 "예"라고 대답한다. 그러나 실제에 있어서는 이 대답대로 실천하지 않는 사람들이 많다. 또 공무원을 상대로 "당신은 뇌물을 제공하는 사람을 유리하게 하기 위하여 공사(公事)를 불공정하게 처리해도 좋다고 생각하십니까?"라는 질문을 했을 때, 대부분의 응답자는 "아니오"라고 대답할 것이다. 그러나 이 통계만을 가지고 우리나라의 공무원은 대부분 청렴결백하다고 단정하기는 어려울 것이다.

질문서나 면접을 통한 물음은 대부분이 조사를 받는 사람 자신에 대한 물음이다. 따라서 질문서나 면접의 방법이 적합성을 갖기 위해서는 조사받는 사람들이 자기 자신에 대해서 잘 알고 있다는 전제가 성립해야 한다. 그러나 우리가 우리 자신에 대해서 알고 있는 것은 자신의 일부에 불과하며, 자기도 모르는 자기가 많이 남아 있다. 그리고 자기가 잘 모르는 부분에 대해서는 좋은 편으로 대답하기가 쉽다. 모든 사회에는 그 사회가 일반적으로 옳다고 생각하는 행동양식이 있게 마련이며, 질문서나 면접에 대답하는 사람들은 그 사회에서 일반적으로 칭찬받는 행동양식에 일치하도록 대답하는 경향이 있다. 예컨대, 자기의 질서의식이 어느 정도인지 잘 모르는 사람은 그것이 강한 쪽으로 대답하기 쉽다

더욱 중요한 것은 질문서나 면접에서 사용되는 물음은 거의가 **단순한** 물음이며 욕구의 대립 즉 **심리적 갈등**의 문제를 고려에 넣지 않고 있다는 사실이다. 예컨대, "사랑하는 아내는 따로 살기를 원하며 아이들도 담배를 피우는 할머니와 같은 방 쓰기를 싫어합니다. 이러한 상황에서 당신의 홀어머니가 당신과 같은 집에서 살기를 원한다면, 당신은 어떻게 하시겠습니까?" 하는 식의 물음은 적으며, 그저 단순하게 "당신의 홀어머니가 당신과 함께 살기를 원하실 때 당신은 어떻게 하겠습니까?" 하는 식의 물음이 많은 것이다. 그리고 이 단순한 물음에 "예"라는 대답이 많이 나왔다고 해서, 한국의 젊은이들은 효심이 지극하다고 결론을 지으며 좋아하는 것이다.

복잡한 갈등의 상황을 가정한 물음에 대해서 바람직한 대답을 한 사람들이 반드시 실제로 바람직하게 행동하는 것도 아니다. 아직은 경제력에 여유가 있는 부모의 도움을 받고 있는 젊은 아들에게 앞에서 말한 복잡한 상황을 전제하고 노후의 부모와 동거하겠느냐고 물었을 때 '예'라는 대답이 나올 확률은 상당히 높을 것이다. 그러나 세월이 많이 흐른 뒤에 실제로 아내는 따로 살기를 원하고 아이들도 할머니와 같은 방 쓰기를 싫어하는 상황에 부딪쳤을 때, 옛날 질문서에 대해서 '예'라고 대답한 대로 행동하리라고 장담하기는 어렵다.

또 우리는 다음과 같은 역사적 사례를 알고 있다. 야당이 주장하는 대통령 직선제에 대해서 정부와 여당이 강력히게 반내함으로 빈하여 야당이 대권을 잡을 가능성은 거의 없다고 전망되었을 때, 야당의 두 거두는 만약 대통령 직선제만 실시한다면 대통령 후보의 자리는 상대편에게 양보하겠다고 서로 공언하였다. 그러나 사태가 바뀌어서 대통령 직선제를 실시하게 되었을 때, 그들은 각각 자기가 후보로 나서야 한다고 완강하게 고집하여 결국 야당이 둘로 분열되고 말았던 것이다. 이 사례에 있어서 야당 두 거두가 처음부터 마음에 없는 거짓말을 했다고 보기보다는, 직선제의 가망이 없었을 때는 양보하리라는 생각을 일단 했으나, 직선제를 실시하게 되어 대통령 자리가 눈앞의 현실로 떠올랐을 때 무의식 가운데 잠재해 있던 욕심이 발동하여 식언을 하게 되었다고 보는 편이 옳을 것이다. 평상시에는 정직하게 살아야 한다고 생각하더라도, 정직이 불이익을 초래할 어떤 상황에 부딪치면 남을 속이는 경우가 흔히 있듯이, 질문서에 응답하거나 면접에 응할 때는 질서를 존중하고 의리를 지키는 등 도덕률을 지키고 싶은 생각을 갖더라도, 막상 어떤 딜레마 상황에 부딪치게 되면 그 생각을 배반하는 행동을 하는 것은 흔히 있는 일이다.

우리는 같은 시각에도 여러 가지 소망을 아울러 가질 수 있으며, 때로는 서로 모순되는 소망을 품을 수도 있다. 같은 사람 안에서 여러 가지 소망이 충돌할 경우에는 가장 우세한 소망이 행동의 주도권을 잡게 마련이며, 여타의 소망들은 억제를 당하고 만다. 우리들의 현실을 결정하는 것은 한갓 관념 속에 떠올랐다가 잠자고 마는 생각들이 아니라 행동의 세계에까지 뚫고 나오는 우세한 생각들이다. 딜레마 상황에 처한 사람의 가장 우세한 소망을 알기 위해서는 그 사람의 가치체계를 총체적으로 파악해야 하며, 지금까지 흔히 사용되어 온 질문서 내지 면접을 통한 사회조사의 방법은 가치체계를 총체적으로 파악하기에는 적합하지 않다.

3. 한국인의 생활태도의 몇 가지 특색과 그 문제점

1) 한국인의 의식구조의 기본적 특색

필자는 1960년대 초부터 한국인의 가치관 내지 생활태도에 대해서 관심을 갖기 시작하여, 사회조사의 방법에 의존하기도 하고 소설을 위시한 문헌 분석에 의존하기도 해 가며 몇 편의 논문과 책을 내놓은 바 있다. 이제 필자 자신의 과거의 연구와 앞에서 언급한 다른 사람들의 연구를 토대로 삼고, 거기에 이 시대를 살아온 필자 자신의 관찰 내지 직관을 보태어 한국인의 가치관 내지 생활태도에 관한 종합적 파악을 시도해 보고자 한다. '종합적 파악'이라고는 하나, 시간과 지면의 제약 등 여러 가지 사정으로 인하여 모든 부분에 걸친 세밀한 고찰은 어려운 실정이다. 다만 현대 한국인의 의식구조 내지 생활태도에 있어서 큰 줄거리에 해당하는 측면의 파악만을 목표로 삼을 생각이다.

(1) 감정의 우세

한 개인 또는 민족의 의식구조를 결정함에 있어서 매우 큰 몫을 차지하는 것은 그 개인 또는 민족의 감정적 측면과 이지적 측면이 어떠한 모습으로 발달하여 어떠한 균형 또는 불균형을 이루고 있느냐 하는 문제일 것이다. 사람은 누구나 감정(感情)과 이지(理智)의 두 측면을 가지고 있으며, 이 두 측면 가운데서 어느 편이 우세한가에 따라서 그의 사람됨과 생활태도가 좌우된다 하여도 과언이 아니다.

여러 사람들의 견해와 우리들 자신의 경험 등을 종합해 볼 때, 한국인은 전통적으로 감정이 풍부한 기질을 가졌으며, 이러한 기질은 현재도 크게 변하지 않고 남아 있다. 이 점은 우리가 한국인을 이해하고자 할 때 우선 염두에 두어야 할 매우 중요한 사항의 하나이다. 감정이 풍부하다는 사실이 반드시 이지의 발달을 저해하는 것은 아니며, 한국의 문화유산 가운데는 한국인이 이지의 측면에서도 우수한 민족임을 증명해 주는 것들이 적지 않다. 그러나 한국인이 보여준 감정의 측면과 이지의 측면을 총체적으로 비교해 볼 때, 대체로 한국인은 이지보다도 감정이 우세한 기질을 가진 민족이라고 말해도 크게 사실에서 벗어나지는 않을 것이다.

한국인에게 감정이 우세하다는 주장을 뒷받침하기 위해서 우리는 여러 가지 증거를 제시할 수가 있을 것이다. 첫째로 언어와 사고방식 사이에는 밀접한 상호관계가 있어서 한 민족의 언어는 그 민족의 사고방식을 반영하는 경우가 많으며, 한국인의 언어행위 가운데는 감정의 우세를 점치게 하는 것이 적지 않다. 예컨대 한국말은 문법적 논리의 정확성을 통하여 의사를 소통하기보다는 그 상황의 맥락을 통하여 의사가 소통되도록 하는 경우가 많다. 좌석제가 아닌 극장이나 기차 안에서 자리를 구하는 사람이 빈 좌석을 가리키며 '여기 자리 있습니까?' 하고 묻는 따위가 그것이다. 그리고 '나는 네가 좋다'라는 식의 발언도 '나는 너를 좋아한다'라는 식의 서양의 말투에 비하면 주어와 그밖의 말자리의 관계가 논리적으로 선명하지 않다. 그러나 우리는 이런 한국말의 쓰임에 조금도 저항을 느끼지 않는다.

한자(漢字)와 한글의 다른 점을 잘 아는 외국인 가운데는 한국 사람들의 시간을 가리키는 말투를 이상하다고 느끼는 사람들이 있다. 논리의 일관성을 따지기로 든다면 '일시(一時) 삼십오분'이라고 말하거나 '한시 서른다섯분'이라고 말해야 옳을 터인데, 한국인은 '한시 삼십오분'이라고 말하니 납득이 가지 않는다는 것이다. 돼지고기의 한 부위를 '세겹살'이라고 부르지 않고 '삼겹살'이라고 하는 것도 따지기로 말하면 논리의 일관성이 부족하다.

한국 사람들은 전통적으로 따지는 것을 좋게 여기지 않는다. '따진다'는 말은 칭찬의 뜻보다는 나무람의 뜻을 담고 쓰일 경우가 많다. '꼬치꼬치 따지는 사람'보다는 '모르는 척하고 넘어가는 사람'이 환영을 받는다. 따지는 것은 이지가 하는 일이며 감정의 소관사가 아니다. 그리고 이지의 소관사인 따지는 일을 좋아하지 않는 사회라는 것은 이지의 발달을 위해서 조건이 불리한 사회임을 의미한다고 보아야 할 것이다. 운동 잘하는 여자가 환영을 받지 못하는 사회에서 여성의 체력이 발달하기 어렵듯이, 따지는 소행이 환영을 받지 못하는 사회에서는 따지는 기능인 이지가 발달하기 어렵다.

한국인은 이해관계의 대립이 생겼을 때 '봐 달라'는 말을 흔히 쓰며 '봐 달라'는 말로 인정에 호소하는 편이 이지에 호소하여 따지는 것보다 상대편의 양보를 얻어내기에 성공하는 경우가 많다. '봐 달라'는 말이 흔히 쓰이고 이 말이 잘 통한다는 사실도 한국 사회가 감정이 이지보다 우세한 사회라는 주장을 뒷받침하는 현상이라고 볼 수 있을 것이다.

한국을 방문한 외국인들도 한국인의 인정 또는 감정적 태도가 인상에 남는다는 말을 자주 한다. 필자가 미국에서 공부했을 무렵에 그곳 사람과 함께 영화를 본 적이 있었다. 눈시울을 뜨겁게 하는 감동적 내용의 영화였다. 아주 좋은 영화라고 내가 찬사의 발언을 했을 때 동행한 미국인은 '너무 감정에 치우친 영화'라고 하며 실망의 뜻을 비쳤다. 가슴에 호소하는 정서적 영화나 문학작품을 선호하는 것은 한국인에게 일반적인 경향이며, 이러한 성향도 한국인의 성격과 무관하지 않으리라고 생각된다.

(2) 외면적 가치의 선호

한국인의 생활태도에서 발견되는 두 번째 일반적 경향은 내면적 가치에 대한 추구보다도 외면적 가치에 대한 애착이 강하다는 사실이다. 질문서나 면접을 통한 사회조사의 통계에는 내면적 가치를 더 소중히 생각한다는 의견이 나타나는 경우가 많으나, 실제 행동의 세계에서는 외면적 가치를 추구하는 경향이 더 강하다고 보는 것이 필자의 관찰이다.

외면적 가치의 대표적인 예로는 금전 또는 재물, 권력과 지위, 그리고 관능적 쾌락을 들 수 있을 것이다. 이들 욕구의 대상을 '외면적 가치'라고 부르는 것은 그것들이 그것들을 원하는 사람 밖에 있는 사물이거나, 주로 밖에 있는 사물 또는 타인의 힘에 의존함으로써 얻을 수 있는 무엇이기 때문이다.

내면적 가치의 대표적인 예로는 인격, 건강과 수명, 학문과 예술, 종교와 사상, 우정과 사랑 등을 들 수 있을 것이다. 이것들을 '내면적 가치'라고 부르는 것은, 이것들에 관해서 어느 정도 높은 경지 또는 깊은 경지에 도달하고 못하는 것이 당사자들 자신의 마음가짐과 행위에 달려 있기 때문이다.

내면적 가치에 대한 지향(志向)보다 외면적 가치에 대한 애착이 강하다 함은, 내면적 가치에 속하는 것과 외면적 가치에 속하는 것 가운데서 하나를 선택해야 할 상황에 놓였을 때 결국 외면적 가치를 얻을 수 있는 길을 택하는 경향이 강하다는 뜻이다. 예컨대, 학자나 예술가가 될 수 있는 길보다도 금력 또는 권력에 접근할 수 있는 기회가 많은 길을 선호하는 경향은 외면적 가치에 대한 애착이 우세한 생활태도라고 볼 수 있을 것이다.

오늘의 한국인에게 외면적 가치를 내면적 가치보다도 선호하는 경향이 강하다는 뚜렷한 증거의 하나로 제시할 수 있는 것은, 외면적 가치의 목표를 달성한 사람들이 '출세한 사람'으로 평가를 받는 동시에 많은 사람들의 선망의 대상이 된다는 사실일 것이다.

현재 우리나라에서는 재산 또는 수입이 많거나 권력의 자리에 앉은 사람들이 높은 대우를 받는 경향이 있으며, 학자나 언론인이 고위직 관리가 되면 '등용'이니 '발탁'이니 하는 말로써 그 변화를 축하한다.

재물과 권력 또는 지위 그리고 관능적 쾌락 따위의 외면적 가치에 대하여 강한 욕구를 느끼는 경향을 현대 한국인에게만 고유한 특색이라고 말하기는 어려울 것이다. 그것은 동서와 고금 어디서나 흔히 찾아볼 수 있는 일반적 경향에 가까울 것이다. 다만 산업사회와 자본주의의 물질문명이 범람하게 된 현대에 이르러, 외면적 가치에 대한 한국인의 선호는 유교 또는 불교의 영향을 강하게 받았던 우리 조상들의 경우보다도 그 정도가 한층 너 심히게 되었다고 볼 수 있으며, 이 정도의 차이에 중대한 의미가 있다고 생각되는 것이다.

우리의 옛 조상들도 재물을 좋아했고 양반들은 벼슬자리를 탐내는 경향이 있었다고 보아야 할 것이다. 그러니 우리 조상들에게는 재물이나 벼슬자리보다도 더 소중히 여기는 것이 있었다. 많은 사람들이 가계(家系)의 계승을 재물보다 소중히 여겼고, 선비들 가운데는 깨끗한 인품 또는 부모에 대한 효도를 벼슬보다 소중히 여기는 기풍이 있었다. 이러한 점을 고려할 때 금력 또는 권력을 최고의 가치로 추구하는 사람들이 많은 오늘의 가치풍토와 인륜(人倫) 또는 도덕과 같은 내면적 가치를 가치체계의 정상에 올려놓았던 옛 조상들의 가치풍토 사이에는 현저한 차이가 있다고 보아야 할 것이다.

관능의 쾌락을 선호하는 경향도 동서와 고금을 통한 일반적 현상이며, 우리 조상들의 생활태도 역시 예외는 아니었다고 생각된다. 관능의 쾌락을 추구하는 것은 생물학적 본성을 따르는 자연스러운 태도라고도 볼 수 있으며, 그 정도가 지나치지만 않으면 굳이 나쁘게 생각할 이유가 없다. 그러나 현대 산업사회에 있어서의 쾌락의 추구는 그 정도가 적정선을 넘어섰다고 보아야 할 것이며, 바로 이 점에 문제가 있다.

현대인으로 하여금 지나친 쾌락 추구로 달리게 만든 가장 큰 원인은 상업주의와 금전문화에 있을 것이다. 현대 자본주의 사회를 풍미한 상업주의와 금전문화 속에서 관능적 쾌락은 값비싼 상품으로서 매우 적합한 대상이다. 이에 관능적 쾌락을 고급상품으로 시장에 내놓는 유흥업이 도처에 성황을 이루게 되었고, 관능적 쾌락을 파는 유흥업의 발달은, 값비싼 쾌락에 대한 욕구를 자극하고 유발함으로써, 분수를 모르는 쾌락 추구의 풍조를 낳게 하였다.

(3) 부분(部分)에 대한 애착

관능적 쾌락에 대한 지나친 선호는 인격 전체의 소망보다도 어떤 감각기관을 중심으로 하는 부분적 욕망을 따르는 행위이며, 자신의 전 생애의 보람보다는 순간의 즐거움을 택하는 행위라고 볼 수 있다. 다시 말해서 그것은 전체보다도 부분에 애착하는 태도의 하나라고 볼 수 있다. 부분에 애착하는 한국인의 태도는 관능적 쾌락에만 국한된 것이 아니라, 생활의 다른 영역에 있어서도 일반적으로 나타나는 현상이다. 아마 이러한 현상은 감정이 우세한 한국인의 기질과도 관계가 있을 것이다. 감정이란 자기중심적으로 작동하기 쉬우며 전체를 두루 배려하기보다는 제한된 범위 안에 편파적으로 작용하기 쉽기 때문이다.

가족주의의 관념이 지배적이던 옛날 전통사회에 있어서 우리 조상들에게는, 가족 또는 가문을 자아(自我)로서 의식하는 경향이 강한 데 비하여, 국가 또는 민족 전체를 생각하는 의식은 일부의 뜻 있는 사람들을 제외하고는 대체로 미약했던 것으로 보인다. 미국 문화의 영향을 크게 받게 된 20세기 후반 이후에는 개인주의의 의식이 점차로 가족주의보다도 우세하게 되었고, 근대적 국가 의식이 어느 정도 강화되기는 하였으나, 개인에 대한 애착이 지나쳐서 이기주의로 흐르는 경향을 보였다.

개인주의가 가족주의를 능가하고 나아가서 이기주의의 방향으로 흐르는 추세를 가장 여실히 보여주는 현상으로서 전통적 '효'(孝) 사상의 붕괴를 들 수 있을 것이다. '효'는 한국 전통윤리의 핵심을 이루어 왔으며 현재도 나이 든 세대에는 그 관념이 강하게 남아 있으나, 젊은 세대로 갈수록 현저히 쇠퇴의 추세를 보이고 있으며, 명백한 '불효'의 사례도 도처에 허다하다.

개인주의가 가족주의를 대신하면서 국가나 민족과 같은 더 큰 공동체에 대한 의식이 투철하게 되었다면, 부분에 대한 애착의 성향이 줄었다고 말할 수 있을 것이다. 그러나 우리 한국의 경우는 개인주의의 수용이 뚜렷이 근대적 국가의식 또는 시민의식의 강화를 초래했다고 보기는 어렵다. 쉽게 말해서, 민주적 개인주의보다는 이기적 개인주의의 방향으로 흐르고 있다는 인상이 강하다.

우리들에게 시민의식이 약하다는 것은 우리 주변의 일상적 현상에 대한 관찰만으로도 알 수 있다. 한국은 교통질서가 문란하고 교통사고가 매우 빈번한 나라로 알려져 있는데, 이것은 나만 빨리 가면 된다는 이기심의 발로에 연유하는 불행이라 하겠다. 그런데 이기심을 운전자들만이 가진 특수한 심리라고 보기는 어려우며, 한국 사람들이 일반적으로 가진 심성이라고 보아야 옳을 것이다. 타인 또는 공동체의 피해를 개의치 않는 행위는 장소를 가리지 않는 애연가나 뒤처리에 신경이 무딘 등산객에서도 흔히 발견되기 때문이다.

우리나라가 전통적으로 자랑해 온 '향토애'(鄕土愛)도 다른 지방 사람들에 대한 배타적 태도를 수반할 경우에는 부분에 대한 애착으로서의 성격을 띠게 된다. 자아에 대한 사랑이 타인에 대한 배타성을 수반하지 않을 경우에는 그것도 일종의 미덕으로 볼 수 있으나, 자아에 대한 사랑이 타인을 물리치거나 타인에 대한 피해를 개의치 않을 경우에는 이기심이라는 악덕으로서의 성격을 띠게 된다. 애향심이 미덕이 되는 것도 다른 지방 사람들에 대한 배타적 태도와 무관할 경우에만 국한되며, 타지방에 대한 부정적 태도를 수반하게 되면 도리어 부덕에 가까운 심성에 지나지 않는다.

오랜 농경사회의 역사를 가진 우리 한국인은, 조상들의 토지에 대한 끝없는 애착의 전통을 이어받아서, 지금도 고향에 대한 향념과 애착이 일반적으로 강하다. 그리고 이 애향심은 일종의 공동체 의식으로서의 성격을 가졌으며, 그 자체로 볼 때 긍정적으로 평가되어야 할 감정이다. 그러나 한국인의 애향심은 다른 지방 사람들에 대한 배타적 태도를 수반할 경우가 많아서, 현재는 전체보다도 부분에 애착하는 좋지 못한 심사로서의 성격이 강하다. 1987년 대통령 선거 때에 나타난 지방색 내지 지역감정은 '애향심'이 부분에 대한 애착으로 전락한 전형적 사례이다.

학벌을 형성하는 동창의식, 화수회(花樹會) 등이 형태로 나타나는 가문의식에 대해서도 비슷한 말을 할 수 있을 것이다. 한국인에게는 동창의식과 가문의식이 모두 강하며, 같은 학교 또는 같은 집안을 매개로 삼고 인연을 나눈 사람들이 돈독한 정을 나누는 데 그치지 않고, 끼리끼리만 뭉치고 외부에 대해서는 배타적 태도를 취하는 경우가 많다는 점에서, 역시 부분에 대한 애착의 한 유형으로 볼 수 있을 것이다.

2) 한국인의 생활태도 무엇이 문제인가?

앞에서 우리는 한국인의 심성 내지 생활태도의 기본적 특색으로서 세 가지 경향을 열거하였다. 우리는 이 세 가지 경향을 가치 중립적 견지에서 그저 서술하는 데 그칠 수도 있을 것이나, 한국의 바람직한 미래상을 위하여 어떠한 심성 내지 생활태도가 요구되는가를 문제삼을 경우에는 세 가지 경향에 대한 평가기 불가피하게 된다. 이때에 그 평가기준의 주축은 우리가 실현하고자 하는 목표로서의 내일의 한국에 대한 적합성(適合性) 여부가 될 수밖에 없을 것이다.

(1) 감성의 우세의 좋은 점과 나쁜 점

한국인의 심성의 첫째 특색으로서 우리는 이지(理智)에 대한 감정(感情)의 우세를 들었다. 감정의 우세는 개인을 위해서나 사회를 위해서 좋은 결과를 가져오기도 하고 나쁜 결과를 가져오기도 하여, 그 좋고 나쁨을 일률적으로 말하기는 어렵다. 감정의 우세는 상황에 따라서 좋은 현상일 수도 있고 나쁜 현상일 수도 있는데, 대체로 말해서 옛날 농경사회에서는 그것이 원만한 사회생활을 위해서 긍정적으로 작용하기가 쉬웠으나, 현대 산업사회에서는 도리어 부정적으로 작용할 경우가 많다.

옛날의 농경사회를 기반으로 삼고 발달한 한국인의 감정은 주로 평화적이고 친화적(親和的)인 것이었다. 그것은 혈연 또는 지연을 가진 사람들 사이를 잇는 따뜻한 정서를 중심으로 발달했으며, 한국의 전통사회를 인정 많은 사회로 만드는 데 크게 기여하였다. 한국의 전통사회가 자랑하는 '미풍양속' 또는 '상부상조'의 기풍도 그 바탕을 이루는 것은 사람들의 따뜻한 인정임을 생각할 때, 감정이 우세한 한국인의 심성이 과거의 한국 사회를 위해서 기여한 바 컸다고 보아도 무리가 없음을 알 수 있을 것이다.

풍부한 감정은 예술의 발달을 위해서 유리한 역량이기도 하다. 한국은 장구한 문화의 역사를 가진 나라이며, 한국 문화에 있어서 예술이 차지하는 비중은 매우 크다. 음악과 미술, 건축과 조각 등 여러 분야에 있어서 한국은 전통예술의 자랑스러운 유산을 많이 남겼을 뿐 아니라, 현대에 있어서도 한국은 물질문명의 악조건 속에서도 훌륭한 예술가를 다수 배출하고 있다. 이와 같이 과거와 현재에 있어서 한국이 예술의 분야에서 자랑스러운 전통을 세우고 지킬 수 있는 것은 한국인이 일반적으로 가진 풍부한 감정에 힘입은 바 크다고 보아도 무리가 아닐 것이다.

한국인의 전통적 생활양식 속에서 흔히 찾아볼 수 있었던 풍류(風流) 또는 '멋'도 한국인의 풍부한 감정과 무관하지 않을 것이다. 우리의 조상들은 가난한 살림 가운데서도 노래와 춤을 즐기는 낙천성과 풍류와 멋을 탐구하는 마음의 여유를 보였는데, 물질적 빈곤 속에서 보여준 정신적 여백은 우리 조상들의 풍부한 감정과 그 바탕에 깔린 왕성한 생명력의 덕분이라고 생각된다.

그러나 농경사회가 산업사회로 바뀌는 급격한 변화의 과정에서 한국은 전통사회가 경험하지 않았던 새로운 문제들에 부딪치게 되었고, 이 새로운 문제들 앞에서 감정이 우세한 우리들의 기질이 도리어 부정적으로 작용하는 경우가 많이 생기게 되었다. 풍부한 감정 그 자체에 문제가 있다기보다는 이와 균형을 이룰 수 있을 정도의 높은 지성의 준비가 없음으로 인하여 우리는 새로운 문제들에 슬기롭게 대체하지 못할 경우가 많다고 보는 것이 타당할 것이다.

현대사회에 있어서 인간이 부딪치는 문제들 가운데서 가장 큰 비중을 차지하는 것은 인간과 인간 사이에 일어나는 갈등의 문제라고 생각된다. 인간과 인간의 만남에서 오는 갈등의 문제는 어느 시대 어느 사회를 막론하고 일어나는 일반적 현상이나, 현대 산업사회에서는 옛날 전통사회가 경험한 것보다도 훨씬 규모가 크고 내용이 복잡한 문제가 일어나고 있다. 예컨대, 오늘날 우리에게 심각한 문제로서 다가오고 있는 계층간의 갈등, 세대간의 갈등, 지역간의 갈등 따위는 옛날 전통사회에는 별로 없었던 문제이며,

옛날 사람들이 경험했던 갈등보다도 규모가 크고 내용도 복잡한 문제로서의 성격을 띠고 있다.

농경시대의 우리 조상들이 경험했던 갈등은 혈연 또는 지연으로 연결된 좁은 범위의 사람들 사이에서 주로 일어났다. 인구의 이동이 적고 자급자족의 생활에 의존했던 농경사회에서는 먼 곳 사람들과 이해관계나 감정이 얽힐 사유가 별로 없었던 까닭에, 사회적 갈등도 일상적 접촉이 많은 좁은 범위 안에서 일어났던 것이다. 서로 면식이 있거나 세교(世交)가 있는 사람들 사이에서 생긴 갈등이었던 까닭에, 전통사회에서는 감정의 우세가 문제해결에 도움이 되었을 경우가 많았을 것으로 추측된다. 왜냐하면, 혈연 또는 지연의 유대를 통하여 평소에 가깝게 지내던 사람들 사이에는 두터운 정의(情誼)가 생기게 마련이고, 그들 사이에 생긴 갈등은 이미 형성되어 있는 정의에 호소함으로써 완화 내지 해결하기가 비교적 쉽기 때문이다. 집안 또는 같은 마을 사람들 사이에서 생긴 갈등은 집안 어른 또는 마을 어른의 설득과 중재로 해결되는 경우가 많은데, 집안 어른 또는 마을 어른의 설득과 중재가 권위를 발휘할 수 있는 것도 어른들에 대한 존경의 감정이 일반에게 있었기 때문이다.

현대 산업사회에서 일어나는 사회적 갈등의 경우는 옛날의 그것과 사정이 크게 다르다. 사람들의 이해관계가 얽히는 범위가 옛날과는 비교조차 어려울 정도로 크게 늘어났기 때문에 면식이 전혀 없는 아주 먼 사람들 사이에도 갈등이 생기고, 개인주의가 일반화됨에 따라서 사람들 각자의 개인적 자아의식과 권리의식이 강해졌기 때문에 옛날에는 별로 문제가 되지 않았던 일들이 새로운 갈등의 원인으로 작용하게 되었다. 뿐만 아니라, 면식이 없는 먼 사람들 사이에는 평소에 축적된 정의(情誼)의 준비가 없으며, 가까운 사람들 사이에도 옛날 농경사회에서와 같은 순박한 인정을 찾아보기 어렵게 되었다. 그리고 개인 또는 집단 사이의 갈등을 설득이나 중재로써 해결할 수 있는 존경받고 권위 있는 '어른'이나 원로의 존재도 귀하게 되었다.

이러한 상황에서는 감정의 우세가 갈등 해결을 위해서 크게 도움을 주기는 어렵다. 생활경쟁이 치열한 현대사회의 각박한 분위기 속에서는 친화(親和)를 조장하는 따뜻한 정서보다도 분노나 혐오와 같은 적대적 감정이 발동하기 쉽기 때문에, 감정의 우세가 도리어 인간적 갈등을 가속화할 경우도 적지 않다. 그리고 오늘의 사회적 갈등은, 많은 경우에 한편이 '온정'(溫情) 또는 '관용'을 베푸는 따위의 감정적 처리를 슬기롭게 함으로써 해결이 가능한 그러한 성질의 것이 아니라, '공정'(公正) 또는 '합리성'의 원리를 전제로 한 지성적 대화를 통해서 해결을 도모함이 바람직한 그러한 유형의 것들이다. 예컨대, 근로자와 사용자 사이의 갈등은 사용자의 온정에 호소하거나 근로자의 애사심에 호소함으로써 해결될 문제가 아니라, 현실에 대한 냉철한 인식과 공정하고 합리적인 해결을 추구하는 지성적 대화에 의거해야 할 성질의 문제이다. 그리고 이데올로기의 대립에서 오는 갈등의 문제도 감정이나 정서의 힘으로는 다룰 길이 없는 문제이며, 이론적 탐구를 통하여 해결을 모색할 수밖에 없는 문제이다. 이와 같이 냉철한 지성을 동원하여 사리(事理)를 따라서 해결해야 할 문제들과 만나고 있는 상황에서 감정이 앞서게 되면 합리적 해결의 길에 방해가 되기 쉽다.

합리적 해결의 길보다도 더 높고 큰 길을 생각할 수 없다는 것은 아니다. 개인적 자아를 초월하여 나를 사랑하듯이 모든 사람들

을 한결같이 사랑하는 대아(大我)의 경지에 도달할 수 있다면, 그
것이 가장 바람직한 길임에 틀림이 없다. 그러나 현대의 가치풍도
안에서 소아(小我)를 초탈한 인물들이 떼를 지어서 나타나기를 기
대하기는 어려운 일이며, 어쩌다 예외적인 인물이 하나 둘 나타난
다 하더라도 그 소수의 힘만으로 현대사회의 갈등의 문제를 전체
적으로 해결하기는 어려울 것이다. 가장 크고 높은 길이 '사랑'이
라는 정(情)의 길임을 부인하자는 것이 아니라, 그 길이 우리네
보통사람들에게는 너무나 아득한 길인 까닭에, 여기서는 차선(次
善)의 길로서 합리성(合理性)의 길을 옹호하고자 하는 것이다.

(2) 외면적 가치 선호의 문제점

한국인의 생활태도의 둘째 특색으로서 우리는 '외면적 가치의
선호'를 거론하였다. 재물과 권력 또는 향락 따위의 외면적 가치
가 삶에 있어서 소중한 것임에 의심의 여지가 없으며, 외면적 가
치의 획득을 위해서 노력하는 태도는 그 자체로 볼 때 건전한 생
활태도라고 보아야 할 것이다. 그러나 내면적 가치와 외면적 가치
가 경합했을 때 전자를 포기하고 후자를 선호하는 태도에는 근본
적인 문제가 있다고 생각된다. 우리는 그 문제점을 두 가지로 나
누어서 지적할 수 있을 것이다.

첫째로, 가치론적 견지에서 볼 때 내면적 가치가 외면적 가치보
다도 높은 자리를 차지해야 마땅한 가치이다. 그런데 높은 자리를
차지해야 할 가치를 낮은 위치로 끌어내리는 것은 가치 서열(價値
序列)의 뒤바뀜을 의미하며, 가치 서열의 뒤바뀜은 가치체계의 혼
란을 의미할 뿐 아니라 사회 현실에도 혼란을 가져온다. 해방 이
후에 우리나라는 정치와 경제 및 사회 일반에 있어서 많은 혼란

을 겪었으며, 이들 혼란의 원인 가운데서 가치관의 혼란이 차지하는 비중은 매우 크다고 보아야 할 것이다. 그릇된 가치관은 그릇된 행위를 낳고 많은 사람들의 그릇된 행위는 사회의 혼란을 불가피하게 한다.

내면적 가치가 외면적 가치보다 높은 자리를 차지해야 한다는 것을 논리적으로 밝히기는 그리 쉬운 일이 아니다. 그러나 우리는 가치 비교를 위한 몇 가지 척도를 생각할 수 있으며, 그 척도로써 내면적 가치의 세계가 외면적 가치의 그것보다 우위를 차지해야 마땅하다는 것을 거시적으로 밝힐 수는 있을 것이다.

가치 비교의 척도로서 첫째로 생각할 수 있는 것은 가치의 '지속성' 즉 수명이다. 가치에는 수명이 오래 지속하는 것도 있고 짧은 것도 있다. 대체로 말해서 내면적 가치는 수명이 오래 가는 데 비하여 외면적 가치는 수명이 짧다. 그런데 다른 조건이 같을 경우에는 수명이 긴 가치가 짧은 가치보다 더 바람직하다고 보는 것이 사리에 맞을 것이다. 여기서 우리는 '지속성'이 라는 척도로 비교할 때, 내면적 가치가 외면적 가치보다 높은 자리를 차지해야 마땅하다는 결론을 얻게 된다.

내면적 가치가 대체로 외면적 가치보다 수명이 길다는 것을 우리는 구체적인 예를 통하여 알 수 있을 것이다. 예술은 내면적 가치를 가진 것의 대표적인 예라고 볼 수 있으며, 예술의 수명이 길다는 것은 세상이 인정하는 상식이다. '한국미술 오천년전'이라는 전시회가 가능했던 것은 미술의 생명이 5천 년 이상 지속될 수 있다는 증거이며, 『일리아드』 또는 『오디세이』가 기원전 9세기에 씌어진 서사시라는 것을 인정한다면 문학의 걸작이 3천 년 가까운 장수를 누린 사례가 있다는 것을 의미한다. 사상도 내면적 가치를 가진 것의 대표적 사례이며, 2천 5백여 년 전에 살았던 공자나 석가모니의 사상이 오늘도 엄연히 살아 있다는 사실을 의심하는 사람은 적을 것이다.

그러나 외면적 가치를 가진 것 가운데는 100년의 수명을 누린 사례를 제시하기도 쉬운 일이 아니다. 외면적 가치 가운데서 비교적 수명이 긴 것으로서 금력(金力)을 생각할 수 있으나, "부자 삼대 가기 어렵다"는 속담이 말해 주듯이 그것도 100년을 유지하기는 매우 어렵다. 권력이나 지위는 금력보다도 더욱 무상하고, 관능적 쾌락은 권력이나 지위보다도 더욱 일시적이다.

가치 비교의 척도로서 둘째로 생각할 수 있는 것은 비교의 대상이 된 값진 것이 사람들에게 미칠 수 있는 '혜택의 크기'이다. 무릇 값진 것은 사람들에게 혜택을 줄 수 있는 힘을 가지고 있으며, 어떤 것은 많은 사람들에게 큰 혜택을 나누어 줄 수 있고, 다른 어떤 것은 오직 소수에게만 혜택을 베풀 수가 있다. 대체로 말해서 내면적 가치는 많은 사람들에게 큰 혜택을 줄 수가 있는 데 비하여 외면적 가치는 오직 소수에게만 혜택을 줄 수 있다.

내면적 가치가 많은 사람들에게 큰 혜택을 줄 수 있다는 것은, 그것을 여럿이 나누어가져도 각자의 몫이 소수가 그것을 독과점할 경우보다도 별로 줄지 않는다는 사실로써 명백하게 알 수가 있다. 종교를 믿는 사람들은 자기들이 믿는 종교사상을 다른 사람들에게도 믿으라고 권유하는데, 종교사상을 아낌없이 타인에게 나누어주기를 애쓰는 것은 종교사상이라는 내면적 가치가 여럿이 나누어가져도 그 혜택이 독과점의 경우보다 줄지 않기 때문이다. 종교사상뿐 아니라 모든 사상은 아무리 여럿이 나누어 가져도 각자의 몫이 줄지 않는다. 우리는 음악이 가진 내면적 가치에 대해서도 같은 주장을 할 수가 있을 것이다. 좋은 음악을 혼자 독점해서 듣는 경우와 여러 애호가들과 함께 듣는 경우를 비교할 때, 혼자 듣는 편이 월등하게 그 감흥이 더 크리라고는 생각되지 않는다. 내면적 가치 가운데는 타인에게 나누어주기가 용이하지 않은 것도 없지 않으나, 나누어 줄 수 있는 경우에는 그 나눔에 참여하는 사람의 수가 는다 하더라도 각자의 몫이 별로 줄지 않는다.

그러나 외면적 가치의 경우는 사정이 크게 다르다. 재물이나 권력은 그 혜택을 입을 수 있는 범위가 국한되어 있으며, 여러 사람들이 나누어 가질수록 각자의 몫은 반비례적으로 주는 경향이 있다. 관능적 쾌락의 경우도 어떤 물질을 수단으로 삼아야 얻을 수 있는 까닭에, 여러 사람들이 나누어 갖기에 어려움이 따른다.

대체로 말해서, 내면적 가치는 여러 사람들에게 큰 혜택을 나누어 줄 수가 있는 반면에, 외면적 가치는 오직 소수만이 그 혜택을 즐길 수 있다. 다른 사정이 같다면 되도록 많은 사람들에게 큰 혜택을 나누어 줄 수 있는 내면적 가치가 높은 자리를 차지하는 것이 마땅할 것이다.

가치 비교의 척도로서 셋째로 생각할 수 있는 것은 가치의 '목적성'과 '수단성'이다. 가치에는 그 자체가 목적으로서의 성격이 강한 것도 있고 다른 무엇을 위한 수단으로서의 성격이 강한 것도 있다. 예컨대 의술과 약품은 생명과 건강을 위해서 필요한 수단으로서 중요한 것이나, 생명과 건강은 그 자체가 소중한 목적으로서의 성격이 강하다. 또 교양이 담긴 책은 인격의 성장을 위해서 도움이 되는 수단으로서 중요하나, 인격은 그 자체가 소중한 삶의 목적이다. 그 자체가 목적인 가치를 '목적적 가치'라고 부르고 수단으로서 소중한 가치를 '수단적 가치'라고 부른다면, 전체로 볼 때 목적적 가치들이 갖는 가치의 총화는 수단적 가치들이 갖는 가치의 총화보다 크다고 보아야 할 것이다. 의약(醫藥)이 가치는 생명의 가치에 종속한다고 보아야 하며, 교양서의 가치는 교양 내지 인격의 가치에 종속된다고 보아야 하므로, 생명의 가치와 인격의 가치를 합한 것은 의약의 가치와 교양서의 가치를 합한 것보다 크다고 보아야 마땅하다. 여기서 한 가지 분명한 것은 목적과 수단의 관계를 가진 두 사물 각자의 가치는 전자가 후자보다 크다는 것과, 수단의 가치로서의 성격이 강한 것이 삶에서 최고의 목표는 될 수 없다는 사실이다.

앞에서 외면적 가치의 대표적인 것으로 예거한 금력과 권력 그리고 지위는 본래 수단으로서의 성격이 강하며, 관능적 쾌락은 그 자체가 목적이 될 수도 있으나 쾌락을 위한 쾌락의 추구보다는 다음의 활동을 위한 기분 전환 내지 활력 충전의 수단으로서 잠시 즐기는 태도가 바람직하다. 다시 말해서 외면적 가치 가운데는 그 자체를 목적으로 삼을 만한 것이 거의 없다.19)

한편 내면적 가치를 가진 것의 대표적인 것들, 예컨대 훌륭한 인격, 심오한 학문 또는 사상, 탁월한 예술, 건강과 체력 등은 다른 무엇을 위한 수단으로서 활용될 수도 있으나, 단순한 수단에 그치는 것이 아니라 그 자체가 소중한 목적으로서의 성격이 강하

---

19) 쾌락 그 자체를 목적으로 추구하는 것은 쾌락주의자의 태도이다. 관능의 쾌락 그 자체의 극대화를 최고의 선(善)으로 여기고 그것을 삶의 목표로 삼을 경우에 도리어 쾌락에 반대되는 고통을 얻게 된다는 것을 일찍이 강조한 것은 그리스의 철학자 에피쿠로스였으며, 에피쿠로스가 발견한 이 모순을 심리학에서는 '쾌락주의의 역리(逆理)'라고 부른다. 쾌락을 위한 쾌락의 추구가 아니라 다음의 활동을 위한 기분전환 내지 활력충전의 수단으로 잠시 즐기는 태도의 대표적인 것이 바로 '레크리에이션'이다.

다. 인격을 단순한 수단으로서 대접하지 말라는 것은 칸트가 강조한 가르침이며, 사람의 육체도 단순한 수단으로서 이용할 성질의 것이 아니라고 보는 것이 우리들의 상식이다. 학문과 사상 또는 예술도 그 자체가 목적으로서의 성격을 지니고 있다. 학문과 사상 또는 예술이 인간사회의 어떤 목적을 위한 수단으로 활용될 수가 있고 또 그것은 당연한 일이기도 하나, 그것들은 단순한 수단으로서의 가치를 갖는 데 그치는 것이 아니라, 그 자체가 목적으로서의 일면을 아울러 가지고 있다. 심오한 사상이나 탁월한 예술은 그것들이 사회에 미치는 영향을 떠나서 그 자체만으로도 귀중한 것이다.

이상의 고찰로써 우리는 전체로서의 내면적 가치의 세계가 전체로서의 외면적 가치의 세계보다 높은 자리를 차지해야 한다는 결론을 내릴 수 있을 것이다. 그리고 삶의 최고의 목적으로서의 중요성을 갖는 것은 어떤 내면적 가치일 수밖에 없으며, 단순한 수단으로서의 성격이 강한 외면적 가치 가운데는 삶의 최고의 목적으로서 마땅한 것이 있을 수 없다는 것도 명백하다.

가치 비교의 척도로서 넷째로 생각할 수 있는 것은 가치 있는 것을 소유한 사람이 느끼는 만족의 강도(強度)이다. 재물, 권력, 쾌락, 건강, 학식 등 가치 있는 것들은 그것들을 소유한 사람에게 만족을 느끼게 하며, 이때 느끼는 만족감은 소유된 대상에 따라서 차이가 있다. 다른 조건이 같을 경우에는, 사람에게 주는 만족감의 강도가 높은 것의 가치를 그 강도가 낮은 것의 가치보다 크다고 보는 것이 사리에 맞을 것이다.

만족의 강도가 매우 높은 것의 예로는 관능적 쾌락을 들 수 있을 것이다. 권력이나 재물도 그것을 획득한 사람에게 강한 만족감을 준다. 대체로 말해서 만족감의 강도에 관해서는 외면적 가치가 내면적 가치보다도 높은 자리를 차지한다고 보이야 할 것이다. 어떤 외면적 가치와 내면적 가치 가운데서 하나만을 선택해야 할 상황에서 전자를 선택하는 사람들이 많은 것은, 주로 외면적 가치가 줄 수 있는 만족의 강도가 높기 때문일 것이다. 따라서 '만족감의 강도'라는 척도로 잴 경우에는 외면적 가치가 내면적 가치보다도 높은 자리에 위치한다고 보아야 한다.

이상에서 우리는 가치 비교의 척도로서 네 가지를 생각해 보았는데, '만족감의 강도'의 척도를 제외한 다른 세 가지 척도는 한결같이 내면적 가치의 우위를 판정하는 것으로 나타났다. 다만 '만족감의 강도'만은 외면적 가치의 우위를 가리킨다는 사실이 우리의 문제를 좀 복잡하게 만들고 있으나, 이 네 번째 척도의 권위가 다른 세 가지 척도의 권위를 합친 것보다도 높다고 보기는 어려울 것이다.

페리(R. B. Perry)는 가치 비교의 척도로서 '관심의 포괄성'(inclusiveness of interest)과 '선호도'(preference) 및 '관심의 강도'(intensity)를 제시하고 있다. 그는 이 가운데서 '포괄성'을 가장 권위가 높은 척도로 인정하고 '강도'는 세 가지 가운데서 우선순위가 가장 낮다고 주장하였다. '포괄성'을 '강도'보다 우선순위가 높은 척도라고 주장하는 이유를 페리는 명백하게 밝히지 못하고 있으나, 강도가 높은 일시적 만족보다는 포괄성이 넓고 오래 지속하는 만족을 더욱 바람직하다고 보는 것이 우리들의 일반적 직관이다.[20]

---

20) R. B. Perry, *General Theory of Value*, Harvard University Press, 1954, pp.615-617, pp.657-658 참조.

외면적 가치를 내면적 가치보다 선호하는 가치관 내지 생활태도의 또 하나의 문제점은, 외면적 가치는 대체로 경쟁성이 매우 강하므로 외면적 가치를 강력하게 추구하는 가치풍토 속에서는 사회적 협동이 어렵다는 사실에서 발견된다. 금력이나 권력 따위의 외면적 가치를 서로 얻고자 할 경우에는 사람들은 치열한 사회경쟁의 소용돌이 속으로 휘말리게 되며, 치열한 경쟁의 상황 속에 던져진 사람들은 이해관계가 상반되는 까닭에 협동하기가 어려운 것이다.

(3) 이기주의의 자기모순

한국인의 생활태도의 세 번째 특색으로 우리는 지나친 자기중심적 태도 즉 '이기성'을 거론하였다. 자기보호의 본능은 동물의 세계가 공통으로 가지고 있는 일반적 현상임을 감안할 때, 인간의 이기성도 하나의 자연현상으로서 받아들여야 한다는 주장도 생각할 수 있다. 그러나 이기적 태도에 대해서 우리가 즉각적으로 느끼는 도덕적 비난의 감정을 논외로 하더라도, 배타적 이기주의가 바람직한 삶의 길이 아님을 밝히기는 어렵지 않을 것이다. 이기주의를 보편적 원리로서 받아들일 때 우리는 '이기주의의 역리(逆理)'라는 자기모순에 빠지기 때문이다. (여기서 우리가 말하는 '이기주의'란 타인의 권익이나 공동체를 돌보지 않고 나의 이익만을 추구하는 좁은 의미의 이기적 생활태도를 가리킨다.)

이기적 태도가 올바른 삶의 태도라면, 나의 이기적 태도뿐 아니라 모든 사람들의 이기적 태도를 옳다고 인정해야 할 것이다. 나에게만 이기적 태도를 허용하고 타인에게는 그것을 허용하지 않는 것 논리의 일관성의 원리에 어긋난다. 그러나 세상사람들의 전

부 또는 대부분이 타인의 권익을 무시하고 자기의 이익만을 추구
하다면, 서로가 서로를 방해하게 되어 긴 안목으로 볼 때 모든 사
람들 또는 대부분의 사람들이 필경은 뜻을 이루지 못하고 마는
결과에 이를 가능성이 크다. 이것은 이기적 태도가 결과적으로 불
이익을 초래함을 의미하는 것이니, 일종의 자기모순이 아닐 수 없
다. 어떤 실천의 원리가 타당성을 갖기 위해서는 그 원리를 따랐
을 때 그 원리의 실천적 목적에 도달할 수 있는 가능성이 커야
한다. 그런데 이기주의는 타인과 공동체에 피해를 줄 가능성이 클
뿐 아니라 자기 자신에게도 불이익을 초래할 개연성이 높으므로
타당성을 가진 삶의 길이 되기 어려운 것이다.

4. 미래 한국의 발전 방향과 그것이 요구하는 한국인의 가치관

1) 미래 한국의 발전 방향

역사의 흐름은 개인의 의사를 초월하여 그 자체의 법칙을 따라
서 방향이 결정되는 일면을 가졌다. 사람들의 의사도 그들의 안과
밖의 여러 조건들에 의하여 결정된다는 필연론(必然論)이 옳다면,
인간의 역사 밖에 시점을 두고 바라볼 때 역사의 발전 방향은 필
연적으로 결정될 따름일 것이다. 그러나 인간 안에 시점을 두고
볼 때 인간의 의지는 자유이며, 역사 안에 사는 주인공으로서의
인간의 시각에서 바라볼 때, 역사의 흐름은 인간 스스로 방향을
잡아야 할 노력의 대상이다. 미래 한국의 모든 분야를 우리가 원
하는 대로 설계할 수는 없을 것이나, 여러 가지 객관적 여건을 고

려하여 바람직한 방향으로 한국의 내일을 구상할 수는 있을 것이며, 또 마땅히 그렇게 해야 할 것이다.

우리 모두의 공통된 소망은 만족스럽고 보람된 삶을 갖는 일이다. 따라서 미래 한국의 바람직한 방향은 모든 한국인이 만족스럽고 보람된 삶을 갖기에 적합한 사회로 접근하는 것을 목표로 삼는 그것일 수밖에 없다.

만족스럽고 보람된 삶에 대한 소망은 모든 사람들에게 공통된 것이며, 이 소망의 달성을 추구함에 있어서 모든 개인은 동등한 권리를 가졌다고 보아야 한다. 바꾸어 말하면 만족스럽고 보람된 삶에 대한 소망이 우선적으로 달성되어야 할 특권을 가진 사람들이 따로 있다고 보기 어려우며, 모든 사람들은 동등한 권리를 가지고 저 소망의 달성을 추구할 자격을 가졌다고 보아야 한다. 따라서 정치, 경제, 교육 등 여러 가지 제도가 바람직한 것으로서 평가될 수 있기 위해서는, 그것들이 만족스럽고 보람된 삶을 추구할 수 있는 기회를 모든 사람들에게 균등하게 주는 제도라야 할 것이다.

'만족스럽고 보람된 삶'의 내용은 각자의 인생설계를 따라서 차이가 있을 것이다. 그러므로 바람직한 제도가 해야 할 일은 모든 사람들에게 동일한 혜택을 공급하는 일이기보다는 각자가 자신에게 맞는 삶을 설계하고 그 설계를 실천에 옮기기에 적합한 조건을 모든 사람들에게 고루 마련해 주는 일이라고 보아야 한다. 다시 말해서, 보람된 삶을 만드는 일은 각자의 책임이며, 정치와 경제 또는 교육 등 여러 제도가 해야 할 일은 보람된 삶의 구성요소를 국민에게 직접 공급하는 데 있는 것이 아니라 국민 각자가 자신의 삶을 보람된 것으로 꾸미기에 적합한 조건을 제공하는 데 있다. 그 적합한 조건을 모든 국민에게 충분히 제공하기는 사실상 어려운 일이므로, 현실적으로 가능한 일을 목표로 삼을 수밖에 없으며, 여기서 전체가 부족한 총량(總量)을 어떻게 나누는 것이 가장 공정하냐 하는 원칙의 문제와 만나게 된다.

그가 세운 인생설계가 어떠한 종류의 것이든, 한 개인이 만족스럽고 보람된 삶을 누리기 위해서는 ① 인생설계를 실천할 수 있는 활동의 자유와 ② 기본생활과 건강을 유지하기에 필요한 경제력, 그리고 ③ 타고난 소질을 연마하여 발전시키기에 필요한 교육의 기회를 가져야 한다. 이 세 가지는 넉넉하게 가질수록 만족스러운 삶을 영위하기에 유리하므로 누구나 되도록 많이 갖기를 원하는 경향이 있다. 그러나 세 가지 가운데 어느 것도 사람들이 원하는 대로 제한 없이 허용할 수는 없는 것이 우리 사회의 현실이다. 따라서 저 세 가지를 국민 전체가 가짐에 있어서 어떤 제한이 불가피하게 되며, 이 제한에 불공평함이 없도록 하는 것이 바람직한 제도가 수행해야 할 중대한 과제가 된다.

첫째로, 자유의 문제부터 생각해 보기로 하자. '자유'라는 것은 물량적(物量的) 존재가 아닌 까닭에 엄밀한 의미에 있어서 분배의 대상은 아니다. 그러나 무제한의 자유 즉 방종(放縱)이 사회의 성립을 어렵게 한다는 사실이 자유도 재산이나 기회와 마찬가지로 분배의 대상이 되는 기본적 가치의 하나로 만들었다. 이 '자유'라는 기본적 가치는 원칙적으로 국민 모두가 평등하게 나누어 가져야 옳다고 보는 것이 모든 민주주의자들의 공통된 신념이다. 자유의 차등을 정당화할 만한 특별한 이유가 없는 한, 모든 사람들이 동등한 자유를 누릴 천부의 권리를 가졌다고 보아야 한다.

특별한 이유가 있을 경우에만 자유의 차등을 허용하되 이 차등

의 허용이 공정하기 위해서는 자유의 차등 허용의 조건을 법으로
정해야 하며, 그 법이 모든 국민에게 차별 없이 적용되어야 한다.
요컨대, 개인의 자유를 가능한 범위 안에서 최대한으로 허용하는
것을 원칙으로 삼되, 국민 모두를 위해서 필요한 경우에는 자유의
제한이 정당화될 수 있다. 다만 이 자유의 제한은 만인에게 고루
가해져야 하며, 법에 명시된 정당한 이유 없이 자유를 많이 누리
는 사람과 적게 누리는 사람이 있어서는 안 된다.

　둘째로 생각해야 할 것은 기본생활과 건강을 보장하기에 필요
한 경제력을 분배하는 문제이다. 우리가 자유민주주의의 체제를
하나의 주어진 현실로서 받아들일 때 소유의 차등(差等)과 소득의
차등도 불가피한 것으로 인정하게 된다. 그러나 모든 사람에게 인
간으로서 살 권리가 있다고 보는 우리들의 신념은, 적어도 기본생
활과 건강을 유지하기에 필요한 경제력만은 모든 사람에게 우선
적으로 마련해 줄 것을 요구한다. 물론 한 나라의 총생산이 그 나
라 국민 전체의 기본생활을 보장하기에 어려움이 있을 정도로 가
난한 나라의 경우에는 저 요구를 만족시키는 것이 사실상 불가능
할 것이다. 그러나 오늘의 한국 경제의 실정은 기본생활과 건강을
유지하기에 필요한 재화만은 모든 국민에게 마련해 주는 것을 목
표로 삼을 수 있는 단계에 이르렀다고 생각된다.

　여기서 '기본생활'이란 모호한 개념이며, 어느 정도의 생활을
기본생활이라고 보아야 하느냐 하는 것은 논란의 여지가 있는 물
음이다. 다만 한 가지 분명한 것은 '기본생활'의 기준이 모든 나라
의 경우에 일정하다고 보기는 어려우며, 각 나라마다의 현실적 여
건을 따라서 그 기준이 높을 수도 있고 낮을 수도 있다는 사실이
다. 대체로 말해서, 정상적인 성격을 가진 보통사람으로서 크게

자존심을 상하지 않고 사회생활을 할 수 있을 정도의 경제력을 기본생활의 필요조건이라고 볼 수 있을 것이다.

상식적 수준의 기본생활과 건강을 유지하기에 부족함이 없을 정도의 물질생활을 한다 하더라도 다른 사람들이 지나치게 풍요롭고 사치스러운 생활을 할 경우에는 이른바 '상대적 빈곤감'으로 인하여 자존심이 상할 염려가 크다. 따라서 내일의 한국은 되도록 빈부의 격차가 작은 것이 바람직하며, 중산층이 인구의 대부분을 차지하는 균형된 사회로 발전하는 것을 목표로 삼아야 할 것이다.

우리가 셋째로 생각해야 할 문제는 자아실현을 위한 교육의 기회를 마련하는 문제이다. 보람된 삶을 위해서 가장 중요한 것은 타고난 소질을 연마함으로써 떳떳한 자아(自我)로 성장하는 일이며, 자아의 성장을 위해서는 적합한 교육의 기회가 주어져야 한다. 모든 국민에게 각각 타고난 소질을 충분히 발휘할 수 있도록 교육의 기회를 마련해 주는 것이 이상적이나, 그것은 현실적으로는 불가능에 가까운 일이다. 그러므로 최상의 길은 우리가 마련할 수 있는 교육의 기회를 모든 사람들에게 공정하게 나누어주는 것이다.

교육의 기회를 공정하게 나누어준다 함은 적성(適性)을 따라서 교육을 받을 수 있도록 배려함을 의미하며, 구체적으로는 공정한 자유경쟁의 방법에 의하여 교육의 기회를 배정함을 가리킨다. 경제력이 승패를 크게 좌우하는 조건이 되는 경쟁은 공정한 자유경쟁이 아니며, 소질과 노력을 따라서 승패의 판가름이 나는 경쟁이 공정한 자유경쟁이다.

재능이 탁월하고 노력도 남보다 더하여 배움에 적합한 심적 준비는 갖추었으나 돈이 없어서 교육을 받을 기회를 얻지 못한다면,

교육의 기회가 공정하게 분배되었다고 보기 어렵다. 탁월한 능력을 가진 사람에게 교육의 기회가 우선적으로 주어질 수 있도록 장학제도를 충실하게 마련하는 것도 교육기회의 균등을 위해서 매우 중요한 일이다.

2) 내일의 한국이 요구하는 생활태도의 기본

내일의 한국이 바람직한 방향으로 발전하기 위해서는 우리들의 생활태도가 그 방향에 적합해야 할 것이다. 우리의 생활태도를 미래 한국의 바람직한 발전 방향에 적합하도록 하기 위해서는, 3절 2)에서 지적한 한국인의 생활태도의 문제점을 바로잡는 일이 가장 중요할 것이다.

첫째로, 이지(理智)보다도 감정(感情)이 우세한 생활태도가 갖는 단점을 보완해야 할 것이다. 이 단점을 보완하되 우리들의 뜨거운 감정을 순화하기에 충분할 정도로 지성적 태도를 강화하는 방향으로 고쳐야 할 것이다. 우리에게 풍부한 원초적 감정을 이지의 힘으로 다듬어서 한 차원 높은 정서로 승화시키는 방향으로 우리의 심성을 기르고, 그렇게 길러진 심성에 바탕한 지성적 태도로써 우리들의 문제에 대처해야 할 것이다.

지성적 태도의 첫째 핵심은 공정성(公正性)이다. 자기중심적 태도를 극복하고 남의 권익과 남의 인격을 나의 그것과 한가지로 존중하며 남의 몫은 남에게로 돌려주는 공정성은 지성적 태도의 기본이며, 정의로운 사회의 실현을 위해서 요구되는 마음가짐의 바탕이다.

지성적 태도의 둘째 핵심은 사실을 사실대로 파악하는 객관성이다. 엄연한 사실을 은폐하거나 유리한 사실을 사실 이상으로 과장하는 것은 지성적 태도가 아니다 인부이 시실을 진부의 사실인양 확대 해석하는 것은 지성적 태도가 아니며, 확실하지 않은 것을 확실한 것처럼 단정하는 것도 지성적 태도가 아니다. 사실을 사실대로 정확하게 파악하는 객관적 인식은 우리가 문제에 슬기롭게 대처하기 위해서 요구되는 바람직한 출발점이다.

지성적 태도의 셋째 핵심은 거시적(巨視的) 안목 즉 원대한 시야를 갖는 일이다. 시간적으로나 공간적으로나 가까운 곳만을 보는 것은 지성적 태도가 아니며 좁은 시야에 국한되어 눈앞의 이익에만 집착하는 것도 지성적 태도가 아니다. 먼 지역과 먼 장래까지도 고려하고 문제의 상황을 여러 각도에서 조명하는 거시적 안목은 공정하고 슬기로운 판단을 위한 전제조건이다. 거시적 안목으로 세상을 바라볼 때 이기적 소아(小我)의 작은 껍질을 벗어나서 사회 공동체 안에 큰 자아를 발견하는 눈이 열린다.

지성적 태도의 넷째 핵심은 사고(思考)의 유연성이다. 자기의 생각만을 절대로 옳다고 고집하며 남의 의견을 받아들이지 않는 것은 지성적 태도가 아니다. 나와 반대의 견지를 취하는 남의 말에 귀를 기울이고 남의 주장의 옳은 점을 받아들여서 나의 생각의 그릇된 점을 시정하는 사고의 유연성은 나와 남이 함께하는 사회생활을 슬기롭게 영위하기에 필요한 마음가짐일 뿐 아니라 나 자신의 성장을 위해서도 크게 도움이 되는 심성이다.

지성적 태도의 다섯째 핵심은 옳게 살고자 하는 도덕적 의지이다. 옳음(義)을 버리고 이로움(利)을 좇는 것은 지성적 태도가 아니다. '지식인'과 구별해서 '지성인'이라고 말할 때, 우리는 단순히 많은 것을 알 뿐만 아니라 앎을 따라서 올바르게 살고자 하는 도덕적 의지도 아울러 가진 사람을 가리킨다. 진정한 지성인이란 단순하게 합리성만 강한 사람이 아니라 높은 이지와 깊은 정서의 조화를 이룩한 원숙한 경지의 인물을 일컫는다.

둘째로, 내면적 가치보다도 외면적 가치를 선호하는 생활태도를 바로잡아 내면적 가치의 우위를 회복하도록 노력해야 할 것이다. 외면적 가치를 부정적으로 보는 비현실적 태도를 권장하자는 것은 아니다. 외면적 가치에 속하는 것들도 모두 삶을 위해서 소중한 것임에 틀림이 없다. 외면적 가치의 힘을 빌지 않고서는 어떠한 내면적 가치도 크게 달성하기 어렵다. 그러나 어떠한 외면적 가치도 그 자체가 삶의 궁극목적이 되기엔 충분하지 못하며, 누구에게나 삶의 궁극목적만은 어떤 내면적 가치의 실현에 두는 것이 바람직하다.

모든 사람들에게 위대한 과학자나 사상가 또는 예술가가 될 것을 삶의 목적으로 삼으라고 권고하는 것은 아니다. 훌륭한 아버지나 어머니가 되어 자녀를 슬기로운 인격으로 키우는 것도 내면적 가치를 실현하는 일이며, 이웃을 위해서 다정한 친구가 되어 우정의 꽃을 피우는 것도 내면적 가치를 실현하는 길이다. 맡은 바 직업에 충실하여 분수를 따라서 사회에 이바지하고 여가를 이용하여 독서나 음악을 즐기는 것도 내면적 가치를 실현하는 길이다. 사람은 누구나 크든 작든 어떤 가능성을 가지고 있게 마련이며, 그 가능성을 발휘하여 사회를 위해서 보태는 바 있는 인격으로 성장하게 되면 그것만으로도 내면적 가치를 실현하는 삶이 된다.

그러나 일반이 외면적 가치를 추구하기에 여념이 없는 가치풍토 속에서 어떤 개인이 혼자의 결심만으로 내면적 가치에 우위를 둔 삶을 살기는 쉬운 일이 아니다. 사회 전체가 내면적 가치를 높이 대접하는 방향으로 가치 풍토가 새롭게 형성될 필요가 있으며, 새로운 가치풍토의 형성을 위해서는 집단이 조직적 노력이 필수적이다. 정치, 교육, 언론 그리고 종교 등에 종사하는 사람들이 가치풍토의 중요성을 인식하고 올바른 가치 태도의 정립을 위한 조직적 노력을 꾸준하게 해야 할 것이다.

사치와 낭비 그리고 퇴폐적 유흥의 풍조는 외면적 가치의 선호를 조장하는 결정적 요인이다. 과장된 광고의 수단까지 동원하여 소비생활을 선동함으로써 돈벌이에 열중하게 마련인 자유시장 경제와 자본주의 체제의 가장 큰 문제점은 '경기의 활성화'를 이유로 사치와 낭비 그리고 퇴폐적 유흥을 방치하게 마련이라는 사실에 있다. 근세 초기에 대두한 자유방임의 경제체제에 연연하는 한, 건전한 가치풍토를 조성하기는 지극히 어려울 것이다.

셋째로, 배타적 이기주의의 생활태도가 시정되어야 할 것이다. 현대 한국인의 대부분이 개인적 자아의식을 강하게 품고 있다는 사실에 비추어볼 때, 내일의 한국을 집단적 인간관의 토대 위에 건설하기는 어려울 것으로 보인다. 자유민주주의를 표방해 온 우리 한국은 현재도 이미 개인적 인간관에 입각하고 있으며, 우리들의 의식구조에 획기적 변동이 없는 한 앞으로도 개인주의를 전적으로 부정하는 체제를 성공적으로 도입하기는 어려울 것이다.

개인주의적 자아의식이 강한 사람들로 구성된 사회가 원만하게 성립할 수 있기 위해서는 나와 남을 동등하게 대접하는 공정성이 따라야 한다. 다시 말해서, 개인주의적이기는 하되 좁은 의미로 이기주의적은 아닌 사람들만이 '민주주의'라는 이름의 탈없는 개인주의 사회를 실현할 수가 있다. 개인주의가 작은 '나'의 권익에만 집착하는 이기주의로 흐를 때, 사회는 질서를 상실하고 붕괴하게 마련이다. 이제까지 한국의 민주주의가 제대로 뿌리를 내리지 못한 사유의 하나는 사람들의 이기주의적 생활태도에 있었다고 생각되므로 내일의 한국이 바른 궤도에 오르기 위해서는 우리들의 마음으로부터 배타적 이기주의의 경향을 몰아내야 할 것이다.

우리가 강한 개인주의적 자아의식을 가지고 있는 한, 개인으로서의 '나'를 이롭게 하고자 하는 마음을 버리기는 어려울 것이다. 우리의 의식구조가 개인주의의 성향을 강하게 띠고 있는 한, 개인으로서의 '나'에 대한 애착을 극복하기는 어려운 일이다. 개인주의자에게 열려 있는 최선의 길은 나의 선(善)과 남의 선을 아울러 달성하는 공존의 길이다. 이 공존의 길을 애써 찾아서 걷고자 하는 사람들이 사회의 대세(大勢)를 이룰 때, 자유민주주의가 제대로 실현될 수 있다.

인간이 개인적 이기주의의 화를 면할 수 있는 길로서 두 가지를 생각할 수 있다. 하나는 개인으로서의 '나'에 애착하기보다도 집단으로서의 '우리'에 애착하는 대아(大我)의 인간상을 실현하는 길이요, 다른 하나는 개인을 자아로 의식하되 나와 남을 공정하게 대접하는 이성적 인간상을 실현하는 길이다. 첫째 길은 어떤 의미에서 이상적이기는 하나 오늘의 현실에 비추어서 실현하기가 매우 어려운 길이다. 왜냐하면, 산업사회에 사는 현대인의 강한 개인적 자아의식을 인위적으로 물리치기가 어려울 뿐 아니라, 사람과 사람이 만나는 범위가 지극히 넓은 현대사회가 요구하는 집단적 자아는 가족이나 부족보다도 훨씬 더 큰 '우리'이기 때문이다.

결국 둘째 길만이 우리가 추구할 수 있는 길로서 남게 되는데, 이 둘째 길이 성공하기 위해서는 국민 일반의 지성적 생활태도가 전제되어야 한다. 여기서 우리는 한국인의 심성 가운데서 이지 내지 합리성의 측면을 보완해야 한다고 한 앞에서의 논의로 되돌아오게 된다. 개인적 자아의식이 강한 현대인이 이기적 생활태도의 폐난을 극복하기 위해서는 합리적 사고와 지성에 있어서 높은 경지에 도달해야 한다.

우리는 여기서 '내면적 가치의 우위 회복'의 과제와도 다시 만나게 된다. 사람들이 일반적으로 외면적 가치를 내면적 가치보다 선호하는 동안, 이기적 태도를 극복하고 나와 남이 다같이 뜻을 이루는 공존의 길을 실천하기는 사실상 매우 어렵다. 앞에서 이미 밝힌 바와 같이, 외면적 가치는 일반적으로 경쟁성이 매우 높은 까닭에, 외면적 가치를 삶의 최고 목표로 추구하는 사람들은 자신의 목적을 달성하기 위해서 남을 물리치지 않을 수 없는 상황을 자초하게 되어, 자연히 이기적 태도로 기울게 된다. 그러나 내면적 가치는 일반적으로 경쟁성이 약하며 그 종류도 다양한 까닭에, 내면적 가치의 성취를 삶의 최고목표로 추구하는 사람들은 굳이 남을 밀어내야 할 이유가 없으므로, 이기적 태도를 벗어나기에 유리한 처지에 놓이게 된다.

이상의 고찰을 통하여 우리는 매우 중요한 사실 하나를 알게 되었다. 그것은 지성적 생활태도와 내면적 가치를 외면적 가치보다도 더욱 소중히 여기는 가치관의 정립, 그리고 배타적 이기주의의 극복이라는 세 가지 과제는 내면적으로 밀접하게 서로 연결되어 있다는 사실이다.

[1988, 한국학술진흥재단에 제출한 연구보고서]

한국 문화의 문제상황

1. 산업화의 양지와 음지

  제2차 세계대전이 끝난 1945년 당시의 한민족은 국민의 약 80%가 농업에 종사하고 있었다. 36년 동안 일본의 지배 아래 있었던 한국 사람들의 대부분은 자유민주주의가 무엇인지 또는 공산주의가 무엇인지 아는 바가 거의 없었다. 이러한 상황에서 한반도는 두 강대국에 의하여 남과 북으로 양단되었고, 남한에는 미국군이 진주하고 북한에는 소련군이 진주하였다. 이 불행한 변화를 계기로 단일민족으로서의 오랜 역사 속에서 고유한 전통문화를 형성했던 우리나라는 서양의 외래문화와 식십 민니게 되었고, 이 만남은 우리에게 크나큰 충격을 주었다. 우선 남한의 경우를 살펴보기로 한다.

미군의 진주(進駐)와 함께 들어온 미국 문화는 여러 가지 측면에서 한국의 전통문화와 대조적이었다. 한국의 전통문화는 농경문화였으나 미국에서 들어온 외래문화는 공업문화였다. 한국의 전통문화에서는 유교적 도덕 가치가 가치체계의 근간을 이루고 있었으나, 한국에 들어온 미국 문화에서는 금전과 쾌락이 가치체계의 중심을 차지하고 있었다. 한국의 전통문화가 가족주의적인데 비하여 미국의 문화는 개인주의적이었다.

강대한 나라 미국의 영향 아래서 남한 사회는 크게 변모하였다. 농업을 대신하여 공업이 생산의 중심을 차지하게 되었으며, 농촌이 도시로 변하였다. 대가족 제도는 무너지고 핵가족이 날로 늘어났으며, 개인주의가 가족주의를 압도하였다. 유교적 인생관이 쇠퇴하는 가운데, 소유의 극대화와 향락의 극대화가 행복을 보장해 주리라고 믿는 사람들이 국민의 대다수를 차지하게 되었다.

이러한 변화는 대부분의 남한 사람들을 가난으로부터 벗어나게 하였고 기계문명의 혜택에 젖게 하였다. 그러나 그 변화가 좋은 결과만을 낳은 것은 결코 아니며, 매우 불행한 현상도 이에 수반하였다. 살인, 강도, 성폭행 따위의 포악한 범죄가 늘어났고, 마약의 복용 또는 문란한 성생활 따위의 퇴폐적 풍조가 고개를 들었다. 인심이 점차 각박해지고 사람들은 각각 이기심에 사로잡혀 기쁨 또는 슬픔을 함께 나누기보다는 서로가 서로를 물리치는 인간관계가 일반화하였다. 환경의 오염이 심각한 문제로 대두했으며, 미래에 대한 불안이 마음의 평화를 위협하였다. 짧게 말해서 물질생활은 풍요롭게 되었으나 정신생활은 도리어 빈곤하게 된 것이다. 우리의 전통문화와 외래의 서구문화가 조화를 이루지 못하고 갈등을 일으키고 있는 혼란상태라고 표현하는 사람도 있다. 어쨌든 오늘의 한국 문화는 많은 문제점을 안고 있으며, 이 문제점을 어떻게 극복하느냐 하는 것은 한국인이 대답해야 할 중요한 물음의 하나이다.

문화라는 것이 설계도를 따라서 건축물을 짓듯이 사람의 의도 대로 만들 수 있는 것은 아니다. 그러나 인간의 의도와는 관계없이 제멋대로 진로를 결정하는 태풍의 경우와는 달라서, 내일의 문화가 어떠한 모습으로 형성되는지는 그 문화를 만드는 사람들의 의지와 태도에 따라서 크게 좌우된다. 그러므로 철학자와 언론인 또는 정책 결정자 등 한 민족 또는 세계를 이끌어갈 사람들이 민족의 문화 또는 인류 문화의 미래상에 대하여 설득력 있는 비전을 갖는 것은 매우 중요한 일이다.

건축을 설계하듯이 모든 세부 계획까지도 명시하여 미래의 문화를 설계할 수는 없을 것이다. 우리가 이 자리에서 할 수 있는 일은 내일의 문화가 바람직한 것이 되기 위해서 갖추어야 할 기본조건이 무엇인가를 살펴보는 일이며, 만약 이 일에서 어느 정도 성공한다면 필자로서는 그것만으로 만족할 것이다.

2. 바람직한 문화의 조건

우리 모두에게 가장 절실한 소망은 만족스럽고 보람된 삶을 갖는 일이다. 정치와 경제는 물론이요, 도덕과 종교, 그리고 예술을 포함한 문화의 모든 분야는 만족스럽고 보람된 삶을 위한 수단으로서의 일면을 가졌다. 만족스럽고 보람된 삶을 위한 수단으로서의 기능이 문화가 갖는 의미의 전부는 물론 아니다. 그러나 그것이 문화의 매우 중요한 일면임에는 의심의 여지가 없다. 따라서, 넓은 의미의 문화가 바람직한 것이 되기 위해서는, 첫째로 만족스럽고 보람된 삶을 실현하기에 적합한 것이라야 한다.

문화 가운데서 중추의 구실을 하는 **가치관**의 경우를 예로 들어서 생각해 보기로 하자. 다양한 가치관들 가운데 하나를 올바른 가치관이라고 부를 때, 그 올바른 가치관이 갖추어야 할 조건의 하나는 그것이 만족스럽고 보람된 삶의 실현을 위해서 적합한 행위를 선택하도록 작용하는 일이다. 적합한 행위를 선택하도록 작용하기에 성공하지 못하는 가치관은 올바른 가치관으로 인정되기 어렵다. 정치체제나 경제제도를 예로 생각할 때, 우리의 주장은 더욱 알기 쉽게 설명될 수 있을 것이다. 이상론적 관점에서 볼 때 아무리 매력적인 정치체제 또는 경제제도라 하더라도 현실적으로 만족스럽고 보람된 삶을 실현하기에 부적합하다면, 우리가 그것을 바람직한 정치체제 또는 바람직한 경제제도라고 보기 어렵다는 것은 의심의 여지가 없다.

만족스럽고 보람된 삶에 대한 소망은 만인에게 공통된 것이며, 이 소망의 달성을 추구함에 있어서 모든 개인들은 동등한 권리를 가졌다고 보아야 한다. 다시 말하면, 만족스럽고 보람된 삶에 대한 소망이 우선적으로 달성되어야 할 특권을 가진 사람이 있다고 인정할 수 없으며, 모든 사람은 동등한 권리를 가지고 이 소망의 달성을 추구할 자격을 가졌다고 보아야 한다. 따라서, 정치와 경제, 도덕과 교육 등을 포함한 넓은 의미의 문화가 바람직한 것으로 평가되기 위해서는, 그것이 모든 사람들에 대하여 만족스럽고 보람된 삶을 위한 적합성을 가져야 한다는 결론에 이르게 된다.

모든 사람들에 대하여 만족스럽고 보람된 삶을 위한 적합성을 갖는다는 것이 구체적으로 무엇을 의미하는가는 각기 문화 영역에 따라서 별도로 대답되어야 할 문제이다. 예컨대 정치의 영역에서는 모든 국민에 대해서 같은 자유를 같은 정도로 허용하는 일, 또는 기본적 가치를 획득할 수 있는 기회를 균등하게 부여하는 일 등이 그 적합성을 위한 원리들의 일부가 될 것이다.

바람직한 문화가 갖추어야 할 둘째 조건은 그 정체성(正體性)이다. 문화의 정체성이라 함은 '문화의 주체인 집단의 특수성과 전통을 얼마나 살리고 있는가?'라는 물음과 관련하여 설명될 수 있는 개념이다. 쉽게 말하자면, 문화 집단의 특수성이 충분하게 반영되고, 그 문화적 전통의 정수(精髓)가 유감없이 계승된 문화일수록 정체성이 뚜렷한 문화라고 볼 수 있을 것이다.

문화를 평가할 때 그 정체성을 중요시하는 이유는, 문화라는 것이 인간 집단의 축적(蓄積)과 잠재력(潛在力)의 발휘에 의하여 이루어진다는 사실에 근거를 두고 있다. 문화는 인간만이 갖는 인간적 산물이다. 개인이 갖고 있는 잠재력의 발휘가 개인적 자아의 실현이라면, 집단을 구성하는 여러 개인들의 자아실현의 총합은 그 집단이 갖는 문화의 근간(根幹)에 해당한다. 그리고 문화는 같은 시대 사람들의 힘만으로 되는 것이 아니라, 조상들의 업적을 토대로 삼고 그 위에 다시 한 켜를 쌓음으로써 이루어진다. 따라서 문화는 집단의 고유한 역량과 오랜 전통을 근거로 삼지 않고서는 높은 경지에 이를 수가 없다.

문화에 관해서 정체성의 중요성을 강조함은 외래문화의 배척이나 폐쇄적 복고주의에 동조함을 의미하지 않는다. 문화란 본래 국경을 넘어서 서로 영향을 주고받게 마련이며, 특히 국제교류가 빈번한 오늘의 세계에서 외래문화의 수용을 전적으로 거부한다는 것은 있을 수도 없고 바람직하지도 않다. 내 나라의 문화가 건전하게 발전하기 위해서 남의 나라 문화의 충격을 영양으로서 섭취해야 하는 것이 현대의 실정이다. 다만 내 나라가 가지고 있는 문화적 역량에 비하여 외래문화의 물결이 지나치게 높은 경우에는 앞에서 말한 정체성이 위협을 받게 된다. 전통문화와 외래문화의 만남은 새로운 발전을 위한 도약의 계기가 될 수도 있고, 문화적 혼란과 정체성 상실의 위기가 될 수도 있다. 여기서 외래문화와의 만남을 발전의 계기로 삼는 길은 지혜로운 선택과 자주적 수용에 있다고 보는 것이 우리들의 상식이다.

외래문화의 강한 물결이 재래의 문화를 압도하거나, 이질적 문화요소들이 서로 맞서서 갈등을 일으키는 상태가 오래 지속될 때, 그 나라의 문화는 위축의 위기를 맞는다. 이 위기를 막기 위해서는 외래의 문물 가운데서 우리에게 적합한 것을 선택적으로 받아들여서 그것을 우리 문화 속에 조화롭게 동화시켜야 한다.

이질적 문화요소들의 갈등이 전통문화와 외래문화 사이에서만 일어나는 것은 아니다. 한 국가를 형성하는 하부 집단들의 하위 문화들 사이에서도 그것이 일어날 수 있고, 서로 다른 문화 영역 사이에서도 일어날 수 있다. 전자의 예로는 농촌문화와 도시문화의 알력을 들 수 있고, 후자의 예로는 정신문화와 물질문명의 부조화를 들 수 있을 것이다. 한 국가를 문화의 한 주체로 볼 때, 그 안에 획일적인 하나의 문화를 갖는 것보다는 다양한 하위 문화들을 갖는 편이 바람직하나, 그 다양성이 갈등과 부조화를 초래하는 것은 좋지 않다. 다양한 가운데도 전체가 하나의 조화를 이루는 것이 바람직하다.

이에 우리는 '다양성의 조화'를 바람직한 문화가 갖추어야 할 세 번째 조건으로 추가하게 된 셈이다. 문화가 다양성의 조화를 얻기 위해서 가장 중요한 것은 그 사회의 인간관계가 원만한 조화를 이루는 일이다. 바꾸어 말하면, 원만한 인간관계는 다양한 가운데도 조화를 잃지 않는 문화의 형성을 위한 기반이요 근본이다.

위에서 필자는 바람직한 문화가 갖추어야 할 조건으로서 '적합성'과 '정체성' 그리고 '다양성의 조화'라는 세 가지 기준을 말했다. 그러나 이 세 가지 기준들 사이에 우선순위(priority)의 문제는 생기지 않을 것으로 보인다. 설명의 편의를 위해서 필자는 바람직한 문화의 조건을 세 가지로 나누어 보았으니, 이 세 가지 사이에 모순이나 갈등은 생기지는 않을 것이다. 실은 '정체성'과 '다양성의 조화'는 '적합성' 안에 포섭되는 하위 개념에 해당하며, '정체성'은 다양한 외국문화의 조화로운 수용을 위한 필요조건이다.

3. 한국 문화의 문제점

위에서 제시한 세 가지 기준에 비추어볼 때, 우리 한국 문화가 많은 문제점을 안고 있음이 명백하게 드러난다. 첫째로, 문화의 근본인 가치관에 있어서 한국인의 그것은 만인의 만족스러운 삶을 위한 적합성을 크게 결여하고 있다. 우리는 한국인의 가치관 내지 생활태도의 가장 기본적인 특색을 소유의 극대화 또는 향락의 극대화를 삶의 가장 큰 가치로 여긴다는 사실에서 찾아볼 수 있을 것이다. 그리고 이러한 가치 태도(value attitude)는 만인의 만족스러운 삶을 실현하기에 매우 부적합하다. 왜냐하면 우리가 소유할 수 있는 재물 또는 즐길 수 있는 향락의 기회는 그 총량

(總量)이 국한되어 있는 반면 그것들을 탐내는 우리들의 욕구에는 한도가 없는 까닭에, 치열한 사회경쟁이 불가피하게 되며, 그 결과로 오직 소수의 승리자만이 뜻을 이룰 수 있고 다수의 패배자는 과절을 경험하게 되기 때문이다. 오늘날 한국에 퇴폐적 풍조가 만연하고 흉악한 범죄가 빈번한 것도 저 부적합한 가치관에서 유래하는 현상으로 이해할 수 있다.

둘째로, '정체성'의 기준에 비추어 보더라도 우리 한국 문화는 크게 불만스러운 상황에 있다. 일제(日帝)의 지배를 받던 수십 년 동안 우리 문화의 정체성은 극심한 상처를 입었고, 그 상처는 아직도 충분히 아물지는 못한 상태이다. 뿐만 아니라, 미군의 주둔과 미국 군정의 실시를 계기로 서구의 문물이 홍수처럼 쏟아져 들어오는 과정에서 우리 스스로 민족문화의 정체성을 훼손하는 사례가 수없이 많았다. 외래의 문물을 지나치게 숭상하는 풍조는 우리나라의 것을 경멸하는 풍조로 이어졌고, 이러한 풍조는 아직도 완전히 사라졌다고 보기 어렵다.

셋째로, '다양성의 조화'라는 관점에서 보더라도 그 동안 우리 문화가 걸어온 길에는 많은 문제점이 산재해 있다. 다양성의 조화가 이루어지기 위해서는 첫째, 다양한 것을 허용하는 너그러움이 있어야 하고, 둘째, 다양한 것을 조화롭게 화합할 용광로의 구실을 할 수 있는 문화 주체의 중심 역량이 있어야 한다. 그러나 한국의 경우는 자기네가 선호하는 것만을 존중하는 편협이 심했고, 문화의 정체성이 오래 흔들렸던 까닭에 다양한 것들을 하나의 교향곡으로 화합할 수 있는 주체적 중심 역량도 미흡한 편이었다. 따라서 다양한 것의 조화를 통하여 질과 양이 모두 탁월한 문화를 형성하는 일도 앞으로의 과제로 남아 있다.

최근 수년 동안에 전 세계에 걸친 크나큰 변혁이 있었고, 우리 한반도에도 역사적 변화의 조짐이 보이고 있다. 세계를 크게 두 진영으로 갈라놓았던 냉전의 시대가 지나가고, 오랫동안 국교가 단절되었던 러시아 및 그밖의 동구의 여러 나라들과도 문화적 교류를 갖게 되었다. 남한과 북한 사이의 대화도 실마리를 찾게 되었고, 아직 낙관할 수 있는 상황은 아니나, 조만간 민족의 통일이 이루어질 것을 기대할 수 있게 되었다. 이러한 변화는 긴 안목으로 볼 때 크게 다행스러운 변화임에 틀림이 없으나, 우리 한국 문화의 당면과제를 더욱 어렵게 만드는 부담이 따른다는 사실도 명심해야 할 것이다. 러시아 및 그밖의 동구 문화와의 접촉은 우리들이 소화해야 할 새로운 충격으로서의 의미를 갖게 될 것이며, 반세기 동안 벽을 쌓고 서로 다른 체제 속에서 살아온 남과 북의 이질화된 문화를 다시 하나의 민족문화로 가다듬는 과제도 결코 용이한 문제가 아니다.

우리들의 가장 큰 소망은 성실하게 노력만 하면 누구나 보람되고 행복한 삶을 누릴 수 있는 사회를 건설하는 일이다. 그러므로 내일의 우리 문화가 바람직한 것이 되기 위해서는 첫째로, 정치와 경제를 비롯한 여러 분야의 제도와 국민 대다수의 가치관이 성실하게 노력하는 모든 사람들에게 보람되고 행복한 삶을 위한 기회가 주어지기에 적합해야 할 것이다. 여기서 매우 중요한 것은 어떠한 삶을 보람되고 행복한 삶이라고 보느냐 하는 가치관의 문제이다. 한 나라의 제도와 그 운영의 실상을 좌우하는 것은 그 나라 사람들의 가치관이기 때문이다.

내일의 바람직한 문화를 위해서 가장 절실한 과제는 소유의 극대화 또는 향락의 극대화 속에서 보람된 삶 또는 행복이 성립한다는 가치관을 극복하는 일이다. 물질의 소유와 그 소비의 극대화를 삶의 가장 높은 목표로 삼는 인생관을 대신하여 각자가 타고난 소질을 유감없이 발휘함을 삶의 최고목표로 삼는 인생관을 수립하고 실천에 옮겨야 할 것이다. 우리들이 자아의 실현을 최고의 목표로 삼을 때는 지나치게 치열한 사회경쟁을 초래하지 않을 뿐 아니라, 성실하게 노력하는 사람들의 대부분이 그 뜻을 이룰 수 있는 기회를 갖게 될 것이다.

각자가 타고난 소질을 유감없이 발휘하기 위해서는 의식주의 기본생활이 안정을 얻어야 하고, 소질에 적합한 교육을 받아야 한다. 그렇게 되기 위해서는 국민의 총생산이 어느 수준에 도달해야 하며, 빈부의 격차가 지나침이 없도록 공정한 분배가 이루어져야 한다. 우리 한국의 경우는 국민의 총생산을 현재보다 좀더 증대해야 할 형편이며, 그러나 환경의 오염은 크게 줄여야 한다는 부담을 안고 있다. 그리고 빈부의 격차를 줄이는 합리적 분배에 성공하지 못한다면, 설령 국민의 총생산이 크게 증대한다 하더라도, 성실하게 노력하는 모든 사람들이 자아의 실현으로 접근하기는 어려울 것이다.

국민의 총생산은 증대하되 환경의 오염은 크게 줄여야 한다는 것과 분배의 정의를 실현함으로써 빈부의 격차를 줄여야 한다는 것은, 오늘날 세계의 대부분의 국가들이 안고 있는 공동의 과제이다. 이 공동의 과제가 해결되기 위해서는 전 세계의 국제적 협력이 절실하게 요구된다. 여러 나라들이 각각 국부(國富)의 극대화를 꾀하는 집단적 이기주의에 집착하는 한, 현대의 인류가 당면한 공동의 과제를 해결하기는 어려울 것이다. 특히 세계 열강의 지도자들은 이기적 패권주의의 낡은 철학을 버리고 인류와 지구를 전체로서 생각하는 새로운 철학으로 눈을 돌려야 한다. 우리 모두가 한편으로는 소유의 근대화와 소비의 극대화에서 행복을 구하는 잘못된 가치관을 버리고, 다른 한편으로는 오늘의 과학과 기술을 평화적 생산과 환경오염 방지에 효율적으로 선용한다면, 인류 전체가 안정된 기본생활을 즐겨가며 각자의 소질을 개발하여 자아의 실현으로 접근하는 길이 열릴 것이다.

한 나라의 모든 국민이 기본생활의 안정을 누리고, 안정된 물질생활의 토대 위에서 각자의 소질을 개발하고, 각자의 취향을 살림으로써 보람찬 삶을 영위하게 된다면, 그들은 자연히 그 나라 문화의 정체성을 보전하는 동시에, 다양성의 조화도 함께 얻는 결과에 이르게 될 것이다. 예컨대, 한국에 태어나서 한국의 자연과 문화 속에서 성장한 우리에게는 한국인으로서의 소질과 취향이 잠재해 있다. 우리 모두의 몸과 마음속에 잠재한 이 역량을 유감없이 발휘할 때, 오늘의 한국 문화가 꽃피게 된다. 그것은 한국적 전통의 힘을 잉태한 우리들 자신의 전개(展開)인 까닭에 특별히 힘주어 외치지 않아도 문화의 정체성이 스스로 따르게 될 것이다.

같은 시대와 같은 땅에 살고 있지만 우리들의 소질과 취향에는 하부 집단을 따르는 차이가 있고, 개인을 따르는 차이도 있다. 그뿐 아니라 국제시대에 사는 우리는 성장과정에서 각자의 경험과 취향을 따라 각양각색으로 외국의 문물을 받아들이게 된다. 따라서 국민 각자의 자기 개발은 다양한 모습을 띠게 될 것이다. 그러니 다양한 기운데시도 우리는 조화를 잃지 않을 것이나. 같은 땅과 같은 문화 전통 속에서 자라났다는 공통된 기반이 있기 때문이다.

[1992, 모스크바에서 열린 한·러 철학자 포럼에 발표한
영어 논문을 국역한 것]

분배정의: 그 이론과 실천의 맞물림

1. 분배정의가 실현되기 어려운 까닭

사회정의(社會正義)의 실현은 인류 역사의 오랜 과제였고, 특히 분배정의(分配正義)의 문제는 오늘날 세계의 거의 모든 나라에서 중대한 관심사로 떠오르고 있다. 생각이 있는 사람들은 누구나 분배의 정의가 중대한 과제라고 주장하고 있으며, 분배정의의 실현이 긴요한 과제라는 주장에 대해서 공공연하게 반대 의견을 말하는 사람은 거의 없다. 그러나 분배의 정의가 만족스럽게 실현되고 있는 나라는 매우 드물며, 분배에 대한 불평으로 인한 갈등이 항상 도처에서 일어나고 있다 하여도 과언이 아니다.

여론이 이구동성(異口同聲)으로 분배정의가 실현되어야 한다고 역설함에도 불구하고 사회 현실은 여전히 불공정(不公正)한 상태를 벗어나지 못하고 있는 까닭은 무엇일까? 만인이 그 당위성을 주장하는 분배의 정의가 좀처럼 실현되지 않는 데는 반드시 어떤 사유가 있을 것이다. 분배정의의 실현을 어렵게 하는 사유에 크게 두 가지가 있는 것으로 보인다. 첫째는 정의로운 분배의 기준을 밝혀줄 수 있는 만족스러운 이론이 확립되지 못했다는 사실이요, 둘째는 자기중심적 태도를 벗어나지 못하는 인간의 이기심이다.

옛날부터 많은 철학자들이 사회정의의 기본 원칙을 밝히기 위한 이론을 제시하였고, 특히 근대에는 정의로운 분배의 기준을 밝히고자 하는 이론을 제시한 학자들이 적지 않았다. 그리고 그들의 이론 가운데는 위대한 업적으로 평가된 연구도 있었다. 그러나 필자가 보기에는 그들이 제시한 이론(理論)의 어느 것도 충분히 만족스럽지는 못하다.

분배정의 내지 사회정의에 관한 이론이 만족스럽기 위해서는 그것이 실천에 옮길 수 있는 내용으로 가득 차 있어야 한다. 아무리 목표가 아름답고 논리가 정연하다 하더라도 실천에 옮길 수 있는 가능성이 희박한 분배정의의 이론은 만족스러울 수 없다. 그러므로 '정의로운 분배'와 같이 실천이 요구되는 문제를 위한 이론을 제시하고자 하는 학자는 반드시 실천의 가능성을 염두에 두고 그의 문제를 탐구해야 한다. 그러나 이제까지 철학의 세계에서 높은 평가를 받은 여러 정의의 이론도 실천의 가능성 문제를 충분히 고려했다고는 생각되지 않는다.

소크라테스와 플라톤을 위시하여 철학자들의 진통적 소망은 보편적 당위성을 가진 이론을 제시하는 일이었다. 이 전통을 따라서 이제까지 정의의 이론을 탐구한 철학자들도 보편적 타당성을 가진 학설을 제시하고자 함에 노력을 집중하였다. 그리고 철학자가 보편적 타당성을 가진 이론의 제시를 원한 것은 그것이 이상적 이론의 조건이라고 생각했기 때문이요, 보편적 타당성을 가진 이론의 제시가 가능하다고 믿은 까닭은 이성(理性)에 대한 신뢰에 있었다.

절대적 진리의 존재를 역설한 소크라테스의 가르침은 플라톤의 이데아설을 통하여 계승 발전되었고, 소크라테스에서 플라톤으로 이어진 이 진리관은 그 이후 서양철학사에서 주류를 이루는 전통의 기초가 되었다. 서양철학사에서 주류를 이룬 전통적 학설에 따르면, 이 세상에는 보편적 타당성을 가진 절대진리가 존재하며, 그 진리는 인간의 이성으로써 파악할 수 있다. 이와 같은 전통적 사고는 사회정의의 원리를 탐구한 철학자들에 의해서도 대체로 받아들여졌다고 볼 수 있다.

사회정의의 원리를 탐구한 철학자들의 대표적 인물이라고 볼 수 있는 밀(J. S. Mill)이나 마르크스(K. Marx) 또는 롤즈(J. Rawls)가 사회정의에 관한 객관적 실재(實在)를 전제로 하고 그것을 이성이 인식할 수 있다고 믿었다고 말하기는 어렵다. 다만 그들은 이성이 보편적 타당성을 가진 정의의 이론을 위한 근거가 된다고 믿었다. 다시 말하면, 그들은 이성의 보편성을 믿었고, 이성의 요구를 충족시킨 정의의 이론은 보편적 타당성을 가질 것이라고 믿었다. 그리고 이성의 요구를 충족시킨 정의의 이론은 이론적 타당성은 물론이요 실천가능성까지 가질 것이라고 그들은 암암리에 가정한 것으로 보인다. 인간을 이성적 존재로 본 것이 서양철학에서 우세한 전통이었고, 이성적 존재인 인간이 자신의 본질인 이성(理性)의 요구를 충족시킨 이론을 실천에 옮기지 못할 이유가 없다고 본 것이 아닐까 한다.

그러나 인간을 이성적 존재로 규정한 바로 그 전제에 문제가
있다. 인간에게 이성적 사고의 능력이 있으며 그 사고의 능력이
실천에 영향을 줄 수 있다는 것을 부인하기는 어려울 것이다. 교
육하기에 따라서는 매우 이성적인 인품(人品)을 길러낼 수도 있다
는 것을 믿어도 좋을 것이다. 그러나 인간이 사고에 있어서 뿐 아
니라 행동에 있어서까지도 본래 이성적 존재라고 보는 것은 지나
치게 소박한 인간관이라고 필자는 생각한다.

 '이성적'이라는 말의 뜻이 모호하다는 점을 문제삼지 않는다면
철학의 역사 위에 큰 업적을 남긴 것으로 평가되는 대부분의 정
의론은 대체로 말해서 '이성적'임을 크게 벗어나지 않았다고 말할
수 있을 것이다.[1] 그러나 철학의 역사 위에 큰 발자취를 남긴 것
으로 평가되는 어떤 분배정의의 이론도 만족스럽게 실천에 옮겨
진 적은 없었다. 예컨대, 밀이나 마르크스 또는 롤즈의 정의론이
불공정한 현실을 개조함에 다소간의 영향을 미쳤다고 말할 수는
있을지 모르나, 그들의 어느 것도 제대로 실천에 옮겨졌다고 보기
는 어렵다. 그들의 정의론이 이론대로 실천되지 못한 것은 그들의
이론이 충분히 '이성적'이지 못했기 때문이 아니며, 오늘날 실재하
는 사람들이 실천하기에는 지나칠 정도로 '이성적'이기 때문이다.

 우리는 두 가지 관점에서 정의론을 구상할 수 있을 것이다. 하

---

1) '이성'(理性, reason, Vernunft, ratio, nous)이라는 말은 일반적으로는 감각
  적 능력에 대하여 개념을 통한 사유의 능력을 지칭하는 말이나, 철학자에
  따라서 '이성'의 개념에 대한 이해에 다소간의 차이가 있으므로, 그 뜻이
  모호하다. '이성적'이라는 말은 도덕적 의무의 의식을 포함하는 경우도 있
  고, 단순히 '합리적'이라는 말과 같은 의미로 쓰이기도 한다. 그러나 여기
  서는 이 말을 상식적 의미로 이해해도 무방하며, 그 뜻을 엄밀하게 규정할
  필요는 없다.

나은 높은 수준의 이성적 인간상이 형성되었을 경우를 위한 이상적 정의론이요, 다른 하나는 오늘날 세상에 실재하는 인간들을 위한 현실적 정의론이다. 이제까지 저명한 철학자들이 심혈을 기울여서 탐구한 것은 주로 전자에 속하는 정의론이며 후자에 속하는 정의론은 관심 밖으로 부당하게 밀려났다는 인상이 강하다.2) 이에 필자는 오늘날 지상에 실재하는 사람들을— 특히 오늘날의 한국인을— 염두에 두고 실천의 가능성을 생각해 가며 분배정의의 문제를 고찰하고자 한다.

---

2) 정의(正義)의 이론을 탐구할 때, 자신이 주장하는 정의론의 실천이 가능하기 위해서 전제되어야 할 조건의 문제를 고려한 철학자가 전혀 없는 것은 아니다. 롤즈는 자신이 『정의론』(*A Theory of Justice*)에서 제시한 '정의의 두 원리'가 실천적으로 받아들여지기 위해서는 국가의 경제 수준이 어느 정도 부유한 단계로 발전할 필요가 있음을 인정하였고, '정의의 원리'를 정립하기 위하여 계약에 임하는 대표자들을 시기심이 없고 합리적인 사람들로 가정함으로써, 정의의 이론의 실천과 인간상(人間像) 사이에 불가분의 관계가 있음을 암시하였다. 그러나 롤즈는 어떤 현존하는 경제적 현실과 현존하는 인간상에 적합한 정의의 이론을 제시하기보다는, 자신이 가장 이상적이라고 생각한 정의의 원리를 먼저 설정하고, 그 원리를 실천하기 위해서 요구되는 경제 수준과 인간상을 역으로 추론하였다. 『이상 국가론』(*Politeia*)에서 이상적인 국가를 건설하기 위해서는 그 국가를 건설하기에 적합한 인재들을 길러내야 한다는 점을 역설한 플라톤은, 국민의 의식수준을 고려하지 않은 윤리설은 공론에 불과함을 정확하게 안 사람이다. 그러나 '공정'(公正, dikaiosyne)을 "각자가 자신의 것과 자신에게 당연히 속하는 것을 소유하고 또 실행함을 의미한다고 볼 수 있다"고만 말한 플라톤의 정의론은 지나치게 추상적이다. (Platon, 『이상 국가론』, Bk. IV, 433 참조.)

2. 정당한 분배 원칙에 대한 학설들

근세 이래 분배정의의 실현이 강조된 배후에는 인권(人權)의 관념이 있고, 인권의 관념 바탕에는 평등의 관념이 깔려 있다. 모든 사람들은 한 인간(人間)이라는 점에서 다를 바가 없으며, 같은 인간인 까닭에 모든 사람들은 인간으로서의 동등한 대우를 받아야 한다고 믿는 것이 분배의 정의를 주장하는 사람들의 공통된 생각이다. 그러나 어떠한 정의론자도 절대적 평등이 바람직하다고는 믿지 않는다. 갓난아이와 거구의 장정에게 음식물을 똑같이 분배해야 옳다고 주장하는 사람은 없으며, 건강한 사람과 병약한 사람에게 똑같은 약품 또는 입원실을 제공해야 한다고 주장하는 사람도 없다. 개개인의 처지와 형편을 무시한 절대적 평등은 '부당한 평등'(inequitable equality)이며, 개개인의 처지와 형편을 고려하여 실정에 맞도록 차등을 두고 분배하는 것이 도리어 정당한 경우가 많다고 보는 것이 많은 정의론자들이 받아들이는 일반적 견해이다.[3]

평등주의자(平等主義者)들이 전통적으로 주장해 온 것은 절대적 평등이 아니며, "처지와 형편이 같은 두 사람은 마땅히 같은 대우를 받아야 한다"는 것이 그들이 주장하는 바의 핵심이다. 이 주장의 배후에는 처지와 형편이 다른 두 사람은 같은 대우를 받지 않는 편이 옳을 경우도 있다는 뜻이 함축되어 있다. 그러나 모든 종류의 처지와 형편의 차이가 불평등한 분배의 정당한 사유가

---

3) '정당한 불평등'(equitable inequality)과 '부당한 평등'(inequitable equality) 이라는 용어를 사용한 문헌의 예로는, Gregory Vlastos, "Justice and Equality", *Social Justice*, R. Brandt ed., p.32 참조.

된다고 믿는 정의론자는 없다. 예컨대, 피부의 빛깔이 다르다는 사실을 차별대우의 정당한 사유라고 믿는 정의론가는 없으며, 믿는 종교에 따라서 분배를 달리함이 마땅하다고 믿는 정의론자도 없다. 처지와 형편의 차이 가운데는 차별대우의 사유가 되는 것도 있고 안 되는 것도 있다는 것이 일반적으로 받아들여지고 있는 의견이다. 여기서 제기되는 것이 "처지와 형편의 차이 가운데서 차별대우의 정당한 사유가 되는 것은 무엇인가?" 하는 물음이다.

블라스토스(Gregory Vlastos)는 '정당한 분배 또는 정당한 차등 분배'의 원칙으로서 오늘날 흔히 주장되고 있는 것을 다음과 같이 다섯 가지로 분류하였다.[4]

(1) 각자의 **필요**(need)에 따라서 분배한다.
(2) 각자의 **가치**(worth)에 따라서 분배한다.
(3) 각자의 **능력과 업적**(merit)에 따라서 분배한다.
(4) 각자의 **일**(事業, work)에 따라서 분배한다.
(5) 각자가 체결한 **계약**(agreements)에 따라서 분배한다.

위에서 열거한 다섯 가지 원칙 가운데서 두 번째 항목의 중심 개념을 이루는 가치는 **인간으로서의 가치**를 의미하는 것으로 보인다. 그리고 '인간으로서의 가치'는 모든 사람들이 동등하게 가지고 있다는 것이 블라스토스의 의견이다. 그러므로 이 둘째 원칙은 차별대우의 사유로서 실질적인 의의를 잃는 까닭에 여기서는 일단 고찰의 대상에서 제외하기로 한다. 그리고 네 번째 원칙의 중

---

4) *Ibid.*, p.35.

심개념이 되고 있는 '일'(事業)은 개념상으로는 첫 번째의 '필요'와도 구별되고 세 번째의 '능력 및 업적'과도 혼동해서는 안 될 것이나, 차별적 분배의 사유를 고찰하는 마당에서는 굳이 따로 독립시켜서 다룰 필요가 없을 것으로 보인다. (왜냐하면, 만약 일이 차별적 분배의 사유가 될 수 있다면, 그것은 '일'을 위한 '필요' 때문이거나 일의 결과로 생기는 '업적' 때문일 것이라고 볼 수 있기 때문이다. 그러므로 이 네 번째 원칙, 즉 '일의 원칙'도 일단 고찰의 대상에서 제외하는 것이 좋을 듯하다.)

블라스토스가 열거한 원칙들 가운데서 '가치'의 항목과 '일'의 항목을 제외하면 결국 (1) '필요'와 (2) '능력 및 업적' 그리고 (3) '계약'의 세 항목이 남는다. 그리고 이 세 항목은 '정당한 불평등'의 사유로서 오늘날 논의되는 쟁점의 대부분을 그 안에 포함한다고 생각되는 까닭에, 앞으로 이 세 항목을 중심으로 삼고 고찰을 계속해 보기로 한다.

첫째, '각자의 필요에 따라서 분배한다'는 원칙은 하나의 이상론(理想論)으로는 크게 매력적이며, 이론(異論)의 여지가 별로 없는 것으로 보인다. 질병으로 치료가 필요한 사람에게는 의약(醫藥)을 제공하고 건강한 사람에게는 그것을 제공하지 않는 것은 합리적이며 바람직한 불평등이다. 몸이 크고 중노동에 종사하는 사람에게는 많은 식량을 주고 몸이 작고 경노동에 종사하는 사람에게는 그것을 적게 주는 것도 정당한 불평등이다. 필요에 따라서 분배함이 정당하다는 사상이 자명한 원리로서 옛날부터 통용된 것은 물론 아니다. 플라톤 같은 위대한 철학자도 더 이상 일할 능력이 없는 사람은 살 권리가 없다고 주장한 바 있으며,[5] 옛날이야기로 전해지는 고려장(高麗葬)의 전설도 '필요에 따라서 분배한다'는 원칙과는 크게 다른 사상을 반영한 것이다. 그러나 인간은 그가 하는 일 때문이 아니라 그 자체만으로도 귀중한 존재라고 보는 현대적인 가치관에 입각할 때, 필요에 따라서 분배함을 하나의 이상으로서 주장하는 견해에 반대하기는 어려울 것이다.

그러나 필요에 따라서 분배한다는 것은 현실적으로 실천하기가 매우 어려운 원칙이다. 모든 사람들의 모든 필요를 충족시키기 위해서는 무진장 많은 재화(財貨)와 봉사인력(奉仕人力)이 있어야 한다. 그러나 우리의 현실적인 문제는 무한히 많은 재화와 봉사인력(service)을 어떻게 분배하는 것이 옳은가 하는 그것이 아니라, 한정된 재화와 서비스를 어떻게 분배하는 것이 옳은가 하는 그것이다. 그러므로 '각자의 필요에 따라서 분배한다'는 원칙은 하나의 이상론으로서는 나무랄 곳이 없으나 현실적 처방으로서는 많은 어려움을 내포하고 있다. 다만 '필요에 따라서 분배할 수 있는 사회'를 건설할 것을 당위와 노력의 목표로 제시하는 점에서, 저 원칙은 하나의 사회사상으로서 중대한 의의를 가지고 있다. 마르크스의 사상을 긍정적으로 평가하는 시각도 이러한 맥락에서 이해할 수 있을 것이다.

재화와 봉사인력의 유한성 이외에도 '각자의 필요에 따라서 분배한다'는 원칙에는 다른 몇 가지 난점이 있다. 그 하나는 '각자의 필요'를 객관적으로 규정하기가 매우 어렵다는 사실이다. 사람들의 기본적 생존을 위해서 필요한 것이 무엇인지는 어느 정도 객관적으로 규정할 수 있을 것이다. 그러나 인간은 기본적 생존만으로는 만족할 수 없는 존재이며, '말 타면 경마 잡히고 싶은' 심리

---

5) Platon, 『이상 국가론』, 406-407 참조.

에 따라서 사람의 욕망에는 한정이 없다. 인간의 욕망과 필요 사이에는 불가분의 관계가 있으며, 욕망이 늘어날수록 필요도 늘어난다는 사실을 도외시할 수는 없을 것이다. 그러나 무한히 뻗어나가는 욕망을 모두 필요로서 인정할 수도 없는 노릇이다. 그러므로 사람들이 욕망하는 것 가운데서 '필요'로 인정할 것과 그렇지 않은 것을 구별하는 기준을 밝히는 문제가 '필요에 따라서 분배한다'고 주장하는 사람들에게 어려운 부담으로서 남게 된다.

'각자의 필요에 따라서 분배한다'는 원칙에는 자연자원의 고갈의 문제와 환경오염의 문제에 관련된 또 하나의 난점이 생길 수 있다. 이 난점은 과학기술의 발달에 힘입어 생산성의 수준이 크게 향상하고 분배할 수 있는 물품을 풍부하게 만들어낼 수 있을 때 도리어 크게 나타난다. 물품이 풍부하게 될수록 사람들은 많은 것을 소유하고자 원할 것이고, 그 소유욕은 '필요'로 변신하여 지나친 공업화를 유발할 것이다. 그리고 지나친 공업화는 유한한 자연자원의 낭비를 가져올 것이며 환경오염을 더욱 가속화할 것이다. 모든 욕망의 대상을 반드시 '필요한 것'으로 인정할 까닭은 없다 하더라도 사치스러운 물질생활에 대한 욕망이 커가면 커갈수록 사람들이 필요로 하는 것의 수준도 높아진다는 것을 부인하기는 어려울 것이다. 그러므로 우리가 만약 '필요'를 분배의 기본원리로 삼는다면 현대의 산업화 과정에서 사람들의 '필요'가 점점 증대하는 추세를 보일 것이며, 이 증대의 추세는 자연자원의 고갈과 환경오염을 가속화할 것임에 틀림없다.

몇 가지 난점을 가지고 있음에도 불구하고 '필요에 따라서 분배한다'는 원칙은 반드시 살려야 할 귀중한 생각을 간직하고 있다. 기본적 생존을 위해서 필요한 것은 모든 사람들에게 우선적으로 분배해야 한다는 생각이다. 우리가 인간의 생존권을 부인하지 못하는 이상, 그리고 오늘의 과학기술과 생산성이 치명적 타격을 입지 않는 이상, 사회는 모든 사람들의 기본적 생존을 보장해 주어야 마땅할 것이다.

재화와 봉사인력에 한도가 있으므로 모든 사람들이 '필요하다'고 느끼는 바를 모두 충족시킨다는 것은 사실상 불가능하다는 현실적 제약으로 말미암아, 특정한 사람들의 '필요'(needs)를 우선적으로 충족시키는 것이 바람직하다는 견해가 생기게 되었다. '각자의 능력과 업적에 따라서 분배한다'는 우리들의 두 번째 원칙이 그것이다. 이 두 번째 원칙은 이제까지 여러 자본주의 국가에서 실천적으로 받아들여지고 있는 것이며, 우리들의 상식과도 가까운 원칙이다.

능력이 많은 사람에게 기회를 우선적으로 베풀어주고, 일을 많이 하여 업적이 큰 사람에게 그만큼 많은 보수를 주어야 한다는 이 두 번째 원칙은 언뜻 생각하면 당연하다는 느낌을 주기도 한다. 그러나 윌리엄스(Bernard Williams)도 지적하고 있는 바와 같이, '각자의 능력과 업적에 따라서 분배한다'는 원칙에도 '각자의 필요에 따라서 분배한다'는 원칙에 못지 않게 많은 문제점이 있다.6)

첫째로, 분배하고자 하는 일정한 분량의 재화 또는 기회와 정당하게 관련시킬 수 있는 능력이 어떤 종류의 것인지를 이론(異論)의 여지가 없도록 결정하기가 쉽지 않다. 예컨대, 제한된 대학 교육의 기회를 능력이 우수한 젊은이에게 우선적으로 준다고 할 때,

---

6) B. Williams, "The Idea of Equality", *Philosophy, Politics and Society*, Lasiett and Runciman eds., Oxford, 1964, p.132 참조.

어떠한 능력을 대학 교육 수학(修學)의 자격 조건으로 인정할 것인지 결정하기가 쉽지 않다. 이를테면 천부의 재능은 탁월하나 경제사정이 어려워서 충분한 학습을 하지 못한 까닭에 시험 점수가 낮은 젊은이와 타고난 재능은 평균 이하이나 부유한 부모의 뒷받침으로 과외공부를 많이 한 덕택으로 점수가 높은 젊은이 가운데서, 누구에게 우선권을 주는 것이 공정할지를 결정하는 것은 결코 쉬운 문제가 아니다. 부모나 본인의 경제적 실력도 수학(修學)을 위한 능력 가운데 포함시킬 것인가, 아닌가? 이러한 문제가 제기되었을 때, 이론의 여지가 없는 객관적인 해답을 내리기는 매우 어려운 일이다.

둘째로, 재질(才質)과 지능이 탁월한 사람에게 대학 교육의 기회를 우선적으로 주어야 한다는 것도 결코 '자명한 진리'는 아니다. 역설처럼 들릴지도 모르나, 재능이 탁월한 사람은 독학으로도 능히 어려운 학문을 소화할 수 있으므로, 오히려 중간 정도의 재능을 가진 젊은이에게 대학 교육의 기회를 제공함이 옳다는 의견도 있을 수 있는 일이다. 그리고 어떤 주관적 가정을 대전제로서 받아들이지 않는 한, 이 의견이 부당하다는 것을 논리적으로 밝힐 수는 없다.

셋째로, 업적에 따라서 분배한다고 할 때, 그 '업적'들을 비교하고 평가하는 기준을 어떻게 세우느냐 하는 문제가 있다. 같은 종류의 일에 종사하는 사람들의 경우라면 생산한 실적을 수량화함으로써 그 업적을 측정할 수가 있을 것이다. 예컨대, 전자제품을 조립하는 일이라면 직공 각자의 작업 실적에 따라서 그 업적을 비교할 수가 있을 것이며, 운동선수들의 경우라면 그들의 경기기록에 따라서 선수 각자의 우열을 평가할 수 있을 것이다. 그러나 비교의 대상이 되는 두 사람이 종사하는 일이 서로 다를 경우에, 그 업적의 크고 작음을 어떻게 비교 평가할 것인가? 예컨대, 대학 교수의 업적과 빌딩 청소부의 업적을 비교할 수 있는 공통의 척도가 무엇이며, 고급 관리의 업적과 유명한 배우의 업적을 어떻게 비교할 것인지, 객관적 기준을 제시하기는 쉬운 일이 아니다.

넷째로, 설령 업적의 비교와 평가를 위한 기준을 정할 수 있다 하더라도, 업적에 따라서 분배의 양을 정한다는 것 자체가 과연 타당한 일인지, 이 점에도 이론의 여지는 충분히 있다. 일반적으로 말해서, 많은 업적을 올리는 사람은 비교적 많은 재화를 필요로 하는 경향이 있는 것은 사실이다. 연구를 많이 하는 학자들은 그렇지 못한 학자들보다 많은 서적과 실험 시설을 필요로 한다. 대통령 같은 요직을 맡은 사람은 교통 경찰의 경우보다 많은 물질과 화폐를 필요로 한다. 그리고 국가와 사회를 위해서 중요한 일을 많이 하는 사람이 많은 재화를 필요로 한다면, 그에게는 그만큼 많은 몫을 분배하는 것이 당연한 일이라 하겠다. 그러나 업적과 필요가 언제나 정비례하는 것은 아니다. 업적은 크나 필요는 적은 사람도 있으며, 업적은 작으면서 필요만은 많은 사람도 있다. 천재적 작곡가는 창작에 큰 업적을 남기지만 특히 많은 재화를 필요로 하지는 않을 경우가 있다. 내분비선의 이상(異狀)으로 거인이 된 사람 가운데는 별로 하는 일이 없더라도 식생활에 많은 비용이 필요하며, 만성질환을 앓는 사람은 아무런 업적도 올리지 못하면서 많은 의약품과 치료를 필요로 한다. 이와 같이 업적과 필요가 상반하는 경향을 보일 때, 업적에 따라서 분배할 것인가 또는 필요에 따라서 분배할 것인가 하는 어려운 문제가 생긴다. 문화의 창조를 인류의 최고목적으로 숭상하는 사람들은 업적에 의거해야 한다고 주장할 것이며, 인간의 평등과 자연권을 강조하는 사람들은 필요에 의거해야 한다고 주장할 것이다. 어쨌든 '업적에 따라 분배함'이 당연하다는 것을 자명한 원리라고 보기는 어렵다.

그러나 분배의 대상이 되는 가치의 총량을 극대화함이 바람직하다는 공리주의(公利主義)의 사상을 전제로 한다면, 능력과 업적에 따라서 분배함이 바람직하다는 원칙은 상당한 설득력을 갖게 된다. 되도록 많은 가치를 창출하기 위해서는 탁월한 소질을 타고 난 사람들의 잠재력을 우선적으로 개발하고, 우수한 능력의 소유자가 가치의 창출에 최선을 다하도록 동기(incentive)를 부여해야 한다는 것은 현재의 인간성에 혁명적 변화가 생기지 않는 한, 부인할 수 없는 상식이다. 그러므로 '능력과 업적에 따라서 분배한다'는 원칙은 현재의 인간성에 비추어볼 때 사회 전체의 번영을 가져오기에 적합하며 또 실천의 어려움도 비교적 적다는 장점을 가지고 있다.

우리가 고찰해야 할 세 번째 원칙은 '각자가 체결할 계약에 따라서 분배한다'는 것이었다. 여기서 '각자가 체결한 계약'이라 함은 반드시 문서(文書)나 구두(口頭)로 명백하게 체결한 계약 또는 약속만을 가리키는 것이 아니라, 은연중에 성립한 묵계(默契)까지도 포함한다고 보아야 할 것이다. 명시적이든 묵시적이든, 스스로의 의지에 따라서 맺은 계약에 의거하여 분배하는 것은 합법적이므로 이 셋째 원칙에는 별다른 문제가 없을 것 같기도 하다. 그러나 이 원칙이 언제나 타당성을 갖는다고 보기는 어렵다.

첫째로 분배의 문제에 관련하여 자유롭게 체결된 계약이 없을 경우가 있다. 예컨대 어린이나 노약자들 가운데는 분배에 관한 자신들의 의사를 관철할 기회가 전혀 없는 사람들이 많다. 또 국고금(國庫金)의 지출이 합법적 절차를 거쳐서 이루어졌다 하더라도, 그 지출에 대하여 모든 국민이 자유의사로써 동의했다고 보기는 어렵다. 국민의 참여로써 이루어진 입법기관이 만드는 입법의 절차를 밟았으므로 자유계약이 성립했다고 보는 것은 오직 추상적 논리를 통해서 얻을 수 있는 공허한 결론에 지나지 않는다.

둘째로, 명시적인 계약의 체결이 있을 경우에도, 그 계약에 따라서 분배하는 것이 정의롭지 못할 경우가 생길 수 있다는 것은 이미 여러 사람들에 의해서 거듭 지적된 바와 같다. 강자와 약자 사이에 계약이 맺어질 경우에 그 계약 자체가 불공정한 내용을 담는 사례는 흔히 있는 일이다. 또 정보에 어두운 탓으로 불공정한 계약을 맺는 경우도 흔히 있는 일이다. 내용이 불공정한 계약은 정의로운 분배를 위한 기준이 될 수 없다.

존 롤즈의 사회정의론은 전통적인 계약론의 기본사상을 받아들이면서도 종전의 계약론이 가진 약점을 보완한 학설이라고 볼 수 있다. 그의 학설의 핵심은, 개인들이 현실적으로 체결한 계약이 아니라 철저하게 합리적인 사람들이 자기중심적 사고의 영향을 받지 않도록 꾸며진 원초적 입장(original position)에서 합의에 도달할 것으로 예상되는 가상적 계약을 분배의 기본원칙으로 삼아야 한다는 주장에 있다.[7] 롤즈가 제시한 정의의 두 원칙은, 만약 그 두 원칙에 모든 당사자들이 동의하리라는 것을 믿을 수 있다면, 매우 합리적인 계약 즉 정당한 계약의 산물이라고 볼 수 있을 것이다. 그리고 롤즈의 두 원칙은 '필요에 따라서 분배한다'는 원

---

7) 롤즈의 학설의 이 부분에 관해서는 그의 *A Theory of Justice*, 1971, 24절(p.136 이하)과 25절(p.142 이하) 참조.

칙 가운데서 살려야 할 장점과 '능력과 업적에 따라서 분배한다'
는 원칙 가운데 살려야 할 장점을 아울러 포섭하고 있는 것으로
볼 수 있다는 의미에서 우리들의 주목을 끈다.

3. 롤즈의 정의론의 장점과 한계

만약 모든 사람들 또는 대부분의 사람들이 롤즈가 가정한 원초
적 상황에서의 계약 당사자들과 같이 철저하게 합리적이고, 또 모
든 나라가 빵보다도 자유를 선호하기에 적합할 정도로 풍요롭다
면, 우리는 롤즈의 두 원칙을 사리(事理)에 맞을 뿐 아니라 실천
하기에도 어려움이 없는 원칙으로 받아들여야 마땅할 것이다. 그
러나 현재 지구 위에 살고 있는 사람들 가운데 철두철미 합리적
인 사람은 극소수에 불과하며, 자유의 문제보다는 빵의 문제가 더
욱 절실한 나라도 적지 않다. 이러한 상황에서 롤즈의 두 원칙이
만장일치로 채택되기를 기대하기는 어려운 일이며, 설령 '무지의
장막'(vail of ignorance) 속에서 두 원칙이 채택되었다 하더라도
장막이 벗겨진 뒤에 모든 사람들이 그 두 원칙을 실천으로 따라
주리라고 낙관하기도 어렵다.8) 그러므로 이제 우리는 실천의 가
능성의 문제에도 응분의 배려를 해가며, 분배정의의 문제를 다시
고찰해 보는 것이 바람직할 것이다.
실천의 가능성을 염두에 두고 분배정의의 문제를 고찰한다 함

---

8) 롤즈의 '정의 두 원칙'에 대한 자세한 기술은 그의 *A Theory of Justice*,
p.60 이하 및 p.150 이하 참조. 그리고 그의 '무지의 장막'에 대해서는
p.136 이하 참조.

이, 오늘날의 불합리한 인간성의 의식수준과 가난한 나라들의 불행한 현실을 그대로 내버려두고 오늘의 현실에 수동적으로 적응하는 길을 찾아보자는 뜻이 될 수는 없다. 모든 현실을 지금 있는 그대로 받아들인다면 불공정한 분배까지도 용인하는 결과가 될 것이며, 이 자리에서 분배정의의 문제를 거론하는 것 자체가 무의미한 일이 될 것이다. 그러므로 우리는 오늘의 인간성과 오늘의 경제적 현실을 어느 정도 개선할 수 있는 노력의 대상으로 보고, 그 노력이 성공적일 경우에 맞추어서 분배정의의 문제도 해결해가는 길을 모색해야 할 것이다. 다만 인간성의 개조가 농촌을 도시로 바꾸듯이 쉽게 이루어질 수 있는 과제가 아님을 감안할 때, 우리가 시도할 수 있는 최선의 길은 인간교육의 문제와 사회정의의 문제를 긴밀하게 연관된 문제로서 다루되, 실현이 가능한 점진적 개선의 전략을 강구하는 일이 될 것이다.

'점진적 개선'을 위한 전략도 전 세계가 같은 보조를 취하기는 어려울 것이다. 나라마다 국민의 의식수준에 차이가 있고 경제 사정도 다르므로, 실천을 위한 전략에서는 그 차이점에 대한 고려도 있어야 할 것이다. 필자는 앞으로 한국인의 의식수준과 한국의 경제 현실을 염두에 두고 이 글의 남은 부분을 전개할 생각이다.

의식주의 생물학적 욕구는 모든 사람들이 공통으로 가지고 있는 기본적 욕구이며, 이 기본적 욕구의 충족은 만인을 위한 일차적 필요(primary needs)이다. 우리 한국이 극빈국의 단계에 머물러 있던 1960년대 초반까지는 모든 한국인이 이 일차적 필요를 충족시킬 수 있도록 분배한다는 것은 절대량의 부족 때문에 사실상 불가능에 가까운 일이었다. 그러나 이제는 전 국민의 생물학적 기본욕구를 충족시키도록 분배하는 일은 충분히 가능하게 되었다.

의식주의 생물학적 욕구의 충족에 이어서 모든 사람들에게 요구되는 것은, 기본적 의료의 혜택을 받는 일과 중등학교 수준의 교육을 받는 일이다. 의식주의 생물학적 욕구를 충족시키고, 환자들이 기본적 의료의 혜택을 받으며, 자녀들에게 중등학교 수준의 교육을 베푸는 것을 편의상 '기본생활'이라고 부른다면, 이 '기본생활'의 안정을 보장하는 일은 국가가 수행해야 할 일차적 과제이다. 그리고 오늘의 한국이 가지고 있는 경제력을 활용하여 공정하게 분배한다면, 이 일차적 과제의 달성은 가능하리라고 생각된다. 여기서 우리는 '기본적 생활의 필요를 우선적으로 충족하도록 분배한다'는 원칙을 오늘의 한국이 실천에 옮길 수 있는 분배의 원칙으로서 마땅히 받아들여야 한다는 결론을 얻게 된다.

그러나 여기에 아무런 문제도 없는 것은 아니다. '기본생활의 필요'를 우선적으로 충족하도록 분배함이 마땅하다는 것을 관념적으로 인정한다 하더라도 그와 같은 분배의 원칙을 막상 실천에 옮기고자 하는 단계에서, 그와 같은 분배의 실천으로 불이익을 당하는 사람들이 반대를 시도할 가능성이 높다는 문제가 남아 있다. 모든 사람들이 기본생활의 안정만으로 만족하는 것은 아니며, 현재 이미 지배적 고지에 오르고 있는 사람들은 기본생활을 넘어서서 더욱 더 높은 수준의 생활을 즐기고 싶어하는 것이 일반적 심리이다. 그리고 오늘의 한국 경제가 도달한 수준은 모든 국민에게 기본생활의 안정을 보장하는 일과 지배계층이 더욱 더 높은 수준의 생활을 즐기는 일을 모두 가능하게 할 수 있을 정도로 높은 편은 아니다.

위정자와 고급 관리 그리고 기업주와 같은 지배계층의 견지에서 볼 때, 모든 국민에게 기본생활의 안정을 보장해 주는 것은 자기네들의 더욱 더 높은 수준의 생활에 대한 욕구를 상당한 정도로 억제하지 않을 수 없는 결과를 가져올 가능성이 그다. 그러므로 분배의 결정권을 장악한 사람들은 모든 국민에게 기본생활의 안정을 보장해 주는 것이 옳다는 생각에 관념적으로는 동의하면서도, 그 생각을 실천에 옮기는 일에 대해서는 가담하기를 거부하기 쉽다. 왜냐하면, 모든 사람들에게 기본생활을 보장해 주는 것이 옳다는 생각의 힘보다도 자기 자신이 더욱 더 높은 수준의 생활을 즐기고 싶다는 욕구의 힘이 우세한 것이 오늘의 한국 사람들이 가지고 있는 의식수준이기 때문이다.

고소득층에 끼이지 못하는 일반 서민 측에서는 기본생활의 안정이 보장되도록 분배를 받는다 하더라도 그것만으로는 만족하지 않을 것이다. 우선은 기본생활의 안정을 당면한 목표로 삼는 최저소득층도 그 목표가 달성되면 다시 더 높은 수준의 생활을 기대하게 될 것이다. 쉽게 말해서, 분배의 문제에 대하여 칼자루를 잡은 계층은 모든 국민에게 기본생활의 안정을 보장하는 일보다는 자기네의 풍요로운 생활을 유지하는 일에 우선순위를 두는 반면에, 저소득층을 포함한 일반 대중은 기본생활의 수준을 넘어서는 풍요로운 생활을 기대하고 있는 것이 오늘의 우리나라 현실이다. 우리는 사회적 갈등의 소지가 많은 상황 속에 놓여 있다.

우리들의 문제의 핵심은 우리가 소유하거나 생산할 수 있는 재화와 봉사인력의 총력에 비하여 그 재화와 봉사인력을 소유하거나 즐기고자 하는 사람들의 욕구가 훨씬 크다는 사실에 있다. 그러므로 우리들의 문제가 해결되기 위해서는 두 가지 방향의 노력이 병행되어야 할 것이다. 즉 한편으로는 분배의 대상이 되는 재화 내지 서비스의 총량을 증대하도록 노력하고, 다른 한편으로는 우리들의 욕구를 축소시키는 노력을 병행해야 할 것이다. 여기서 우리가 우선 결정해야 할 문제는 다음 두 가지로 요약된다.

　(1) 분배의 대상이 되는 재화 내지 서비스를 어느 정도 증대하는 것이 바람직하며, 그 증대를 위해서 어떤 노력에 역점을 두어야 할 것인가?
　(2) 우리들의 욕구 체계를 어떻게 조정해야 하며, 바람직한 욕구 체계의 형성을 위해서 어떠한 방법을 사용할 것인가?

　위의 두 문제는 불가분의 관계를 가지고 있으며, 두 번째 문제가 더욱 중요한 근본문제라고 생각된다. 그러므로 우리는 두 번째 문제부터 고찰하는 것이 바람직할 것으로 보인다.

4. 바람직한 삶의 태도의 문제

　사람들은 누구나 자신의 행복을 삶의 궁극목적으로 삼고 산다고 볼 수 있으며, 현대 한국인의 대다수는 소유의 극대화 또는 향락의 극대화가 행복에 이르는 첩경이라는 생각을 따라서 움직이는 경향을 보이고 있다. 소유의 극대화 또는 향락의 극대화가 우리를 행복으로 안내하리라는 이 인생관을 버리지 않는다면 공정한 분배를 실천함으로써 모두가 만족하는 삶을 갖고자 하는 우리들의 소망은 달성의 실마리를 찾기 어려울 것이다.
　소유와 관능적 쾌락은 외면적 가치의 대표적인 것이며, 한 사회나 국가가 일정한 시기에 가질 수 있는 외면적 가치의 총량은 대

290

체로 한정되어 있다. 그리고 소유와 관능적 쾌락의 극대화를 목표로 삼는 가치풍토 안에서는 외면적 가치에 대한 사람들의 욕망은 자족(自足)할 줄을 모르고 끝없이 커간다. 여기서 생기는 것이 지나치게 치열한 경쟁이며, 배타적 이기주의에서 오는 사회적 갈등과 불안 그리고 다수의 욕구불만이다. 그러므로 소유의 극대화 또는 향락의 극대화를 삶의 최고 목표로 삼는 우리들의 생활태도를 버리지 않는 한, 공정하고 행복한 사회를 건설하기는 매우 어렵다.

그러나 인간에게 의식주에 대한 생물학적 욕구의 충족만으로 만족하기를 기대하기는 어려운 일이다. 생물학적 생존을 넘어서서 문화생활을 갖고자 하는 것이 인간인 까닭에, 의식주의 기본생활이 보장되는 것만으로 인간으로서 만족하는 사람은 없을 것이다. 그러므로 인간으로서 만족할 수 있는 삶을 갖기 위해서는 의식주의 기본생활 이외에 어떤 목표를 가질 필요가 있으며, 그 목표는 소유의 극대화나 향락의 극대화가 아닌 다른 무엇이어야 할 것이다.

소유나 관능의 쾌락을 대신하여 삶의 최고 목표가 되기에 적합한 것은 무수히 많이 있다. 예컨대, 타고난 소질을 살려서 사회에 도움을 주는 일, 학문과 예술 또는 종교와 같은 정신생활에 몰두하는 일, 뜻이 맞는 친구들과 정담을 나누는 일, 하루하루를 감사하는 마음으로 건강하게 사는 일, 그밖에도 정열을 기울일 가치가 있는 일은 얼마든지 있다. 이러한 일들을 모두 '내면적 가치'라는 이름으로 묶어서 부를 수 있는 것들이다. 내면적 가치를 지닌 여러 가지 일들 가운데서 각자 자신에게 맞는 것들을 선택하여 실현하고자 하는 목적의 체계를 구상하는 것이 바람직하다.

내면적 가치는 반드시 남을 물리치지 않고도 창출 내지 실현할 수가 있으며, 노력만 잘하면 그 총량을 얼마든지 증대할 수 있다. 슬기로운 삶의 설계와 적절한 노력만 있으면 대다수가 그 목표를 달성할 수 있는 것이 바로 내면적 가치의 세계이다. 뿐만 아니라, 이 내면적 가치의 세계는 사람들이 일반적으로 선호하는 외면적 가치의 세계보다도 더욱 생명이 길고 또 여러 사람들에게 큰 혜택을 나누어 줄 수 있는 끝없는 가치의 세계이다.

삶의 궁극적 목적으로서 외면적 가치보다도 내면적 가치를 선호하는 가치풍토를 조성하도록 유도하는 것은 가치관 교육의 과제이다. 가치관 교육은 실천을 목적으로 삼는 까닭에, 삶의 궁극목적으로서는 외면적 가치보다도 내면적 가치가 더욱 바람직하다는 것을 이론상으로 가르치는 것만으로는 부족하다. 사람들이 실천생활에서 내면적 가치를 선호하도록 유도해야 한다. 내면적 가치가 더욱 소중하다는 것을 이론적으로 설득력 있게 가르칠 수는 있을 것이다. 그러나 이론적 설득이 반드시 실천적 효과를 보장한다고 보기는 어려우므로, 내면적 가치를 선호하도록 유도하는 실천적 도덕교육의 병행이 요구된다.

실천적 도덕교육의 문제를 자세히 논의하는 것은 이 글의 범위를 벗어나는 일이다. 다만 이 자리에서 한 가지 강조해 두고 싶은 점이 있다. 도덕교육에서는 모방의 심리와 습득이 매우 중요하다는 사실을 말하고 싶은 것이다. 특히 바람직한 가치풍토의 형성을 위해서는 모방의 대상이 되기 쉬운 상류층의 솔선수범이 필수적임을 명심해야 할 것이다. 더욱 구체적으로 말하면, 외면적 가치가 내면적 가치를 압도하고 있는 오늘의 가치풍토를 벗어나기 위해서는 권력과 금력 등에서 높은 자리를 차지한 계층에서부터 새로운 가치풍토의 형성을 위한 모범을 실천적으로 보여주어야 한다.

그러나 이것은 결코 쉬운 일이 아니다. 현재 권력과 금력에서 유리한 고지를 차지한 사람들은 권력 또는 금력과 같은 외면적 가치를 가장 열심히 추구함으로써 그 자리에 오른 사람들이 대부분이다. 그들은 외면적 가치의 우위가 몸에 배인 사람들이며, 갑자기 그 습성을 벗어나기가 어려울 것이다. 다만 현재 사회적으로 높은 위치에 올라 있는 계층 안에서도, 우리들의 가치풍토에 심각한 문제점이 있음을 피부로 느끼고 개혁이 시급함을 강조하는 사람들이 날로 늘어가고 있다. 우리의 현실에 대한 위기의식이 반성의 계기가 된 것으로 보인다.

　생각의 변화가 곧바로 실천의 변화를 가져오지는 않지만, 생각은 말로 표현되고 지도층은 자기네가 한 말에 대해서 책임을 져야 할 압력을 느끼게 된다. 실제로 오늘의 한국의 지도층 가운데는 말뿐 아니라 행동으로도 새로운 모습을 보여주려고 애쓰는 사람들의 수가 늘어가고 있다. 예컨대, 과소비를 억제해야 한다고 역설하는 지도층 인사들 가운데는 스스로도 그렇게 노력하는 사람들이 적지 않다. 그리고 상류층의 이러한 변화는 대중에게도 영향을 미쳐서 과소비를 자제하자는 여론이 점차 힘을 더해 가고 있다. 이러한 실정을 아는지 모르는지, 여러 강대국들은 우리나라의 과소비 억제 운동을 외국상품에 대한 배척이라고 몰아치면서 방해의 압력을 가하고 있다. 한 국가의 내부에 있어서 그 나라의 강자들이 이기심을 자제하지 않고서는 그 나라의 사회정의가 실현될 수 없듯이, 세계 전체로서도 강대한 나라들이 집단적 이기심을 자제하지 않으면 국제적 사회정의가 실현되지 않을 것이다.

　설령 우리가 소유의 극대화 또는 향락의 극대화를 삶의 궁극목표로 삼는 태도를 바꾸고 어떤 내면적 가치의 실현에서 행복을 구한다 하더라도, 우리나라가 현재 보유하고 있는 재화와 생산력만으로는 대부분의 사람들이 그 뜻을 이루기가 어려울 것이다. 그러므로 재화와 생산력의 증대를 위한 경제 발전의 노력이 불가피하다. 그러나 자연이 가지고 있는 자원의 유한성과 경제 개발이 가져오는 환경의 오염 문제를 고려해야 하므로, 경제 개발은 많이 할수록 바람직하다는 생각은 버려야 한다. 여기서 생기는 문제가 우리가 첫 번째 문제로서 제기한 "분배의 대상이 되는 재화 내지 서비스를 어느 정도 증대하는 것이 바람직하며, 그 증대를 위해서 어떤 노력에 역점을 두어야 할 것인가?"라는 물음이다.

이 물음에 대해서 구체적이며 이론(異論)의 여지가 전혀 없는 해답을 주기는 어려울 것이며, 우리가 말할 수 있는 것은 기본적 원칙에 관한 소신을 밝히는 일에 그칠 수밖에 없다. 우리가 확신을 가지고 우선 말할 수 있는 것은 국민 모두의 기본생활을 보장하기에 필요할 정도의 재화와 봉사인력은 확보해야 한다는 상식이다. '기본생활'이라는 말의 뜻을 정확하게 밝히기는 어려운 일이나, 앞에서도 언급한 바와 같이 육체적으로 별다른 불편이 없을 정도의 의식주의 문제가 해결되고, 건강의 유지를 위한 의료의 혜택을 입을 수 있는 사회보장제도가 확립되며, 그리고 중등교육 정도는 원하는 젊은이들 모두가 받을 수 있다면 기본생활의 안정을 얻었다고 보는 것이 오늘날 우리 한국의 상식이다.

학문과 예술 또는 스포츠 분야의 특수한 재능을 타고난 사람들에게 그 소질을 개발할 수 있는 교육의 기회를 주고, 국민 모두가 사치스럽지 않을 정도의 취미생활을 즐길 수 있을 정도의 경제력도 갖추는 것이 바람직할 것이다. 그러나 사치스럽고 호화로운 생활에 필요할 정도의 경제 개발은 억제해야 할 것이다. 자연자원의 낭비와 환경오염의 부담을 가급적 줄이기 위해서이다.

자연자원의 낭비와 환경오염의 부담을 최소한으로 줄여가면서 위에서 말한 정도의 재화를 생산한다는 것은 결코 쉬운 일이 아니다. 그렇게 하기 위해서는 우리 모두가 다음 몇 가지 사항에 적극적으로 협력해야 할 것이다. 첫째로, 우리는 일하는 가운데서 기쁨과 보람을 찾는 지혜를 체득하도록 노력해야 할 것이다. 현재 한국에는 노동을 기피하는 경향이 현저한데, 부지런히 일하지 않고서는 필요한 재화를 생산할 수가 없다. 일은 돈벌이를 위한 수단에 그치는 것이 아니라, 일을 통하여 국가와 사회에 이바지하고 일을 통하여 자아의 성장을 얻게 된다는 사실을 명심하여, 능동적이고 긍정적인 자세로 일에 임하는 기풍을 일으키도록 우리 모두 함께 힘써야 할 것이다.

둘째로, 자연자원의 소모를 극소화하도록 소비생활에서 낭비를 없애는 동시에 폐품의 재활용을 극대화할 수 있도록 소비자와 생산자가 모두 협력해야 할 것이다.

셋째로, 환경의 오염을 극소화하는 일에도 생산자와 소비자가 모두 적극적으로 협력해야 할 것이다. 환경의 오염을 방지하는 문제는 한 나라의 국내적 노력만으로는 해결될 수 없으므로 이 문제에 대해서는 국제적 협력이 강조되어야 한다. 환경의 오염을 방지하는 문제는 인류 전체의 운명이 걸린 세계적 문제의 하나이며, 이 중요한 문제의 해결을 위해서 절실하게 요청되는 것은 개인과 집단이 모두 이기주의의 어리석음으로부터 자유로워지는 일이다.

우리는 하나밖에 없는 지구를 살려야 한다는 공동의 과제를 안고 있다. 이 공동의 과제를 달성하기 위하여 인류 전체가 크게 협동해야 할 초국가 시대에 살고 있는 것이다. 그러나 강대국들은 세계의 패권을 장악하기 위하여 여전히 경제 개발에 박차를 가하고 있으며, 약소국들은 살아남기 위해서 역시 경제 개발에 총력을 기울이고 있는 것이 오늘의 현실이다. 우리는 하루 빨리 이 어리석은 상황을 벗어나야 한다. 인류의 각성을 위하여 세계의 양식 있는 사람들이 크게 경종을 울려야 할 시점이다.

[1993, 대한민국학술원 논문집]

과학기술의 발달과 우리들의 문제상황

1. 과학기술이 초래할 수 있는 치명적 결과

오늘의 방대한 인구와 세계 각지의 대도시를 엄연한 기정사실로 전제할 때, 첨단 과학기술의 혜택을 떠나서 인류가 오래 살아남기는 매우 어려울 것이다. 세계인구는 지금도 계속 늘어나는 추세를 보이고 있으며, 석유를 주축으로 하는 에너지 자원은 여분이 많지 않다. 만약 육종학(育種學)의 계속적 발달이 없었다면 식량의 위기는 절망을 불렀을 것이며, 원자로의 안전한 건설과 무한에 가까운 태양 에너지의 활용에 대한 희망이 없었다면 고갈로 치닫는 에너지의 문제도 심각한 지경을 헤매게 되었을 것이다.

우리가 과학자들의 연구 성과에 대하여 감사를 드려야 할 이유는 식량 증산과 대체 에너지의 문제에만 국한해서 있는 것은 물론 아니다. 의학과 의료기술의 계속적인 발달에 힘입어 무수한 사람들이 질병의 고통을 크게 덜 수 있게 되었고, 인간의 평균 수명도 날로 늘어나는 결과를 보게 되었다. 그리고 정보와 통신에 관련된 과학기술의 놀라운 발달 덕분에, 세계가 하나의 국가처럼 서로 협력하며 질서 있게 살 수 있는 날을 기대할 수도 있게 되었다. 이러한 시각에서 볼 때 과학과 기술은 인류의 희망이라는 말도 성립할 수 있음직하다.

그러나 과학과 기술이 가진 힘에는 빛과 그늘의 두 측면이 있다. 과학과 기술의 발달을 따라서 그것이 인간을 위해서 기여할 수 있는 힘이 강화되었을 뿐 아니라, 인간의 불행을 촉진할 수 있는 힘도 함께 강화되었다. 과학기술의 발달이 인간의 불행을 촉진하는 부정적 결과를 부를 수도 있다는 것을 극명하게 보여주기 시작한 것은 아마도 과학기술이 신무기 개발을 위하여 사용된 때부터였을 것이다.

20세기에 이르러 두 차례의 세계대전이 일어나기 전에는 과학기술이 끼친 나쁜 영향보다는 좋은 영향이 압도적으로 우세했다고 말할 수 있을 것이다. 그러나 제1차 세계대전에 참여한 열강은 과학기술의 힘을 신무기 개발에 이용하는 데 열을 올렸고, 그결과로 비행기와 폭탄 같은 가공할 무기를 선보였으며, 마침내 제2차 세계대전 말기에는 원자폭탄을 투하하기에까지 이르렀다. 전쟁이 끝난 뒤에도 여러 나라들은 파괴력이 더욱 강한 무기를 개발하는 일에 몰두하고 있다. 언제 또 핵전쟁이 일어날지 모른다는 불안이 도처에 있으며, 만약 전면적인 핵전쟁이 일어난다면 인류는 멸망에 가까운 피해를 입을 것이라고 식자들은 걱정한다.

과학과 기술의 부정적 영향에 대한 우려는 전쟁무기와 관련해서만 나타나는 것은 아니며, 첨단 과학기술의 발달이 있는 곳에는 어디서나 그 부정적 영향에 대한 우려의 문제가 제기되고 있다. 예컨대, 식량 증산과 질병 퇴치를 위하여 새로운 지평을 열 것이라는 기대로 크게 환영을 받은 유전공학 내지 생명공학도 유전자의 다양한 배합과 동물의 복제까지 가능하게 된 작금에는, 그 첨단기술이 도리어 치명적 재앙을 부를 수도 있다는 우려를 낳고 있다. 유전자의 인위적 조작 기술이 계속 발달할 경우에, 초인(超人)의 능력을 가진 새로운 인간을 만들어낼 수도 있을 것이다. 그리고 그렇게 만들어낸 신종 인간(新種人間)을 복제의 공학기술을 통하여 여럿 만들 수도 있을 것이다. 체력(體力)과 지력(知力)에 있어서 재래종 자연인(自然人)과는 비교가 되지 않을 정도의 초월한 능력을 가진 신종 초인의 무리가 다수에 이른다면, 재래종 자연인은 그 상황에 적응하기가 매우 어려울 것이다.

전자공학의 놀라운 발달에 따르는 정보통신기술의 마술 같은 성과도 현대인의 생활에 형언하기 어려울 정도의 혜택을 주고 있다. 컴퓨터를 적절하게 이용하면 집안에 가만히 앉아서도 전 세계와 정보를 교환해 가며 임무를 수행할 수 있는 편리한 세상이 현실로 다가오고 있다. 산업화 시대의 막이 내리고 정보화 시대의 막이 올라간 것이다. 이 정보화 시대의 출현을 가능하게 한 전자공학의 놀라운 기술도 인간사회에 부정적으로 작용할 가능성이 없지 않다.

전자공학 내지 정보통신의 놀라운 기술이 인간사회에 미칠지도 모른다고 우려되는 부정적 영향은 주로 인간성과 인간관계에 관한 것이다. 고도로 발달한 정보화 사회에서는 사람들의 상호 의존도가 종전보다 크게 줄어들 공산이 크다. 종전에는 타인의 힘을 빌리지 않으면 해결할 수 없던 문제들이 앞으로는 컴퓨터의 도움으로 처리할 수 있는 경우가 허다하게 될 것이다. 여러 사람의 인간 친구를 갖는 것보다는 한 대의 컴퓨터를 끼고 있는 편이 더욱 믿음직한 세상이 되었을 때, 사람들의 인간성과 인간관계가 어떻게 형성될 것인지에 대하여 일률적으로 단언하기는 어려울 것이다. 그러나 어떠한 슬기로운 노력도 없이 되는 대로 추세에 맡긴다면, 사람들의 자아의식이 개인주의의 방향으로 지나치게 흘러서, 인간사회가 공동체 의식을 상실하고 무미건조한 집합이 되고말 가능성이 크다는 우려를 금하기 어렵다.

본인이 원치 않은 개인정보가 인터넷을 통하여 노출되는 경우가 빈번하게 일어나고 있다. 또 타인의 비리나 소문을 익명으로 인터넷에 띄우는 사례도 있으며, 이런 사례는 앞으로 더욱 늘어날 것이다. 사람에게는 누구나 덮어두고 싶은 사생활의 측면이 있게 마련인데 인터넷을 매개로 삼고 모든 것이 노출되는 것은 사람들의 안정된 정신생활을 위하여 바람직하지 않다. 뿐만 아니라, 사람들은 얼굴을 맞댔을 때 자연히 체면을 생각하고 예절을 존중하게 되지만, 익명으로 행동할 경우에는 파렴치하게 될 가능성이 높다. 이러한 사정도 전자공학 발달의 부정적 영향으로서 고려의 대상이 된다.

컴퓨터를 찬양하는 젊은이들 가운데는 컴퓨터가 제공하는 가상 세계 속에 필요한 것의 대부분이 있다고 말하는 사람도 있다. 컴퓨터를 좋아하는 어린이들은 그 앞에 앉으면 시간 가는 줄을 모른다. 정보화 사회가 진행됨에 따라서 현실 세계와 구별되는 가상 세계 속에 몰입하는 사람들이 점점 늘어날 것이다. 여기서 염려되는 것은 현실 세계를 외면하고 가상 세계에 애착하는 태도가 지니쳤을 경우에, 그러한 생활태도가 사람들의 육체와 정신 건강에 악영향을 미치지 않을까 하는 점이다. 이러한 우려는 한갓 기우에 그칠 수도 있을지 모르나, 가상 세계에 대한 지나친 애착이 건강에 미칠 수 있는 영향에 대해서도 관심을 기울여야 할 것이다.

2. 공인(公人)으로서의 과학자에게 요구되는 윤리의식

과학자가 막강한 힘을 가진 신기술을 개발하는 데 성공했을 경우에, 그 과학자는 자기가 개발한 기술이 오로지 좋은 일을 위해서만 사용되고 나쁜 일에는 악용될 수 없도록 통제하는 힘을 갖지 못할 것이다. 새로운 기술을 개발한 과학자는 그것을 조만간 세상에 알릴 것이며, 일단 세상에 알려진 신기술은 그것을 개발한 연구자의 의사와는 관계없이 부정적 결과를 초래할 수도 있을 것이다. 그러므로 새로운 기술의 개발을 시도하는 과학자는 연구를 시작하기에 앞서, 자신의 연구 결과가 인류에 대하여 치명적 피해를 입히는 불행을 부르는 일이 없도록 미리부터 연구 계획을 조절할 필요가 있다.

과학 연구에 종사하는 대학교수 또는 큰 연구기관의 연구원은 단순한 사인(私人)이 아니라 공인(公人)으로서의 지위에 올라 있다. 따라서 그들의 연구 활동에는 공인으로서의 책임이 따른다. 여기서 과학자가 져야 할 '공인으로서의 책임'이 무엇인지를 논란의 여지가 없도록 밝히기는 쉬운 일이 아니다. 다만 여기서 우리는 과학자가 취해서는 안 될 태도에 대하여 지성인이면 대부분 동의할 것으로 기대되는 몇 가지 의견을 제사할 수는 있을 것이다.

  첫째로, 공인으로서의 과학자는 돈의 노예가 되거나 권력의 앞
잡이가 되지 말아야 한다. 특히 생명공학이 개발하는 첨단기술은
막대한 돈벌이를 위한 도구로 쓰일 수 있는 소지가 많으며, 타인
을 지배할 수 있는 권력의 도구로 악용될 가능성도 높다. 그러므
로 만약 생명공학의 첨단기술이 상업주의와 손을 잡거나 권력자
의 손에 들어간다면, 부(富)의 편중 또는 권력의 집중, 그리고 그
밖의 사회적 혼란을 초래할 가능성이 크다.

  둘째로, 공인으로서의 과학자는 모험을 무릅쓰는 공격적 자세
보다는 안전을 위주로 하는 수비적 자세로 기술 개발에 임하는
편이 바람직할 것이다. 바꾸어 말하면, 인류사회의 안녕과 질서의
증진을 위하여 필요한 기술을 개발하는 일에만 주력하고, 잘만 활
용하면 인류를 위해 크게 이바지할 것임이 확실한 반면에 잘못
사용하면 치명적 결과를 가져올 소지도 큰 첨단기술은 개발을 자
제하는 편이 바람직하다. 그렇게 말하는 까닭은, 생물의 세계는
이제까지 자연의 섭리를 따라서 균형과 조화를 유지해 왔으며, 이
균형과 조화를 깬 것은 주로 생물계에 대한 인간의 간섭이었기
때문이다. 단적으로 말해서, 아라비아 말의 주력(走力)과 솔개의
시력(視力), 그리고 코끼리의 근력(筋力)과 존 스튜어트 밀의 IQ
를 가진 초인(超人)을 만들어내지 않아도 그로 인하여 인류사회가
별다른 곤란에 처하지는 않는다. 그러나 그러한 초인이 생산되고
다수 복제되었을 경우에는 막대한 참사가 일어날 염려가 있다. 현
상태로도 큰 불편이 없는 상황에서 굳이 모험적 연구를 감행할
까닭이 없다.

  우리들의 문제상황을 어렵게 만들고 있는 것의 핵심은 과학기

술이 놀라운 속도로 발달하고 있는 데 반하여 사람들의 도덕적 의식수준은 구태의연하다는 사실에 있다. 발달한 과학기술이 심각한 부작용 없이 인간사회에 순조롭게 기여하기 위해서는 과학기술을 활용하는 사람들의 도덕적 의식수준도 함께 향상해야 한다. 그러나 우리들이 의식수준은 별로 향상하는 조짐을 보이지 않는다. 정치인도 그렇고 기업인도 그러하며, 일반 소비자도 마찬가지이다. 바로 이 점을 과학자들이 깊이 고려하고 연구와 개발을 계획해야 한다.

우선 과학자들의 의식이 새로워져야 한다. 야심 많은 정치가 또는 욕심 많은 기업인의 수족(手足)이 되는 대가로서 특권을 누리는 것을 부끄러워할 줄 모른 선배 과학자들의 태도를 우선 청산해야 한다. 과학기술이 발달할수록 과학자의 책임이 가중되므로, 그 책임을 감당하기에 부족함이 없는 높은 수준의 도덕적 양식을 갖출 것을 현대는 과학자들에게 요구한다.

과학기술의 발달과 보조를 같이하여 도덕적 의식수준의 향상이 요구되는 것은 과학자와 정치가 또는 기업인과 같은 이른바 사회 지도층에만 국한되지 않는다. 사회의 여러 계층 사람들은 서로 긴밀한 영향을 주고받으므로, 어떤 특정한 계층만이 높은 의식수준에 도달하기는 어려우며, 또 일부 계층만의 높은 의식수준으로는 우리들의 공동 문제가 순조롭게 풀리지 않을 것이다. 정치가는 유권자의 심리 상태를 계산하여 그들의 태도를 결정하고, 기업인은 소비자의 취향을 따라서 생산 또는 판매의 전략을 세우며, 과학자는 정치가 또는 기업인의 영향 아래서 그들의 연구를 계획하고 수행한다. 그러므로 사회 전체가 올바른 방향으로 발전하기 위해서는 서로 영향을 주고받는 모든 계층이 올바른 가치관과 높은 도덕의식을 몸에 익혀야 한다.

생명공학의 새로운 연구의 결과로 생길 수 있는 부정적 결과와 같이 정치가 또는 기업인 등 특수한 계층의 도덕의식과 직결되는 문제들도 있지만, 우리 시대에는 일반 대중의 높은 도덕의식을 요구하는 문제들도 있다. 도시화와 산업 발달의 추세 속에서 자연환경을 깨끗하게 보전하는 문제와 전자공학의 발달로 컴퓨터가 인간사의 중심을 차지하는 상황에서, 건전한 인간관과 인간관계를 유지하는 문제 등은 일부 특정 분야의 인사들뿐 아니라 모든 분야와 모든 계층 사람들의 올바른 가치관과 높은 도덕의식을 요청한다.

앞으로 다가올 첨단 과학 시대 또는 정보화 시대에 일반 시민에게 요청되는 올바른 가치관과 높은 도덕의식이 무엇인지를 탐구하는 것은 별도로 다루어야 할 방대한 문제이다. 여기서는 다만 앞으로 다가올 시대가 요청하는 인간상(人間像)의 기본 특색에 대하여 간단히 언급하는 것으로 맺는 말을 대신하고자 한다.

근세 이래의 산업사회가 배출한 인간상이 보여주는 특색의 하나는 사람들의 자아가 매우 협소하다는 사실이요, 그 둘은 물질적 내지 외면적 가치에 몹시 애착한다는 사실이다. 바꾸어 말하면, 근세 이후의 산업사회는 소유와 향락에 지나치게 집착하는 소아적(小我的) 인간상을 대량으로 배출하였다. 이 소아적 인간상은 공동체 의식이 약하고 배타적 이기심이 강하므로, 원만한 사회의 형성을 위해서는 적합하지 않다.

자아의 범위가 협소한 사람들의 가장 기본적 특색은 마음이 닫혀 있어서 안목 내지 시야가 좁다는 사실이다. 바꾸어 말하면, 당장 눈앞에 보이는 것에 현혹되어 생각이 짧고 좁은 사람들은 대

체로 자아의 범위도 협소하다. 특히 우리 한국인의 경우는 이지(理智)보다도 감정(感情)이 우세한 기질로 인하여, 멀리 내다보지 못하는 근시안적 사고에 머무는 사례가 많다. 미래 사회가 요구하는 새로운 인간상을 추구함에 있어서 우리는 이 점을 깊이 고려해야 할 것이다.

[2000, 대한민국학술원 개최
"과학기술과 인간의 위기"에 관한 국제학술회의 기조논문]

저자 약력

김 태 길

충북 중원 출생. 청주고등보통학교 졸업.
일본 제3고등학교 문과 졸업. 일본 동경대학 법학부 수학.
서울대 철학과 및 동대학원 석사과정 졸업.
미국 Johns Hopkins 대학원 철학과 졸업(철학박사).
하와이대학교 Eastwest Center Senior Fellow. 서울대 철학과 교수 역임.
현재 서울대학교 명예교수. 대한민국학술원 회장. 철학문화연구소 이사장.

주요 저서 : 『윤리학』, 『소설에 나타난 한국인의 가치관』(I, II), 『존 듀이의
사회철학』, 『변혁시대의 사회철학』, 『한국윤리의 재정립』, 『삶과 그 보람』,
『삶이란 무엇인가』, 『직업윤리와 한국인의 가치관』, 『흐르지 않는 세월』,
『공자사상과 현대사회』, 『체험과 사색』(상, 하), 『무심 선생과의 대화』, 『유
교적 전통과 현대 한국』 등.

윤리 문제의 이론과 사회 현실

·

2004년 11월 5일 1판 1쇄 인쇄
2004년 11월 10일 1판 1쇄 발행

지은이 / 김 태 길
발행인 / 전 춘 호
발행처 / 철학과현실사
서울시 서초구 양재동 338-10
TEL 579-5908 · 5909
등록 / 1987.12.15.제1-583호

ISBN 89-7775-505-0 03190
값 12,000원